アジアにおける日本語教育

本名信行・岡本佐智子 編

執筆 阿久津　智
　　 岡本佐智子
　　 北垣日出子
　　 櫛田　佳子
　　 小林　孝郎
　　 関　　陽子
　　 竹下　裕子
　　 張　　群舟
　　 友田多香子
　　 丹羽　辰男
　　 本名　信行

三修社

は　し　が　き

　アジアの国々で日本語学習者が増えている。私たちは、これらの人々にできるかぎりの手助けをすべきであろう。私たちはいろいろなレベルで、さまざまな方法で、アジアにおける日本語教育の振興と発展に貢献できるはずである。そのためには、まず、アジアにおける日本語教育の広がりについて、的確な情報をもっていなければならない。

　本書はアジア諸国の日本語教育の現状と課題を明らかにしたものである。また、近年はアジアとの結びつきを強調し、日本との関係を深めようとしているオーストラリアの状況も収録している。紙幅の都合で言及できなかった国々もあるが、この地域における日本語教育の発展の様相を大まかに知ることができるであろう。

　私たちは十分な情報をもつと同時に、日本語教育の意義について、柔軟な考えをもつ必要もある。私たちは一般に、外国人が日本語を学ぶようになると、日本を知り、日本人を理解する人々が増えるので有意義であると考えがちである。もちろん、このことが有益であることはいうまでもない。だから、日本語教育では、日本事情の紹介もしている。

　しかし、これで十分というわけではない。外国人が日本語を使えるようになると、学習者は日本語を使って、それぞれの国の文化・社会を特徴づける生活様式、行動パターン、価値体系を私たちに語ってくれるのである。私たちはこのことによって、彼らから実に多くのことを学ぶことができるであろう。こう考えると、日本語教育は外国人の役に立つばかりでなく、日本人にとってもきわめて重要な文化資源となることがわかる。

　このことは、日本企業が外国人を雇用する論理についてもいえる。日本語学習者の学習動機は日本関連企業に就職するということが一番強い。ところが、日本企業で国際事業を展開しているところでも、海外現地の社員募集にあたって、日本語能力を重視しない企業が多い。これでは日本語学習の動機が弱まってしまう。

　現地の社員が日本語でその国の普通の人々の考え方や感じ方を説明してくれれば、日本企業にとって大いに役立つはずである。日本人社員が現地

の言語の運用能力を獲得すること、英語を社内の国際言語にすることも重要な方針であるが、日本語の国際的、異文化間的役割を積極的に認識することも有益である。多様な言語使用は企業の多角的な運営に貢献するはずである。

　本書はこういう問題をいたるところで提起しながら、アジアにおける日本語教育の現場を記したものである。本書から、日本語教育の進展を図るためのいろいろな指針が見えてくる。日本語教育に興味をもつ多くの方々に読んでいただきたいと願っている。そして、日本語教育は経済面でも文化面でも、いろいろな創造活動とつながっていることを理解していただければ、幸いである。

　最後になったが、本書の刊行にあたっては、三修社編集部の小島和子氏と芦川正広氏が大変尽力してくださった。両氏に心からお礼を申しあげたい。

　　　2000年3月　　　　　　　　　　　　　　　　　　　本名信行
　　　　　　　　　　　　　　　　　　　　　　　　　　岡本佐智子

目次

はしがき

第1章 アジアにおける日本語教育の今日的課題
    1　はじめに ……………………………………………………… 9
    2　日本語教育振興の意義と価値 ……………………………… 12
    3　海外における日本語教育と日本 …………………………… 15
    4　日本語が発信するもの ……………………………………… 19
    5　日本語教育の発展に向かって ……………………………… 24
    6　おわりに ……………………………………………………… 27

第2章 韓国における日本文化解禁と日本語教育
    1　はじめに ……………………………………………………… 33
    2　韓国の歴史と日本語教育の変動 …………………………… 34
    3　教育の現状 …………………………………………………… 38
    4　韓国の日本語関係団体 ……………………………………… 46
    5　おわりに ……………………………………………………… 46

第3章 中国における日本語教育の発展と定着に向けて
    1　はじめに ……………………………………………………… 51
    2　中国における日本語教育発展の背景 ……………………… 52
    3　日本語学習者の動向 ………………………………………… 53
    4　初等・中等教育機関の日本語教育 ………………………… 55
    5　高等教育の日本語教育 ……………………………………… 57
    6　日中共同で造る日本語教育：中国赴日留学生予備学校 … 58
    7　学校教育以外の日本語教育 ………………………………… 60
    8　日本語教師の人材育成 ……………………………………… 62
    9　教材開発 ……………………………………………………… 65
    10　おわりに …………………………………………………… 66

第4章 インドネシアの日本語教育

1　はじめに——インドネシアにおける言語事情 …………… 71
2　インドネシアにおける日本語教育 ………………………… 72
3　日系企業の進出と日本語教育 ……………………………… 78
4　インドネシアの日本語学習者の現状と日系企業の日本語
　　学習者の活用について ……………………………………… 79
5　インドネシアにおける日本語教育の発展のために ……… 87
6　新しい日系企業の進出と日本語に対する要請 …………… 92
7　おわりに ……………………………………………………… 93

第5章 タイの日本語教育：現状と課題

1　はじめに ……………………………………………………… 99
2　調査の概要 ………………………………………………… 100
3　日本語の授業に対する学習者の満足度 ………………… 101
4　学習者と日本語・日本人との接点 ……………………… 104
5　日本語学習の動機と現在の意識 ………………………… 108
6　学習者が持つ日本観・日本人観 ………………………… 112
7　今後の両国関係と日本語 ………………………………… 114
8　日系企業と日本語 ………………………………………… 116
9　おわりに …………………………………………………… 125

第6章 マレーシアの教育政策と日本語教育

1　はじめに——多民族国家・マレーシア ………………… 129
2　マレーシアの教育政策 …………………………………… 130
3　マレーシアの日本語教育 ………………………………… 135
4　おわりに——展望と課題 ………………………………… 140

第7章 シンガポールにみる日本語教育発展の成功要因

 1 はじめに …………………………………………………… 147
 2 シンガポール経済と日本語 …………………………… 148
 3 シンガポールの教育制度と日本語教育 …………… 154
 4 シンガポールで日本語を学ぶ ………………………… 159
 5 シンガポールの日本語学習者を応援する人々 …… 163
 6 おわりに …………………………………………………… 166

第8章 オーストラリアの言語政策と日本語教育の課題

 1 はじめに――日本語教育の発展の背景 …………… 173
 2 教育制度 …………………………………………………… 176
 3 日本語教育の現状 ……………………………………… 178
 4 おわりに …………………………………………………… 190

第9章 日本企業のトランスナショナル化と日本語教育の必要性

 1 はじめに …………………………………………………… 195
 2 日本企業にとっての日本語教育普及の必要性 …… 196
 3 海外子会社の現地化の現状 …………………………… 198
 4 親会社の国際化と日本語 ……………………………… 201
 5 トランスナショナル化のための日本語学習者の採用 …… 203
 6 おわりに …………………………………………………… 209

第1章
アジアにおける日本語教育の今日的課題

１ はじめに

　国際交流基金（1999）「『1998年海外日本語教育機関調査』仮集計結果」[1]によれば、海外の教育機関における日本語学習者数は約209万人に上り、前回の93年調査時の約162万人を大幅に上回っている。海外の日本語学習者総数の約72％がアジア地域で占められており、今後もアジア地域を中心に日本語教育の発展が期待されている（表1参照）。
　アジアの多くの国々は、日本の軍政下時代に、日本語強制という「言語・文化侵略」の歴史をもっている。しかし、近年の日本語学習者の著しい増加は、学習者が自発的に日本語を学んでいるのであり、日本語をなんらかの有利な道具になると選択しているのである。ここに日本語の「新しい世界」が見られる。
　本章では、日本語教育を促進することは、日本が世界に貢献できる発信性の高い事業であり、それが日本や日本人にとってどんな外交政策よりも効果的なことであることを確認したい。そして、日本語教育の広がりは、日本や日本人理解につながる可能性が高いだけでなく、日本人が日本語を

表1 1998年海外の日本語学習者数・機関数・教師数・教育段階機関別学習者数上位20か国・地域

＊98年調査対象114か国・地域、（ ）内は93年調査対象99か国・地域の数値

	学習者数		機関数		教師数	
1	韓国	946,857 (820,908)	オーストラリア	1,729 (1,155)	中国	5,345 (5,289)
2	オーストラリア	305,518 (179,241)	韓国	1,584 (1,117)	韓国	4,795 (2,944)
3	中国	238,627 (250,334)	米国	1,530 (602)	オーストラリア	3,387 (2,428)
4	台湾	161,872 (58,284)	中国	1,100 (1,229)	米国	3,016 (1,597)
5	米国	116,861 (50,420)	ニュージーランド	432 (236)	台湾	1,198 (1,458)
6	インドネシア	54,126 (73,248)	インドネシア	410 (460)	インドネシア	1,188 (998)
7	ニュージーランド	41,116 (27,942)	台湾	342 (127)	ブラジル	978 (868)
8	タイ	39,624 (22,152)	英国	322 (291)	英国	854 (607)
9	カナダ	21,736 (16,594)	ブラジル	320 (274)	タイ	608 (446)
10	ブラジル	17,383 (18,372)	カナダ	229 (205)	ニュージーランド	586 (457)
11	香港	16,586 (16,074)	ドイツ	221 (162)	カナダ	580 (580)
12	英国	13,736 (8,098)	タイ	200 (108)	香港	485 (330)
13	フランス	12,118 (10,670)	フランス	186 (130)	ドイツ	461 (314)
14	ドイツ	10,693 (8,627)	ロシア	144 (52)	フランス	434 (345)
15	ベトナム	10,106 (3,055)	マレーシア	85 (39)	ロシア	390 (186)
16	マレーシア	8,542 (6,091)	スリランカ	63 (10)	ベトナム	300 (134)
17	シンガポール	8,414 (7,785)	フィリピン	58 (41)	マレーシア	278 (187)
18	フィリピン	7,805 (6,369)	香港	51 (35)	インド	181 (136)
19	ロシア	7,414 (3,174)	メキシコ	48 (29)	メキシコ	168 (113)
20	スリランカ	4,289 (1,060)	スイス	46 (32)	フィリピン	146 (122)
上位20か国合計		2,043,423 (1,591,044)人		9,100 (6,363)		25,376 (19,585)人
総　数		2,091,759 (1,623,455)人		9,839 (6,800)		27,428 (21,034)人

	初中等教育学習者数 [全割合66.4%]	
1	韓国	731,416 (679,493)
2	オーストラリア	295,168 (161,185)
3	中国	119,480 (108,825)
4	米国	77,830 (29,516)
5	ニュージーランド	39,309 (24,559)
6	インドネシア	35,812 (60,278)
7	台湾	31,917 (－)
8	カナダ	14,193 (7,618)
9	タイ	7,606 (4,247)
10	英国	6,461 (2,164)
11	ロシア	3,477 (1,655)
12	フランス	3,087 (1,989)
13	スリランカ	2,720 (183)
14	マレーシア	2,454 (1,303)
15	ブラジル	2,305 (130)
16	ペルー	2,193 (2,545)
17	パラグアイ	1,579 (114)
18	ドイツ	1,563 (935)
19	仏領ニューカレドニア	1,345 (－)
20	メキシコ	1,306 (1,500)
総数		1,388,816 (1,092,617) 人

	高等教育学習者数 [全割合20.2%]	
1	韓国	147,186 (117,745)
2	中国	76,848 (81,335)
3	台湾	62,238 (44,590)
4	米国	31,179 (16,951)
5	タイ	24,108 (10,853)
6	インドネシア	12,284 (7,092)
7	オーストラリア	9,345 (9,697)
8	フランス	7,115 (4,950)
9	ドイツ	5,755 (4,748)
10	カナダ	5,507 (3,678)
11	フィリピン	5,479 (4,543)
12	マレーシア	3,031 (1,437)
13	英国	3,009 (1,865)
14	ロシア	2,564 (983)
15	イタリア	2,540 (1,457)
16	ベトナム	2,390 (850)
17	香港	2,223 (1,409)
18	ニュージーランド	1,767 (2,462)
19	メキシコ	1,747 (1,069)
20	シンガポール	1,553 (2,730)
総数		422,325 (329,090) 人

	学校教育以外学習者数 [全割合13.4%]	
1	韓国	68,255 (23,670)
2	台湾	67,717 (13,694)
3	中国	42,299 (60,174)
4	香港	14,363 (14,665)
5	ブラジル	14,048 (17,730)
6	タイ	7,910 (7,052)
7	米国	7,852 (3,953)
8	ベトナム	7,698 (2,205)
9	シンガポール	6,442 (4,212)
10	インドネシア	6,030 (5,878)
11	英国	4,286 (4,069)
12	ドイツ	3,370 (2,944)
13	マレーシア	3,057 (3,351)
14	インド	2,363 (1,914)
15	カナダ	2,036 (5,298)
16	フランス	1,916 (3,731)
17	フィリピン	1,903 (1,826)
18	ミャンマー	1,667 (2,113)
19	アルゼンチン	1,410 (1,577)
20	ロシア	1,373 (536)
総数		280,618 (201,748) 人

国際交流基金 (1999)「『1998年海外日本語教育機関調査』の仮集計結果(概要)」より。
国際交流基金日本語国際センター (1995)「海外の日本語教育の現状 日本語教育機関調査1993年 概要」から転記。なお、学校教育以外の学習者数は組織内教育の学習者をも含めて作成。

一部の数値は

アジアにおける日本語教育の今日的課題

11

通して世界のことを知り、「開かれた日本」になるための意識改革にもつながることを明示したい。

2 日本語教育振興の意義と価値

　海外の日本語教育を推進していく中心的な役割を担っているのは国際交流基金である。1972年に国際交流基金が設立されたのは、日本が国際社会の中で孤立するのではないかといった危機感からであった。それは、当時の福田越夫外相の第68国会（72年1月）開会冒頭における外交演説[2]での警鐘に、迅速に対応したものであった。

　福田外相は、前年の71年9月に昭和天皇のヨーロッパ7か国公式訪問に同行した際、各国の首相や外相から「日本は経済大国になって、その経済力をもって一体何をするのか。結局は軍事大国の道を歩むのではないか」と言われ続けていた。福田氏は、その日本軍国主義の復活を懸念する声の多さに、日本外交の根本的なあり方を自問し、世界との文化交流を押し進めなければならないと決意する。

　この訪欧の数か月前には、ドルショックによる日米経済上の摩擦（日本が変動相場制への移行を余儀なくされる等）をはじめ、米国首脳が日本の頭越しに密かに訪中し、当時のニクソン大統領が訪中して周恩来首相と直接会談する計画を発表するなど、日米間の経済、政治外交で、両国相互の信頼関係が確固たるものでないことに、日本政府はがく然とさせられていたのであった。アメリカは日本を理解してくれていると信じていただけに、日米間のコミュニケーション・ギャップの痛手は大きかった。また、アジア諸国においても、日本の軍国主義の再来が警戒されていただけでなく、日本の自国本意の経済協力のあり方が問題視され始めていた。国内でも、日本は経済大国となったからには、その経済力に見合った国際貢献をすべきであるといった世論が起こっていた。

　福田氏は、日本が法の下に平和国家としての道を選択し、軍事大国にはならないことを宣言していても、海外の人々に信用してもらえないことに焦燥感を感じていた。そして、その最も大きな原因を、日本独特の文化的伝統と言語の障害によって、外国との意志疎通が困難なことと下した。そこで、それを解消するには、政府出資によって国際交流基金を設立させる

ことが緊急を要する、と判断したのであった。

　72年の6月には国際交流基金法が公布され、同年の10月には国際交流基金の発足へと運ぶ。それは外務大臣認可の業務である特殊法人として設立されたが、イギリスやイタリアのような対外文化事業予算にはほど遠い事業費からのスタートであった。その国際交流基金法の業務条項（第23条）[3]では、1番目に「国際文化交流の目的をもって行う人物の派遣及び招へい」をあげ、続いて「海外における日本研究に対する援助及びあっせん並びに日本語の普及」と謳っていた。「日本語の普及」は2番目に重要な業務であると位置づけられていたのである。

　83年の国際交流基金運営審議会答申では、国際交流基金の事業として、「日本語の普及は基金法で定められた基金の大きな使命の一つである」「その最終目標は、現地において現地の人材により日本語を教えることができる体制をつくりあげることである」と論じ、今後の基金の活動指針が表明された。以来、国際交流基金は、海外における「日本語の普及」活動を推進してきている。しかし、その事業費は依然として英国のブリティッシュ・カウンシルや、ドイツのゲーテ・インスティテュートのような対外活動予算[4]には及ばない。それでも、地道な活動で徐々にその実を上げていることは高く評価したい。

　89年に日本語普及の実施体制を確立するための日本語国際センターが埼玉に設立され、97年には大阪に関西日本語国際センターが設立された。両センターは海外の日本語教師を日本に招き、日本語教育研修の機会を提供するなど、日本語教育の発信拠点として重要な役割を果たしている。また、海外の国際交流基金の17の事務所の中でも、五つの日本語センターや六つの日本文化センターは、日本語・日本文化情報の提供拠点として需要も大きい。

　一方、国内で日本語教育を推進する文部省においては、83年に当時の中曽根康弘首相の肝いりで「21世紀への留学生政策懇談会」が開かれ、国費留学生や私費留学生の増大を図る施策が発表された。翌年にはその施策を受けて、「21世紀への留学生政策の展開について」の具体的な指針が示される。その骨子は[5]「外国人留学生がそれぞれの学問分野で学習成果をあげるとともに、日本についての理解を深めて帰国することが留学の重要な意義であり、日本語修得はその基礎となるものである。海外における日本語の普及・教育体制の一層の整備拡充に努めつつ、留学生のニーズに応じ

た多彩な日本語教育体制を整備する必要がある」とし、2000年には留学生が65,000人、日本語学習者総数が142,500人になることが推測されるなど、いわゆる「留学生受け入れ10万人計画」が表明された。

中曽根首相に留学生受け入れ体制の整備・拡大を急がせたのは、ASEAN諸国の公式訪問で、かつて日本留学生であった官僚に「自分は日本で苦労したから、子供には自分と同じ苦労を味わわせたくない」と日本留学を否定的に見られたことにある。その中曽根首相の苦い経験は「わが国の大学等で学んだ帰国留学生が、わが国とそれぞれの母国との友好関係の発展強化のための重要なかけ橋となることを考えると、留学生政策は重要な国策の一つであるといっても過言ではない」といった留学生受け入れ提言につながる。

留学生の受け入れ総数の推移[6]は、1983年には10,428人であったが、87年には22,154人、90年には41,347人、93年には52,405人と、急激な右肩上がりを見せたものの、留学生受け入れ体制の整備は後追い状態であった。やがて、95年の53,847人をピークに前年割れするなど伸び悩みに直面する。それが、99年5月現在の留学生総数は55,755人と史上最多を記録し、再び活気を呈してくる。留学生の8割は私費留学であり、9割はアジア地域の出身者（中国46.5％、韓国21.3％、台湾7.3％など）である。留学者数の回復は、政府が97年末から、通貨・金融危機を受けたアジア諸国からの私費留学生に対し、奨学金（学習奨励費）を支給する措置をとったことや、アジアの経済危機が一段落したことなどから、日本留学の減少に歯止めがかかったと見られる。政府は、留学生受け入れ目標10万人の達成を、21世紀初頭には実現させたいと発表しているが、目指すべきなのは数よりも質的充実を重視する取り組みであろう。しかし、この間の飛躍的な留学生数の増加は、国内の日本語教育を活性化させ、その受け入れ体制の改善も進んできたといえよう。

1999年3月の留学生政策懇談会「ポスト2000年の留学生政策」[7]では、今後の留学生政策を、日本の「知的国際貢献」と位置付け、高等教育の整備を強化し、留学生受け入れの国際競争力をつけるなど、世界の国や地域から優れた留学生を日本に引きつけるための提言が打ち出された。

日本や日本人が、海外の人々に理解してもらえないのは、日本人の言葉の壁にある。外国語能力を備えた人材の育成に早急に取り組むべきであることは何度も確認されてきた。政府は日本人の外国語能力向上に力を入れ

るとともに、日本語を学ぶ人々に惜しみなき援助をしなくてはならないと明言したが、それから数十年がたっている。

　鈴木（1995）[8]は「広い世界で、もし日本以外の国の知識人が、なんらかの形で日本語の知識を利用し、日本人と直接情報の交換ができるようになれば、それは日本の安全保障につながるだけでなく、世界の安定と発展にも貢献できる」としている。

　政府は、日本語のプロモーションは外交戦略に値するものであると表明しておりながら、予算を見る限りでは本腰を入れた対応とは思えない。同時に、海外における日本語教育の重要性が広く国民に伝わっていないのが現実である。

3　海外における日本語教育と日本

　鈴木（1978）[9]は、ある民族の言語が国境を越えて学ばれていく要素を、宗教、武力（軍事力）、文化、経済力の四つに分類し、このいくつかの組み合わせによって言語が広まっていくとしている。そして、日本語が海外で広がっているのは、日本の経済力と日本の文化文明の特殊性からであると見ている。

　戦後、日本はアジアで唯一の経済大国となり、世界に及ぼす影響力をつけていくようになると、シンガポールを筆頭にアジアでは日本をモデルに工業化・経済化政策が施され、日本との経済交流が活発化していく。

　1980年代後半からアジアの各地で「日本語学習ブーム」が起こると、日本人はその現象にとまどうばかりであった。日本人は明治以降、西欧の言語を通して近代文明を吸収し、戦後はアメリカ英語が進んだ文化文明の言語として憧れてきた。日本語は極東の小さな島国のことばにすぎないとし、日本語を劣ったものと見ていた節がある。このため、海外で日本語を学ぶ人々が急増したことは、驚き以外の何ものでもなかった。日本語がアジア地域の「国際語」になるのではないかという棚ぼた式の期待が生まれても、思いきった日本語のプロモーション活動を展開するには至らなかった。日本語教育関係者の間では、海外の日本語学習者急増を好機として、経済との連動から離れた日本語学習の定着を図る方策に急ぐ必要があると指摘されていた。それも、日本の景気低迷が長引くと、流動的な日本語学習「熱」

であるから、当然、冷めていくにちがいないというのが、おおかたの見方となった。

ところが、前述したように、国際交流基金の「『1998年海外日本語教育機関調査』の仮集計結果」では、海外の教育機関で学ぶ日本語学習者総数は2,091,759人になり、前回の93年調査（1,623,455人）の29％増となった。日本語学習者増は一過性のものではなく、学校教育に組み込まれ、着実にその学習者を増やしていることが明らかになったのである。

海外の初等・中等教育機関で日本語を取り入れているのは、全体の66.4％（93年調査比27％増）であり、高等教育では20.2％（93年調査比28％増）と、学校教育で日本語を学んでいる人々だけで8割以上を占めている。そして、日本語学習者総数の72.1％がアジア地域で占められ、オセアニア地域の16.7％を含めると、日本語学習者の9割近くがアジア・オセアニア地域であることがわかる。日本語学習者数の多いこれらの地域と、その他の地域から見た日本や日本語は、その地理的距離の隔たり同様、意識差があるのは言うまでもない。

1994年から98年にわたって、28か国を対象に調査した「日本語観国際センサス」[10]によれば、「今後世界のコミュニケーションで何語が必要になると思うか。母語も含めてすべて答えよ」との質問回答では、表2のような結果が出ている。

いずれの国・地域においても、将来の世界のコミュニケーション言語として圧倒的に英語の支持率が高く、第2位には自国の言語をあげる国が多く見られる。日本語は、オーストラリアでは50％にのぼる支持率を得て、英語に続く位置にランキングされている。日本語が3位に支持されている韓国、アメリカ、中国、台湾、シンガポール、インドネシア、そして、日本語が4位となったタイ、5位ではあるが支持率の高いモンゴルなど、日本語が将来の国際コミュニケーション言語になるであろうと答えているのは、日本語学習者の多い地域であることが確認できる。

同調査の台湾・中国データによると、「日本が好き」と回答したのは、台湾が47％であるのに比べて、中国大陸では25％であり、「日本が嫌い」は台湾の15％に対して、中国大陸は33％と、台湾のほうが中国よりも日本への好感度が高いことが明らかになった。また、日本が好きだと回答した人々の半数は、日本語も好きであるという結果が出ている。それはそのまま日本語学習意欲につながり、日本語学習率を高めていることになる。劉

(1999)[11]は、中国・台湾における日本語観の違いについて、「中国大陸では、日本語は侵略者のことばといったイメージが強く残されており、日本との経済交流・人的交流は台湾ほど盛んではないことから、日本に対するイメージと日本語に対するイメージが一致する。日本や日本語に対するマイナスイメージは、日本語学習の有無によって大きく変わる」と報告している。

表2　今後世界のコミュニケーションで必要となると思われる言語　　　（単位：％）

		1位	2位	3位	4位	5位
1.	アメリカ	英語 (88)	スペイン語(56)	日本語 (23)	フランス語(18)	中国語 (13)
2.	ブラジル	英語 (72)	ポルトガル語(28)	スペイン語(24)	フランス語 (8)	日本語 (5)
3.	アルゼンチン	英語 (86)	スペイン語(25)	フランス語(9)	ポルトガル語(5)	イタリア語(4)
4.	韓国	英語 (93)	韓国語 (48)	日本語 (43)	中国語 (22)	フランス語(14)
5.	オーストラリア	英語 (83)	日本語 (50)	中国語 (29)	フランス語 (18)	ドイツ語 (11)
6.	シンガポール	英語 (95)	中国語 (41)	日本語 (13)	フランス語(7)	ドイツ語 (3)
7.	タイ	英語 (97)	タイ語 (22)	中国語 (15)	日本語 (10)	フランス語(5)
8.	イギリス	英語 (90)	フランス語(56)	ドイツ語(39)	スペイン語(16)	日本語 (10)
9.	フランス	英語 (96)	フランス語(55)	スペイン語(35)	ドイツ語 (30)	中国語 (7)
10.	ドイツ	英語 (96)	ドイツ語 (54)	フランス語(32)	スペイン語(17)	ロシア語 (13)
11.	オランダ	英語 (96)	スペイン語(34)	フランス語(26)	ドイツ語 (19)	オランダ語(16)
12.	ハンガリー	英語 (90)	ドイツ語 (67)	フランス語(16)	ロシア語 (6)	ハンガリー語(6)
13.	イタリア	英語 (95)	フランス語(29)	ドイツ語 (21)	スペイン語(12)	イタリア語(10)
14.	スペイン	英語 (94)	カスティリア語(59)	フランス語(29)	ドイツ語 (23)	カタロニア語(4)
15.	ポルトガル	ポルトガル語(99)	英語 (82)	フランス語(37)	ドイツ語 (12)	スペイン語(5)
16.	ロシア	英語 (88)	ロシア語(71)	ドイツ語 (31)	フランス語(18)	日本語 (7)
17.	インド	英語 (89)	ヒンディー語(32)	マラティ語(11)	フランス語(8)	ベンガル語(7)
18.	インドネシア	英語 (87)	インドネシア語(49)	日本語 (8)	アラビア語(8)	フランス語(6)
19.	フィリピン	英語 (98)	タガログ語(25)	スペイン語(6)	中国語 (4)	日本語 (3)
20.	ベトナム	英語 (98)	フランス語(36)	中国語 (19)	ベトナム語(16)	日本語 (8)
21.	モンゴル	英語 (89)	モンゴル語(36)	ロシア語(31)	中国語 (20)	日本語 (20)
22.	イスラエル	英語 (96)	フランス語(31)	アラビア語(22)	ヘブライ語(15)	スペイン語(10)
23.	トルコ	英語 (95)	ドイツ語(36)	トルコ語(35)	フランス語(23)	日本語 (11)
24.	ナイジェリア	英語 (91)	ハウサ語(30)	ヨルバ語(21)	イボ語 (14)	ピジン語 (4)
25.	エジプト	英語 (85)	アラビア語(66)	フランス語(36)	ドイツ語 (15)	イタリア語(5)
26.	台湾	英語 (91)	北京語 (36)	日本語 (17)	台湾語 (8)	スペイン語(1)
27.	中国	英語 (93)	中国語 (65)	日本語 (21)	フランス語(8)	ロシア語 (6)
28.	日本	英語 (90)	日本語 (21)	中国語 (9)	フランス語(2)	スペイン語(1)

江川、米田（1999）「日本語観国際センサス」調査より
注：調査は1996〜1998年の三年次に分けて実施され、1〜15の国が第一次、16〜27の国が第二次、28が第三次調査による。

1997年に朝日新聞社がアジア6都市で世論調査した結果[12]では、経済先進国の日本に、平和な地域作りや科学技術・環境保護協力などの期待を抱いているが、対日感情では「過去」の問題が解決されていない北東アジアの日本を見る厳しさと、好意的な東南アジアとが際立った対象を見せている。「日本が嫌い」は、ソウル、北京で、それぞれ54％、41％を示している。

　海外で日本語を学ぶ人々の学習動機は、日本や日本人が好きだから、といった好意的な理由よりも、アジアの小さな国が経済超大国になった秘密を知りたい、国を成長させる人々の原動力となる日本文化に興味があるから、日本の科学技術をはじめポップカルチャーなど最新の情報を入手したい、といった理由が多い。したがって、日本語を学んだからといって、あるいは日本に留学したからといって、必ずしも親日派や知日派になるわけではない。

　日本語学習者の学習目的、学習年齢の多様化はますます広がり、その求めている学習到達レベルや学習内容も一様ではなくなっている。外国語として学ぶ日本語は、あくまでも学習者に何らかの学ぶ価値があると判断した結果であり、その見返りがなければ学んだ意味がないのである。

　今日のアジアにおける日本語教育の発展は、日本政府の対外技術協力や日本企業の投資拡大などから、社会人の実利として端を発したものである。その社会の需要動向を反映して、学校教育で日本語学習機会が提供されるようになる。この言語政策をいち早く決定するには、知日派、あるいは日本の影響を受けたと言われる政府指導者たちの存在が大きい。

　台湾で日本語教育が盛んになったのは、日本留学経験を持つ李登輝総統時代になってからのことである。韓国では金大中大統領政権になってから大胆な日本の大衆文化解禁が始まり、堪能な日本語で対日外交を展開した金鍾泌前首相も日本に留学した経験を持っている。中国では、日本に留学後、抗日戦争に参加し、フランスに留学した経歴を持つものの、日本の政治家との友好を深めた周恩来首相、「私は中日友好に特別の感情を抱いている」と述べ、訪日直後に中国の改革・開放政策に踏み切った鄧小平国家主席、日本軍占領下の屈辱を胸の奥にしまい、国家生き残りのために日本の戦後の歩みを学ぼうとして足繁く訪日したシンガポールのリー・クアンユー首相（現上級相）など、日本との結びつきを強化しようとした人々の外交貢献は大きい。ところが、このような国家指導者のあとに、日本と相

互理解を推し進めようとする次世代の政治家たちの登場が続かないのである。日本は次期国家指導者世代の人材開発に関与し、親交を深めることに空白を作ってしまったのである。

アジアのエリートたちの多くは、日本を素通りしてアメリカやヨーロッパ諸国に留学し、留学先の言語文化の影響を受け、帰国して自国の国家建設に就く。欧米に留学した人々の日本観は、自国よりも留学先の視点が強く、日本人との交流はおのずと軽視され、日本的な発想は理解できない傾向にある。

日本が留学生を積極的に受け入れ、次世代のエリート人材の育成に参与し、外国人を隣人として温かく迎え入れる社会であれば、将来の対日観が大きく変わるのは明らかである。その手始めは日本語を学んでいる人々を応援し、日本語教育を広げることにある。日本語を学ぶ人々の学習環境作りを支援し、日本語のプロモーションをすることである。

日本語が学んでみたい言語であるには、日本が行ってみたい国であり、日本企業が働いてみたい企業であり、日本人が一緒に何かをしてみたいと思える国民であり、等々、日本という名のすべてに属する人、社会、モノが魅力的であり続けなければならない。不景気の中の日本ではあるが、日本はまだまだ魅力あるものを放っている。

4 日本語が発信するもの

日本語教授法を学んだ日本人が口々に語るのは、「こんなふうに外国語を教えてもらっていれば、もっと上達したに違いない」という感想である。学習者に合わせて、さまざまな教授法を工夫し、実践している日本語教育の試みは、国語教育のみならず国内の外国語教育にも少なからず影響を与え、日本の言語教育を活性化するようになってきた。日本人のための外国語教育では、日本語を客観的に見ることが欠かせなくなり、日本語と外国語の背景にある文化の共通性と異なりを認めようとする教育方法に変わろうとしている。

日本語教育では、学習教材に日本の諸事情を取り上げるのが一般的である。授業では、これらの「日本」を糸口として、学習者の国や文化、社会、自分の経験や考えなどを学習レベルに合わせた日本語で説明できるように

し、相互の異なりを知ることが日常的に行われている。日本人を招いて、日本語で学習者の自国紹介をしたり、日本語を使って研究発表をし、日本人と意見交換したりすることも特別なことではない。日本語学習者が日本人社会に飛び込んで、日本語で話さなければならない学習課題を出すことも珍しいことではない。このような活動は日本語の運用能力の向上や、日本という異文化社会の中で円滑な行動がとれるようにする実践的な訓練の場でもあると同時に、学習者それぞれが属してきた文化社会を客観的に眺める機会を作っている。学習者が自己のアイデンティティーを確認しながら日本語を学ぶことは、国内で日本人が外国語を学習するときにも求められるようになってきた。同質性の高いウチ社会の中で、アイデンティティーを確立する必要がなかった日本人が、国際社会の中ではソトに向かって自分をアピールしなければならなくなってきたためである。

　日本人向けに商品開発されたはずの日本語の対訳電子辞典が、今では日本語学習者の必携ツールとなり、その対訳言語の種類も増えている。日本の電子技術が日本語を使って世界の日本語学習者に役立っている隠れたヒット商品である。日本語学習者の増加は、出版業界にも新たな市場を作り出している。特に、近年登場した日本語学習者のための日本語辞典は、従来の国語辞典の記述のあり方に疑問を投げかけており、これはまさに画期的なことであろう。ソトからの視点に立って説明している日本語辞典は、日本人が母語である日本語の使い方を改めて発見し、再確認できる知的満足感を与えている。日本語学習者をターゲットにした辞典は日本語の文法や類語の解説をうまく組み込んでおり、日本人の外国語教師や外国語学習者にも支持されているのもうなずける。現在、外国語として編纂されている日本語に関する辞典は、開発途上にあるため、まだその選択の幅が小さい。それでも、日本人にとって、日常生活での使用頻度の高い日本語の運用がわかりやすく整理されているため、無意識のうちに用いてきた日本語という自分の言語を見直すことができる、あるいは、日本語文化を外国語で解説できると好評である。日本語学習者増は、日本人に日本語の使い方をソトから意識化させ、外国語学習への間接的な刺激を与えているのである。

　日本語は、日本がおおむね単一民族、単一言語という社会の中で育まれてきた。日本国憲法に公用語規定をしなくても、日本語の地位が脅かされることはなかった。日本列島では、日本人は日本語を日常生活から高等教育に至るまで、当たり前のように用いてきた。外国のあらゆるモノ・コト

は、すべて日本語に速やかに翻訳され、日本人は日本語で情報が得られることが当然であると思ってきた。このため、日本では日本人は日本語のみで事足りる恵まれた社会にいるということに気づかないできた。これが「内向き」の日本人と言われる根源ではなかろうか。したがって、その日本語で世界に貢献できることや、日本語に発信性があるとは思っていなかった。

　日本語の漢字は中国から輸入されたものであるが、近代以降は日本独自の造語力によって「社会」や「国際」など多くの語彙がソトに出ていった。現代では、日本が新たな社会現象を表すことばとして生んだ「新人類」や「〜族（サラリーマン族）」、「〜中（営業中）」、「人気〜（人気上昇）」といった漢字運用が、漢字使用圏の中で借用語として使用されている[13]。情報化時代を迎えて、非英語圏では、英語を中心とした外来語の流入が著しく増加している。その多くは原音に近い表記に置き換えられているため、高齢者には意味不明となってしまう、といった言語問題をかかえている。しかし、漢字使用者には、漢字の意訳表現なら意味の推測がしやすく、受け入れも抵抗感が少ない。日本でも、台湾で生まれた「電脳」や、中国で流行語となった「世界杯」など、漢字の持つ豊かで限りない造語表現を借用している。漢字という共通の文字を用いる国や地域社会では、新たな事がらがどのような漢字意訳になって登場するのか、相互の新しい漢字語彙に注目している。漢字学習者も含めて漢字を理解する人々の間では、漢字を軸にしたことばの創造性の楽しみを共有し、その知的生産能力を刺激し合いながら、漢字文化の交流をすることができるのである。

　日本語を学んだ人々が海外旅行するとき、『地球の歩き方』（ダイヤモンドブックス社）をはじめとする日本語の旅行案内書を携帯することは珍しいことではなくなった。日本の経済関係の本や雑誌から、自国の経済動向を把握する外国人も少なくない。『イミダス』（集英社）、『現代用語の基礎知識』（自由国民社）、『知恵蔵』（朝日新聞社）など、新しい変化に迅速に対応して、逐次、正確な情報を更新していく日本の出版物は、日本語学習者にとって情報取得の価値が高い。

　日本が成長するために、長い間外国から摂取し、蓄積してきた膨大な日本語文献は、今では世界で有数の貴重な文献資料となっている。しかし、それは日本語の壁に閉ざされていたため、世界に還元できないでいた。それが、日本語に精通した人々が増えてきたことにより、それらの人々の力を借りて、共同でこの情報の蓄積を海外の人々に「お返し」できる時期が

来たのである。内乱や政変事情により、失った自国の文学や歴史等の資料が、日本に日本語で記録温存されており、それらが提供できることは、日本語の貢献といえよう。

　日本語教育研究が進むにつれて、その業績がアジアの異文化研究領域にも影響を与えている。アジアの日本語教育を通じた異文化コミュニケーション研究は、欧米言語文化の視点に偏っていた異文化コミュニケーション研究に対して、多様性の新たな一石を投じるばかりでなく、アジア文化への興味関心を呼び込み、異なった人々が共存する社会への前進となる。

　日本語に付随してくる日本文化には、中庸と和の精神が脈々と流れており、勝ち負けを区分けする資本主義社会の中で、否定的に見られていた「あいまいさ」や協調性が、アジアの対人コミュニケーションでは見直されている。長期間日本に滞在したり、日本語を長く学んだ人々が、母語話者どうしで話していると、日本語学習者の話し方が妙に穏やかで優しい印象を与えるという。聞き手への気配りや思いやりが言語表現に求められる日本語は、自己主張の強い社会の中では対話に「やさしさ」をかもし出しているのである。また、年長者を敬うことは、儒教圏を中心にアジア共通の守るべき伝統であったが、それが薄れてきている社会にとっては、日本語を学ぶことで、その価値観を呼び起こすのではないかと期待されている。

　日本語に限らず、日本が発信する情報価値は小さくない。アジアで先に経済発展を果たした日本が直面した問題は、次に続く国々にとって重要な参考情報となる。例えば、日本は高度成長の陰で公害を引き起こし、多大な犠牲を払った。この負の経験をアジアの仲間として謙虚に伝えるのも貢献であろう。それはアジアに進出した日本企業が、現地の基準にかかわらず率先して環境に配慮したモデル企業となることで、その役目を果たすことになる。

　2030年には世界の60歳以上の人口が14億人になり、その半数以上はアジア地域で占められると言われている。日本は先進諸国の中でもいち早く高齢化社会に突入する。やがて日本と同様の社会を迎える国々では、日本の年金や医療制度、介護保険制度などの福祉政策の動向に注目しており、日本の試行錯誤を自国に置き換えて学ぼうとしている。

　アジアのマスメディアで取り上げる日本の情報量、日本のテレビ番組の放送量も増えてきている。条件が揃えば日本の衛星放送も受信できる。シンガポールでは日本語専門のＦＭラジオ放送局が開局するなど、日本語に

よる情報は日本人だけのものではなくなっている。アジアでは日本との時差が小さいため、ほぼリアルタイムで日本のトレンド情報や日本が受信した世界動向など、日本語が理解できれば生きた情報をそのままキャッチすることができる。言語や規制、あるいは政府工作のフィルターなしに情報を得ることは、ありのままの日本や世界の動きを中立的に知ることにつながる。近い将来は、日本から放送されるインターネットラジオなども、情報源となろう。

　戦争を過去のものと考えるアジアの若い世代は、日本に憧れと期待を抱いている者が少なくない[14]。美しい自然と四季がある国、ハイテク技術の国、国民の知的レベルが高い国、礼儀正しく勤勉な国民性、と肯定的な日本イメージを持っている。

　日本観の出発点は、日本ブランド製品など、モノ文化との接触から始まっている。良質で信頼できるモノが日常生活の中で作り上げていくイメージは大きい。日本人は顔が見えてこないと言われている中で、日本の自動車が物語り、洗濯機が話しかけ、カラオケが伝え、漫画やアニメ、ゲームソフトが楽しませ、「キティちゃん」や「ピカチュウ」のキャラクターグッズが癒しを与えてきた。ことばのコミュニケーションが苦手な日本人に代わってモノが交流してきてくれたのである。

　経済が飛び抜けて好調な時代には、意志疎通が不調であってもコミュニケーションギャップは表面化しないですんだ。しかし、ことばですべてを伝え合うことが前提とされている現在の国際社会では、日本人が変わらなくては相互理解が成立しない事態に追い込まれている。日本人は外国語を用いて、モノが築いた日本観と同等の信頼を得なければならないし、文化的背景の異なった人々と経済交流以上にことばの交流をしていかなくてはならないのである。アジアでは、すでに英語が地域の共通語として認識されている以上、日本人もそのコミュニケーションツールを獲得していかなくてはならない。日本人の英語力増強は、けっして日本語を軽んじるものではない。むしろ、日本語でしっかりとした説明能力をつければ、それを外国語に転用することができる。そして、外国語を媒介に「日本の私」を効率よく正確に伝えることにつながる。うまく訳しきれない日本語に出会って、日本語文化への気づきが生まれるのである。

　水谷（1999）[15]は「日本語教育の対象領域は、全世界の人々を学習者とする発信型の教育活動であり、日本国内での完結が許されない」と論じ、

「異文化異言語とかかわる中で活動がくり広げられるときには、発信の役割をになう教師や研究者はいやでも人類社会全体の中での意義を追求するという、いわばコミュニケーション活動の普遍性を意識せざるを得なくなる」と述べている。日本語教育は国内外で双方向の発信、受信を繰り返しながら、母語話者・非母語話者が共同で普遍的なコミュニケーションのあり方を模索できる媒体でもある。

日本語のスピーチコンテストといった大々的なものから、居住地域の日本人との交流会などのような小規模なものまで、日本語学習者は日本語で各自の文化の生活様式、行動パターン、価値体系などを伝えることができる場が増えてきている。日本人はそこから実に多くのことを学ぶことができるであろう。日本語は、日本語学習者が日本のことを知る媒体であり、日本人が多様な外国文化を学ぶ媒体でもある。こう考えると、日本語教育は外国人に役に立つばかりでなく、日本人にとっても、きわめて重要な文化資産となることがわかる。

5 日本語教育の発展に向かって

日本語のプロモーションとなる日本語教育は、日本語母語話者を優位に置こうとするものでもなければ、海外で日本語を日常語として使うようにするのでもなく、日本語そのものの知識を身につけさせようとするものでもない。日本語を何かの目的達成のために学ぶ人がいれば、日本語の学習環境作りに積極的にお手伝いしようとするものである。そして、日本語のプロモーションは、日本語を学んだことによって、何らかの益が得られるような機会を作ることも含んでいる。

本名（1990）[16]はアジアの英語教育の普及で「英語のプロモーションは画一化への道を開くのではなく、人間の多様性を表現し、相互理解を可能にする媒体を創造することを目的としなければならない」としている。日本語教育のプロモーションも同様であり、この文脈を「日本語」に置き換えて読むことができよう。

日本語が海外の人々に話されるようになると、日本語母語話者になかった機能と構造が創造される。例えば、週末の挨拶では「よい週末を」が現れ、ほめことばの返答に、謙遜よりも素直にお礼のことばが自然に口にの

ぼるようになった。「クリスマスおめでとう」や「バレンタインおめでとう」の挨拶など、ソトから日本語の創造性に刺激を与え、変化する社会に合わせて日本語を豊かにさせるものである。

　むろん、日本人どうしでも「あなた」が目上の相手に向かっても使われるようになることも起こるが、それは日本語の非母語話者間では全く問題にはならない。また、訪問客に「あなたはコーヒーが飲みたいですか」と尋ねてからコーヒーを差し出すこともある。食事に出かける人に「おいしんで来てください」や、「熱い水」「やわらかい飲み物」といった表現も、文脈で十分伝わるものである。しかし、これらの日本語を正しくないとして不快感を表す日本人もいる。日本語教師はこれらの「誤用」を、なんらかの機会を通じて、教室の外にいる日本人に知らせることも必要であろう。特に海外で働く日本語教師は、現地の言語文化・言語干渉を受けた日本語話者の「誤用」傾向を日本人社会に伝え、日本語学習者と日本語母語話者をつなぐ、やや異なった日本語の潤滑油としての役割が必要であると考えられる。田中ら（1994）[17]は、日本語母語話者、非母語話者の区別ではなく、日本語を話す人々を「日本語人」として、相互の日本語を受容していくことを提案している。それには、日本人が学習途上の日本語に耳を傾け、慣れていかなければならない。

　日本語が広がる上での大きな障害となるのは、日本語は日本人のものであるという過剰な言語所有意識である。「美しい」伝統的な日本語は日本の財産であり、日本人が守らなければならないものである、したがって、「変な」日本語は排除すべきである、といった「国語」純粋保守のみの考えを持っている人々は根強い。日本語は世界の人々に話されるようになった今、国内だけの共通言語ではなくなっている。日本語を母語としない人々への日本語教育は、異なった文化・言語を持つ者にそれぞれの個を認め、コミュニケーションが達成できるようにするものである。けっして日本人の日本語に同化させるものではない。日本語学習歴が長いからといって、伝統的な規範文法に則ったネイティブスピーカー並みの日本語能力でなければならないというのではない。ところが、おかしなことに、多くの日本人は自分の日本語能力や外国語能力に自信がないと思っているにもかかわらず、外国人の日本語には完璧さを求めているのである。そして、日本語非母語話者の正当性を認めたがらないのである。

　国語審議会は1993年になって、ようやく「日本語の国際化」について諮

問するようになった[18]。80年代前半から「日本の国際化」が叫ばれ、80年代後半には「日本語の国際化」が議論され始めると、日本や日本語を国際化するには日本人の忍耐と痛みが必要であると指摘されるようになる。西江（1987）[19]は「国際化はちっとも素敵じゃない。不便さ、厄介、もめ事も引き受けざるを得ない」と発言している。日本人にとってそれほど面倒なことであれば、日本も日本語も国際化は不要であるとしたいところであるが、日本は国際化に後戻りできない段階に入ってしまったのである。日本語はすでに一人歩きを始めている。

梅棹（1986）[20]は「日本語を母語としない人たちのあいだでかわされる日本語の会話は、われわれの耳にはときには、きわめて異様な言語としてひびくかもしれない。日本語の美しさをほこりとしてきたわれわれ日本人にとっては、それはいわば『おぞましき日本語』であるかもしれない」と言う。彼はさらに「私たちはこのおぞましき日本語にたえなければいけないのだ。もはや私有財産としての独占権を主張することができなくなった以上は、そのような外国人の使う奇妙な日本語に寛容でなければならない。ふつうでない表現、奇妙な用語法に対して、こちら側が理解する努力をしなければならないのである」とも言う。事実、「おぞましき日本語」に耐える寛容の精神が日本語の広がりに欠かせないのである。

田中（1987）[21]は、「自由で闊達な大陸（コンチネンタル）日本語の花を咲かせる」ためには「かわいい日本語には旅をさせよ」とし、「人はあらゆる言語において、何か威信のある規範に合わない言い方があらわれると、ただちにそれをおぞましいと感じるであろう。しかし、話すほうとしては、さしせまった必要があれば、どんなにおぞましくても、それをあえてせざるを得ない」と述べている。

日本人が、非母語話者の日本語のバラエティーに寛容になることは、容易なことではない。島国のたこつぼ文化の中で培養してきた日本語をソトに出し、いくぶん姿を変えて返ってきた日本語を受け止めることに慣れていないため、異質性を排除したくなってしまうのである。

しかし、国内では外国人居住者が人口の1％以上を占めるまでになり、日本語を母語としない人々との接触は珍しいものではなくなっている。テレビ番組では連日、日本語を母語としない人々が登場し、流暢な日本語から、日本語母語話者とは少々異なった日本語まで見聞きする機会が増えている。外国人が日本語を話すことは特別なことではなくなってきている今、

日本人は多様な日本語や異文化に慣れ、受け入れることができる過渡期にあるのではなかろうか。

　かつて、外国人から道を尋ねられると、日本語で聞いているにもかかわらず、英語ができないからと逃げていた日本人が、日本語で答えようとするようになった。外国人が少しでも日本語を話せば「日本語が上手ですね」と言っていた常套句も消えようとしている。日本語は難しいから外国人が習得するのは無理である、といった発想も薄れつつある。

　日本語教育をさらに前進させるためには、日本人が外国人にとって魅力的でなければならないし、日本社会がそれなりに好感のもてる姿を示さなければならないであろう。日本語はさまざまなポジティブイメージを反映することによって、多大な学習者を引きつけるのである。だからこそ、日本社会が多様な価値を尊び、多様な文化様式を受容する方向に進むことに尽力すべきなのである。日本語教育はそういう努力のしがいのある営みなのである。日本語教育は外国人を利するだけでなく、日本人にとっても大切なものをもたらしてくれることを常に再確認する必要がある。

6 おわりに

　1997年に朝日新聞社が主催した「地球プロジェクト21」[22]の報告では、「アジアと日本の共生をはかるうえで基礎となるのは、互いに相手を理解する人を数多く育てられるかどうかだ。日本をよく知るアジアの人々、アジアをよく知る日本人がかけ橋となって、相互理解が深まって行く。留学生は最も貴重な未来のかけ橋である」とし、「息の長い友好関係を築くには、将来のかけ橋となる留学生の受け皿を整備し、アジア理解を深める教育を充実させるべきである」と提言している。真にそのとおりである。

　1998年版のユネスコ文化統計によると、93年から95年に海外に留学した日本人は64,000人であるが、その約8割（アメリカ70.8％、西ヨーロッパ11.3％）は欧米諸国である。アジアの中で中国に留学した者は13.8％と増加を続けているが、アジア全体では1万人にも満たない。日本に来る留学生の約9割はアジア地域の出身者であるから、あきらかに不均衡である。また、96年度に政府からアジアに派遣された日本のアジア研究者、および短期留学推進制度でアジアに派遣されている学生は100人に満たず、アジ

アからの受け入れの10分の1である。

　大前（1999）[23]は、21世紀において「日本が関係を強化しなければいけないのは中国であり、韓国であり、その他のアジア諸国であり、ロシアであり、これら周辺諸国の状況をわれわれの目で読み取れるようにする──これが日本に課されたテーマだと思う」と力説している。地球人口の6割が住むアジアは実に多様である。日本はそれらの国々と仲間として相互理解できるようにし、共通の利益を模索しなければならない。それには人的交流が最も有効であり、アジアに日本を知る人を育て、アジアを学ぶ日本人を増やすことが近道となる。

　明治以来、日本は近隣諸国を無視してきた。無意識のうちに欧米、日本、アジアという序列をつけ、言語においても欧米語には劣等感を抱き、アジアの言語には日本語の優越感を持つ、といった言語観が生まれてしまった。しかも、日本とアジア諸国のあいだには戦争の歴史によって大きな溝が生まれている。日本人の海外旅行者数が1,600万人台に突入した97年以降、毎年4割以上の人々がアジアを訪れているが、日本人のアジア旅行では、廉価で豪華な旅を楽しむ傾向が強く、経済発展の先駆者としての思い上がりが明らかであった。それが、期せずして金融危機という共通の重荷を抱え、共に成長することの大切さを確認したことで、その距離が縮まりつつある。

　国内では静かにアジアブームが起こっている。中国やベトナム、韓国風の衣料や民芸品、家具を売る店が次々に登場して人気を集めているほか、レコード店に「アジアンポップ」コーナーができ、ビデオ店に「アジア映画」コーナーができるまでになった。新しいものを何でも吸収しようとする日本の若い人々が、アジアのモノにシンクロナイズし、アジアの国や言語に興味を持つようになってきている。1999年には福岡アジア美術館がオープンしてアジアアート人気に拍車をかけたように、日本人のアジア観が変わろうとしているのである。

　人の架け橋を築くには、長い時間がかかる。日本がアジアの中でしっかりとした絆を結ぶには、長期的にアジアに目を向ける取り組みが必要である。

　国外で、日本を知る人を作る最前線にあるのが日本語教育である。初めて日本語を学ぶ人々に、日本のイメージを作り上げていくのは日本語教師である。教師の偏見は、そのまま学習者の日本観を形成していく。海外の日本語教師の多くは、日本に行ったこともなければ、日本人と直接話した

こともない。日本人日本語教師であっても、日本の目まぐるしく変化する最新情報に飢えているのが現状である。日本語教師の地位も待遇もよいとは言えない。この教育環境を少しでも改善できるよう、日本全体のさらなる支援が求められる。すでにNPOをはじめ、アジアとの交流を望む人々が、少しでも日本語教育に役立つようにと、日本語の図書や文房具などを日本語教育機関に贈る運動も広がっている。普通の日本人が日本語のプロモーションに参加しはじめたことは、日本語教育の発展に明るい展望が見えてきたといってよいのではなかろうか。

　日本人が海外に出るときは、ことばを使ってどんどん人との親交を深める留学や赴任、あるいは海外旅行であってほしい。また、海外に向かう経験の浅い日本人日本語教師たちは、多くの教育機関ができるだけ現地のことばにたけ、即戦力のある有能な教師を求めていることを考えると、全面的に歓迎されているわけではないことを自覚してほしい。未熟な日本語教師に実践経験の場を与え、育ててくれる海外の日本語教育機関の懐の深さに応えなくてはならない。日本国内の教授法を絶対と思わず、日本語母語話者のおごりも持ってはならないことを肝に銘じてほしい。日本語教師は、日本の小さな外交官でもあり、日本語を商品としてユーザーに提案し、市場化していく日本語のセールスパーソンでもある。海外で働く日本人日本語教師は、日本語母語話者としての日本語知識だけではなく、日本に関する生きた情報源であり、日本語教育における教授能力、共同研究能力、指導力、人格、適応力、体力、はては経営能力と、無限大の要望が続く。そんな中で、それらの期待に少しでも応えるべく自己研鑽を続けている日本人教師の姿勢は高く評価されていることも記しておく。

　日本語教育の発展は、日本や日本人だけに恩恵を与えるものではなく、日本語を学んだ人々や日本語学習の場を提供している国々にも恩恵をもたらすものでなければならない。そして、普遍的なコミュニケーションのあり方に寄与するものでなければならないのである。

　　　　　　　　　　　　　　　　　　　　　（本名信行・岡本佐智子）

注
1）国際交流基金1999年5月25日記者発表プレスリリース「『1998年海外日本語教育機関』の仮集計結果（概要）」参照。
2）『国際交流基金15年のあゆみ』pp.19－20参照。

3）『国際交流基金15年のあゆみ』pp. 235-241参照。1999年現在の業務は「1. 国際文化交流の目的をもって、適切な人物を海外へ派遣、および海外から招へいすること。2. 海外における日本研究のための機関等に対する助成、専門家の派遣、資料の頒布及び日本研究者に対する研究費の助成等の方法により、海外における日本研究を援助し又は斡旋すること。3. 日本語に関する教育専門家の養成及び派遣、教授法の研究ならびに教材の開発作成及び頒布等の方法により日本語の普及を行うこと」と明記されている。
4）『国際交流基金 '94』p. 27参照。1994年の国際交流基金の総予算は281億500万円で、日本の文化交流予算はブリティッシュ・カウンシルの約3分の1である。海外事務所数はゲーテ・インスティテュートが151、ブリティッシュ・カウンシルが216に対して、国際交流基金は16と極端に少ない。1999年度の総予算は199億1900万円で、文化交流事業費約155億のうち、約37％（57億7700万円）を占めるのは「海外における日本研究に対する援助及びあっせん並びに日本語の普及事業」である。しかし、基金という運営の性格上、日本語普及事業費は97年以降、若干の縮小が続いている。
5）日本語教育学会（1995）『日本語教育の概観』p. 91参照。
6）文部省（1999）『我が国の文教施策（平成11年度）』pp. 439-445参照。1999年度の留学生総数は2000年1月文部省発表による。
7）文部省（1999）『知的国際貢献の発展と新たな留学生政策の展開を目指して ―ポスト2000年の留学生政策―』pp. 6-22参照。
8）鈴木孝夫（1995）『日本語は国際語になりうるか』p. 23参照。
9）鈴木孝夫（1978）「なぜ外国人に日本語を教えるのか」『日本語教育国際会議』pp. 105-106参照。
10）江川清、米田正人（1999）「日本語観国際センサス」『日本語学』4月号 pp. 12-16参照。
11）劉志明（1999）「中国・台湾における日本語観」『日本語学』4月号 pp. 45-47参照。
12）朝日新聞社総合研究センター（1997）「アジア6都市世論調査詳報」『朝日総研リポート』第127号 pp. 131-143参照。
13）夏茜（1997）「シンガポールメディアの中での日本語からの外来語」『月刊日本語』9月号 pp. 100-103参照。
14）「ニッポンが超カワイイ！」『Newsweek 日本版』1999年11月17日号 pp. 48-53参照。
15）水谷修（1999）「日本語教育研究の未来」『日本語教育』100号 pp. 3-5

参照。
16) 本名信行（1990）『アジアの英語』pp. 5-8参照。
17) 田中克彦と一橋大学留学生対談（1994）「現代日本と日本語を学ぶ意味」『日本を考える』pp. 216-217参照。
18) 文化庁（1996）『国語審議会報告書 20』pp. 316-320参照。
19) 西江雅之（1987）『国際交流』第45号 p. 13参照。
20) 梅棹忠夫（1986）『国際交流』第41号 pp. 2-29参照。同（1988）『日本語と日本文明』p. 216参照。同（1999）『国際交流』第84号 pp. 16-19参照。
21) 田中克彦（1987）『国際交流』第45号 pp. 32参照。同（1989）『国家語を越えて 国際化のなかの日本語』p. 42参照。
22) 朝日新聞1997年11月19日参照。
23) 大前研一（1999）『21世紀維新 栄える国と人のかたち』p. 143参照。

【参考文献】
朝日新聞社（1997）『AERA Mook 日本語学のみかた』朝日新聞社
朝日新聞社総合研究センター（1997）「アジア6都市世論調査詳報」『朝日総研リポート』127号
岩波書店編集部編（1994）『日本を語る』岩波書店
梅棹忠夫（1986）『国際交流』第41号 国際交流基金
梅棹忠夫（1988）『日本語と日本文明』くもん出版
梅棹忠夫（1999）『国際交流』第84号 国際交流基金
江川清、米田正人（1999）「日本語観国際センサス」『日本語学』4月号 明治書院
大前研一（1999）『21世紀維新 栄える国と人のかたち』文春新書
甲斐睦朗他出席（1997）「座談会 21世紀を展望するボーダレス時代の日本語教育」『日本語学』5月臨時増刊号 明治書院
加藤秀俊（1988）「世界のなかの日本語」『国際交流』第47号
国際交流基金編（1973）『国際交流基金のあらまし』国際交流基金
国際交流基金編（1986）『国際交流』第41号 国際交流基金
国際交流基金編（1987）『国際交流』第45号 国際交流基金
国際交流基金編（1990）『国際交流基金15年のあゆみ』国際交流基金
国際交流基金編（1994）『国際交流基金'94 平成6年度の概要／平成5年度の事業報告』 国際交流基金
国際連合教育科学文化機関 永井道雄（1999）『ユネスコ文化統計年鑑1998』原書房

夏茜（1997）「シンガポールメディアの中での日本語からの外来語」『月刊言語』9月号　大修館書店
鈴木孝夫（1978）「なぜ外国人に日本語を教えるのか」『日本語教育国際会議』国際交流基金
鈴木孝夫（1995）『日本語は国際語になりうるか』講談社学術文庫
鈴木孝夫（1999）『鈴木孝夫著作集3　日本語は国際語になりうるか』岩波書店
田中克彦（1989）『国家語を越えて　国際化のなかの日本語』筑摩書房
田中望（1994）「われわれの日本語」『日本語論』7月号　山本書房
ティービーエス・ブリタニカ『Newsweek日本版』1999年11月17日号
西尾珪子（1992）「国際化時代の日本語を考える」『日本語学』1月号　明治書院
日本語教育学会（1992）『日本語教育学会創立30周年・法人設立15周年記念　日本語教育の概観—稿本—』
日本語教育学会展望号編集委員会編（1995）『日本語教育　展望1995』86号別冊　日本語教育学会
J・V・ネウストプニー（1999）「人文主義と合理主義と　—日本語教育の21世紀にむけて—」『月刊言語』4月号　大修館書店
本名信行（1999）『アジアをつなぐ英語—英語の新しい国際的役割—』アルク新書
本名信行編（1990）『アジアの英語』くろしお出版
文化庁（1983）『外国人に対する日本語教育の振興に関する報告集』
文化庁（1995）「座談会　国際化時代の日本語をめぐって」『新「ことば」シリーズ1　国際化と日本語』大蔵省印刷局
文化庁（1996）「座談会　日本語教育をめぐって」『新「ことば」シリーズ3　日本語教育』大蔵省印刷局
文化庁（1996）『国語審議会報告書　20』大蔵省印刷局
文化庁（1999）『今後の日本語教育施策の推進について　—日本語教育の新たな展開を目指して—』
水谷修（1994）「日本の国際化・日本語の国際化」『日本語学』12月号　明治書院
水谷修（1999）「日本語教育研究の未来」『日本語教育』100号　日本語教育学会
文部省（1999）『知的国際貢献の発展と新たな留学生政策の展開を目指して—ポスト2000年の留学生政策—』
文部省（1999）『我が国の文教施策（平成11年度）』大蔵省印刷局
柳沢好昭執筆（1995）『日本語教育の概観』日本語教育学会

第2章
韓国における
日本文化解禁と日本語教育

1 はじめに

　国際交流基金の1998年海外日本語教育機関調査の仮集計結果によると、韓国の日本語学習者数は946,857人で、海外の日本語学習者総数約209万人の約45％を占め、最も多い。これは韓国と日本の地理的近さ、韓国に対する日本の経済的影響力が大きいなどに加えて、韓国語を母語とする人々にとって、日本語は学習しやすい言語というイメージがあることも否定できない。

　韓国語は日本語同様アルタイ語系に属し、表記は表音文字のハングルを用いているが、それ以外は日本語と類似点が多く、文の構造などは日本語とほとんど変わらない。また、韓国では古来からの韓国語に加え、日本同様、中国から伝来した漢字も使用されており、日本語の音読み漢字語彙は、韓国でもその読み方が似ているものが多く見られる。このほかにも擬音語・擬態語、助詞の類似音、慣用句、敬語体系など、共通点が実に多い。

　韓国における日本語教育は、政権によって大きな変化を見せてきた。本稿では、ここ近年の韓国での日本語教育の動きを報告するとともに、現政

府の示した「日本文化解禁」方策が韓国の日本語教育にどのような影響を与えているのかを分析しながら、韓国における日本語教育について考えてみたい。

2 韓国の歴史と日本語教育の変動

韓国での対日感情の変動は、ここ数年大きな転機を迎えている。それが日本語教育にどのような影響を与えているのかを考えるためにも、韓国の歴史的な対日感情の変化、および政府の政策の変動と日本語教育の変化を比較しながら検討してみたい。

（1）対日感情の変化

韓国と日本との歴史的関係は古代にまでさかのぼるが、ここでは近年における日本に対するイメージを日本批判期、葛藤期、受け入れ期の三つの転換期に分けて眺めてみる。

韓国は1960年代から1991年の盧泰愚大統領の政権時代まで、軍人出身の大統領による、いわゆる軍事政権によって統制されていた。そして70年代は「韓江の奇跡」と言われる高度成長期を迎えたものの、89年まで、韓国の一般国民は自由に海外へ出ることができず、同時に海外情報も制限されていた。この国外から隔離されていた60年代から89年までを日本批判期と言えよう。

この時期の韓国国民は、あらゆる分野において日本と自国を比較しては日本を批判し、最終的に日本に勝ることを国家再建のエネルギー、および目標としていた面がある。例えば、歴史などにおいても客観的な見解よりも、一種のステレオタイプ化した日本非難のみを受け入れる傾向にあり、韓国民族が日本民族よりもいかに優れているかを常に念頭においた考え方が重視されていた。このため、日本に友好的な立場や、日本が優れているという意見には反発が強かった。これは日本帝国主義時代の抑圧に対する反発や、制限された情報による偏った日本についての知識が原因であったと考えられる。

続いて葛藤期を迎える。1988年にソウルでオリンピックが開催され、翌89年には海外旅行自由化が施行されたことで、国際化が意識されるように

なり、海外への関心が高まった。海外からの情報も入りやすくなり、日本の有名書籍はもとより、近刊のベストセラーなどが日本で発表後まもなく韓国語に翻訳されて書店に並んだり、政府認可が下りていない日本の漫画、アニメ、音楽、映画、ドラマなどまで市中に出回るといった現象が起こっていく。

　豊富になった日本情報の中で、過去の韓国の中から見たステレオタイプ的な日本批判論から、日本を日本現地から見た多面的な見方に変化していく。1993年にジョン・ヨオク著の日本批判書である『日本はない』が出版されると、翌94年には、その反論として、日本の良い面は素直に受け入れるべきだと主張するソ・ヒョンソプ著の『日本はある』が出版され、ともにベストセラーとなった。このように、一方的な批判論ばかりでなく賛否両論を受け入れ、十分に比較し、検討するという今までと違った日本の捕らえ方が現れた。いわゆる「日本賛否両論の論争時代」がこの時代の特徴である。同時に、この葛藤期は日本への関心が高まり、日本語教育も活性化した時期でもある。

　葛藤期から政権交代、経済危機を経て、現在は受け入れ期を迎えている。韓国は歴史的にも国の統率者が代わるたびに、国の組織、方針、思想が一掃されるという変化の大きい社会特性を持っている。

　この受け入れ期において、1998年に選出された金大中大統領は「日本文化解禁方針」を強く打ち出した。日本文化解禁はこれまでも何度も論ぜられながら、強い反対意見で、実現に至らなかった政策である。

　反対派の危惧は、主に歴史に深く根ざす反日感情や、韓国の市場が再び日本によって支配されるかもしれないということである。しかし、国際時代を迎え、韓国にも客観的な視野が育ってきたことや、97年以降のIMF（国際通貨基金）時代と言われる経済危機を迎え、政府は日韓の関係改善の必要性に迫られ、「日本文化解禁政策」を急速に進めている。実際に99年から日本映画上映、歌謡コンサート等の部分的解禁や、テレビの番組などでも日本をテーマに取り上げたものが急増している。このような日本文化解禁政策は日本語教育においても多大な影響を与えていると考える。

（2）　**韓国における教育政策の変化と日本語教育**
　先にも述べたように、韓国は国の統率者が代わるたびに国の組織、方針、思想が一掃される。これは日本語教育においても例外ではなく、その当時

の日韓関係や国の方針、日本語教育に携わる上層部の影響を受け、大きく変化してきた。そこで、韓国での政治の変化と日本語教育の関係を比較してみたい。

韓国での日本語教育は、現存している韓国最古の日本語学習書が、1492年の朝鮮時代に刊行された『伊路派』であると言われていることから、この時代に既に始まっていたと思われる。その後、1876年に日韓修好条約が締結され、日韓関係が親密になるのにともない、1895年以降、日本語学校が相次いで設立された。1906年からの日本軍占領下では日本語教育がなかば強制的になされるようになり、1941年には同化教育政策が打ち出され、日本語が国語として教育され、韓国語は補助的に教育されるようになった。そのため、この日本軍占領下時代に教育を受け、現在60歳代以上の世代の22.15％が日本語を理解すると言われている。

1945年、第2次世界大戦が終了してまもなく、韓国独立によって日本語教育が廃止され、日本語空白時代が訪れた。それは1961年に韓国外国語大学に日本語学科が設立されるまで続いた。その後、73年に高校の第2外国語に日本語が導入されたことや、大学入学試験科目に日本語を取り入れる学校が増加したことなどから、全高校の14％にあたる130校が日本語を第2外国語として採用するようになり、75年には350校にまで急増した。

しかし、75年に第2外国語の選択を各大学の裁量に任せる方針が出されたところ、韓国の高等教育の中心に位置するソウル大学校が、外国語選択科目から日本語を除外した。主な理由は、日本の大学には韓国語が外国語選択科目の中に入っていないといった、いわゆる反日感情の結果とも捕らえられる。そのソウル大学校の動きにならって、第2外国語から日本語を除外する大学が急増し、76年には大学受験生全体のわずか1.1％が日本語を選択する結果となった。

その後、しばらく日本語教育低迷期が続いたが、81年には日本のセンター試験に当たる「大学入学学力考査」として入学試験が一つに統一され、外国語は英語を含む5言語（英語、ドイツ語、フランス語、スペイン語、日本語）からの選択となったことから、日本語の選択者は例年5〜15％を維持するようになった。86年には、第1外国語（英語）と第2外国語（その他の言語）に分けられたため、第2外国語の中では、日本語が比較的韓国語に似ているので学びやすいと考えられていることから、日本語の選択者が41.63％にまで増加した。

しかし、翌年の87年に、第2外国語が外国語以外の選択科目と統一されたことで、日本語の選択者は0.82%に落ち込んだ。しかし、また翌年の88年に、外国語の試験を大学入学学力考査ではなく、各大学の裁量で実施されることになり、その結果、日本語選択者は2.35～3.75%を維持するようになった。

　1994年には、大学入学学力考査が「修学能力評価試験」に変わり、第2外国語全体が入試科目からはずされ、高校における日本語学習者数、授業数が減少した。97年には国公立大学において、これまで修学能力評価試験の成績と、各大学別に行う試験の結果を中心に大学入学の合否を決めていたものを、日本の内申書に当たる「総合生活記録簿」に記載された内容を40%以上考慮し、それに修学能力評価試験の成績を加えて選考することになった。また、私立大学には選考条件決定の自由が与えられ、日本語能力試験の認定証所有者や、国内外の日本語弁論大会での入賞者など、資格や賞歴が考慮される推薦入学の入学定員枠も増えた。

　98年に政権に就いた金大中大統領は、日本文化解禁と新しい教育課程、大学試験制度の大幅な改革を図った。注目すべきことは、99年に第2外国語が再び「修学能力評価試験」の選択科目に取り入れられたことや、内申書重視が加速化され、推薦入学枠が拡大されたことである。これらの影響は、中学における特別活動での日本語教育の増加や、98年の日本語能力試験の受験者が前年比54%増加などの形で表れている。

　今後の教育政策では、2001年から73の大学が入試で第2外国語を選択科目として出題することを決定している。また既に、97年から英語が小学校3年生の正規の科目に取り入れられているが、日本語を含む第2外国語も2001年から中学校の選択科目に編入されるなど、韓国では外国語教育の低年齢化も進んでいる。

　以上のように、韓国における日本語教育は、政権の変化や政治状況によって短期間に大幅な変更が行われている。特に大学入試制度の改正は、日本語学習者数だけでなく、日本語学習内容や学習方法に至るまで、大きな影響を与えていることがわかる。

3 教育の現状

(1) 大学教育の現状

　政府が打ち出している教育目標は、「だれでも、いつでも、どこでも希望する教育を受けることができる開かれた教育社会、生涯学習社会の建設」である。それらは第1に学習者中心の教育であること、第2に幅の広い教育、第3に各大学の個性に合わせた教育、第4に自由と平等の中での教育、そして第5は最新マルチメディアを利用した教育の情報化を目指すものである。

　1995年の韓国の高等教育進学率は51％で、高等教育参加割合人口は世界でもトップクラスである。しかし、その現状は学生一人当たりの教育比が日本の3分の1、アメリカの6分の1であり、教員一人当たりの学生数がアメリカの2倍、ドイツの2.5倍であることや、図書館の書籍数に至っては、韓国の最高学府の雄を誇るソウル大学校でさえハーバード大学の7分の1である。大学に割り当てられる政府予算は全体の1.3％で、経済協力開発機構（OECD）加盟国の平均2.3％にも満たない水準である。そのため、学校経営における授業料への依存度は、国公立大学が41.4％、私立は80％のように、私立の場合は学校経営のほとんどを授業料に依存しているなど質的問題を抱えている。

　具体的には、韓国の学生一人当たりの教育費は2,589米ドルあまりで、教員一人当たりの学生数は30人、学生一人当たりの図書数は100冊であるが、OECD加盟国の平均教育費は7,457米ドル、教員一人当たりの平均学生数15人、学生一人当たりの平均図書数300冊であることから、そのすべてがOECD平均に程遠いことがわかる。日本語教育においては、こういった環境の中で、資料不足をはじめ、会話の授業を高校なみの30人以上で行うなど、教育の質の向上に多くの困難を抱えている大学が多い。

　このような中で、新しい教育指導方針として、教育のマルチメディア化が強力に進められ、1999年までに全国の小中高校の全教師にコンピュータを持たせ、2000年までに、すべての教室にマルチメディアの教育設備を整えることを目標としている。

(2) 大学の日本語教育
〈1〉 日本語教育授業数

韓国教育部による大学での日本語関係学科の学習項目別平均授業時間数統計を見ると、韓国は国内に大きな日本語学習需要を持ちながら、日本語教育専門の学科を持つ大学が非常に少ない[1]だけでなく、日本語教育学科においても日本語教育の授業時間数が非常に少ない（表1参照）。その反面、日本語教育以外のほとんどの人文科学系学科で日本語の授業を取り入れている。これは日本語教育学科数の不足を補うために、文学や語学の専攻者が日本語教育の現場で指導に当たっているという現状に対応するものである。このように日本語教育を専門としない教師が増えていくことは、韓国の日本語教育全体を活性化させるものではあるが、専門知識が浅く、日本語教育研究を深め、その学問的価値を高める意識が育ちにくい傾向にある。

表1　韓国の日本語関係学科における授業時間配分

教科＼学科	日語日文科	日本語科	日本語教育科	日本語学科	日本学科	観光日語科	計(時限数)
言語技能	45.65	63.4	48.0	65.0	43.3	55.0	320.35
語学理論／文学	57.61	48.8	41.6	48.5	48.0	22.5	267.01
日本語教育	1.1	1.4	1.6	0	1.0	0	5.1
合　計	104.36	116.6	91.2	113.5	62.3	77.5	592.46

1998年韓国教育部統計より

注：言語技能とは、総合、話す、聞く、読む、書く、文法、その他の項目を含む。
　　語学理論または文学とは、語学理論、古典、近代文学、日本学、その他の項目を含む。

〈2〉 学部制の影響

1995年度政府の「5.31教育改革案」から、大学における「学部制」が始まった。学部制とは、学科ごとに学生を募集するこれまでの学科中心の大学体制が、必要以上に学問の細分化を進めてしまったことによる反省から、学部中心の体制に変えるものである。この学制改編は複数学科の履修を可能にするため、必修科目を減らして選択科目を多くし[2]、学生により多くの学習機会を与え、自分で専攻を選ばせようというものである。政府は学生に学習選択権幅を広げ、現代社会が必要とする多様な人材の育成、幅の

広い視野を持った人材の育成を行うことを目標としている。

さらに、98年3月に改正された高等教育法に基づいて、学部制の強化が打ち出され、99年現在、90％以上の大学が学部制を導入している。学部制の導入によって、大部分の大学において日本語は外国語学部の中に入り、英語を含む他の言語と肩を並べることとなった。

その結果、2年次で専攻を決める際、英語に第1志望が集中するため、日本語を第1志望として選択する学習者が減少する事態を生んでいる。英語学科の定員超過の場合は、上位成績順で選考が決められるため、学習意欲の低い外国語履修者の増加などの問題も起こっている。そのため、大学によっては英語と他の言語を分けて学部を構成したり、学習者のニーズに合わせたカリキュラムの再検討など、学部制の中で、英語以外の外国語学科が生き残るための新たな努力の必要性に迫られている。

〈3〉 入試制度改正の影響

入試制度が改正された1998年度入学試験は、選考基準を各大学独自の選定方法に任せたことにより多様化し、募集人数も増えた。また、改正前には大学の試験日がほぼ統一されていたため複数受験が難しかったが、改正後、複数受験が可能になったことも注目される。

98年度大学入試では、全国161校の一般大学が推薦入学で82,000人あまりを選抜した。これは前年度より2万人あまり多い結果である。日本の内申書に当たる学生生活記録簿が入学決定に占める割合も平均8.36％と、前年の平均8.23％を上回る結果となった。推薦入学においてはその内容も単に学生生活記録簿の評価だけでなく、日本語能力試験等の資格保持者やスピーチ大会等の受賞経験者、社会活動経験などを点数に加算するなど多様化しており、推薦入学の拡大は大学別に見ると、一般の大学、産業大学（有能な専門技術者の養成を目指した社会人対象の大学）、ともに、前年比で6％増を見せている（表2参照）。

このため、高校における日本語科の教育内容も、日本語に関する各種コンテストの入選や資格取得に向けての技能訓練に力をそそぐ傾向を見せている。そのため、日本語スピーチ大会や日本語能力試験等への参加率が急激に増えており、日本語学習活性化と、これまでの試験重視の日本語教育から、入学選考基準の多様化にともなった日本語教育の多様化も広がっている。

表2　一般大学と産業大学の推薦入学の割合

	一般大学	産業大学
1997年	25.34%	13.36%
1998年	31.4%	19.57%

1999年教育部統計より

(3) 高校の日本語教育
〈1〉 新しい教育課程と日本語教育

　高校においては、1974年からの第3次教育課程[3]から正式に日本語が第2外国語に加わる。82年からの第4次教育課程では、これまでの外国語教育の理解力中心から、「話す」「聞く」などの音声教育中心に変わる。高度な外国語能力を備えた人材養成を目的として、そこには、日本語科も開設されている。第4次の日本語学習目標はやさしい対話能力を養うことに重点が置かれていたが、基本語彙数が2,200もあり、日本語教授法も教師の説明中心の授業形態であったため、会話能力を養うには現実的な内容といえなかった。

　1988年からの第5次教育課程では、経験重視主義と知識強化中心の折衷カリキュラムがとられ、基本語彙数も846と減らされた。また、第5次期には、外国語高校が相次いで設立された。しかし、日本語教育では教授法の改善までは至らず、文法中心の正確さを求める教育に止まっている。

　そして、96年からの第6次教育課程で、初めてことばの正確さよりも流暢さを求める教育に変わり、言語機能、意思疎通機能など、「機能」教育が推進された。特にコミュニケーション機能を重視した点と、それに合わせた学習者中心の指導方法へ変わるなど、大きな変化をもたらした。

　2001年から2002年に実施予定の高校用の第7次教育課程では、英語やその他の外国語科とは別に日本語学科独自の指導要綱が作成され、「機能」中心教育を強化している。第6次では理解活動を先にして、表現活動を後に指導する方法であったが、第7次では「聞く」「話す」の表現活動から導入するなど、授業導入形態にも変化が見られる。学習項目自体もコミュニケーション活動を別建てで新たに設け、学習活動を具体的に提示している。このほか文化項目も新設され、日本人の行動様式を理解し、日本人との交流に能動的に参加する態度を養うという目標も掲げられている。第6

表3　高校の外国語選択学級数と学生数

1997年	ドイツ語		フランス語		スペイン語		中国語		日本語	
区　分	学級数	学生数	学級数	学生数	学級数	学生数	学級数	学生数	学級数	学生数
一般系高校	708	29,989	427	22,073	122	6,034	541	27,005	1,003	49,549
実業系高校	83	3,890	28	1,397	0	0	62	3,093	1,228	59,447
合　計	791	33,879	455	23,470	122	6,034	603	30,098	2,231	108,996

1998年	ドイツ語		フランス語		スペイン語		中国語		日本語	
区　分	学級数	学生数	学級数	学生数	学級数	学生数	学級数	学生数	学級数	学生数
一般系高校	9,365	447,822	5,381	269,648	351	17,290	1,614	78,384	6,294	301,076
実業系高校	746	29,465	438	19,516	18	942	357	15,424	9,116	430,340
合　計	10,111	477,287	5,819	289,164	369	18,232	1,971	93,808	15,410	731,416

各年教育部統計より

次での日本語教育は授業時間数に比べて達成目標レベルが高かったという反省から、基本語彙数を800〜900の間で一定数を選択するように改善し、使用漢字数も733字と減らしている。教科書の扱いも、今までは、上巻は会話中心、下巻は読解・作文中心と分けられていたが、第7次からは上巻・下巻を通して会話中心教育を行い、併せて「読み・書き」教育も行うことになっている。

〈2〉　学習者の実態

教育部統計によると、97年、98年ともに高校の第2外国語の中では日本語を選択するものが一番多い（表3参照）。98年度集計では一般系高校[4]では27%が、実業系高校[5]では87%が日本語を選択している。97年と98年の日本語選択学級数と学生数を比較すると、1年で学級数が6.9倍、学生数が約6.7倍もの増加を見せている。しかし、年々、対韓貿易シェアを大きくしているドイツは、韓国のEU経済進出の足場であることから、ドイツ語選択者が増加しており、大学受験を目指す者の多い一般系高校では、前年比約15倍増である。第2外国語の履修単位数が一般系高校で10〜13単位、実業系高校では3〜4単位[6]であることから、日本語は選択数自体は多い

ものの、授業で学ぶ平均時間数で見ると、ドイツ語を下回っていることがわかる。

　93年に実施された韓国日本語日文学会の日本語教育実態調査によると、高校における日本語学習者の学習目的順位は、第1位が日本文化に関する知識習得で、第2位が日本語によるコミュニケーションができるようになるため、第3位が国際理解・異文化理解のため、第4位に日本語そのものに興味がある、そして第5位に将来の就職のためとなっており、現在の日本語学習目的も、これらの五つが主流を占めていると思われる。高校における日本語学習は第2外国語の選択授業以外にも、クラブ活動や、特技・適性時間と言われる特別活動時間で行う学校が急速に増加しており、今後も日本語学習者が伸びると予想されている。

〈3〉　授業スタイル

　98年、99年の国際交流基金調査報告の『韓国の高校日本語教師の授業スタイル調査』によると、第6次教育課程にともない、日本語教授法に対する意識が変化したと考える教師が約90％（調査対象45人のうち41人）を占め、特に意識している内容はコミュニケーション重視、学習者中心の授業であると回答している。ところが、実際に行われている教室活動、活動形態、リソースなどを調査してみると、講義形式の授業形態をとっている教師が16人と3分の1以上を占め、訳読練習が3人、基本文型練習も反復練習（本文音読を含む）が26人、変換練習が10人と多く、ゲームを使うと答えた教師はわずか1人にすぎない。活動状態も、コーラス等の一斉練習をすると答えた教師が29人、教師の指名に学習者が答える活動が23人と圧倒的に多く、学習者同士の活動は21人である。授業時において、音声テープを使うと答えた教師が30人で、絵カードや文字カードを使うと答えた教師も合わせて24人と比較的多いが、依然として日本語の教室活動は、コミュニケーション重視、学習者中心の授業を進めるには不十分であるという結果が出ている。同報告では「教育課程にある言語教育の理念は意識の上では教師に影響を与えているが、実際の教室活動との間にはギャップがある」としている。

　韓国の高校日本語教師の教育に当たっている日本大使館公報文化院の98年度報告には「クラス運営が50人前後の多人数である」、「会話中心に変わってきていながらも大学入試問題が文法中心であるため、その指導も文法

中心となる」、「効果的な授業のための副教材が不足している」、「授業数が週1～2時間と少なく、既習内容が定着しない」、「会話指導をするには教師自身の日本語能力に自信がない」等の問題点が挙げられている。

〈4〉　日本語教材について
　趙成範（1998）の「現行高等学校日本語教科書1　話題分析と場面シラバスデザインに関する提言」によると、第6次教育課程に基づいて作成された高校用教科書は、以前の文法シラバスから場面シラバスに大きく転換したものの、一部には以前の読解形式の教科書や、会話の不自然な教科書があるとしている。また、李美江（1998）の「高等学校における日本語学習者のニーズと日本語教科書の比較研究」では、学習者のニーズと教科書の場面設定が違うとしている。
　これらの調査結果から、コミュニケーション重視、学習者中心の授業を進めるためには教科書にも問題があり、ニーズの違いなどは、学習意欲の低下の原因になりうると考える。

（4）　中学校の日本語教育
　中学校での日本語教育は、教科編成の調整と、学生・学校の自由性拡大のための裁量時間の実施が明記されている。現在、第7次教育課程実施にともない、中学校での日本語教育研究調査が進められており、趙文熙（1997）の実施した「中学生の日本語学習のニーズ調査」を見ると、学習したい内容は、会話が41.1％と圧倒的に多く、続いて日本の漫画を読むが28.2％、日本語の本を読むが21.8％、コンピュータなどのゲーム用語を理解するが、3.8％となっている。
　中学生のニーズは直接大学受験を目的としていないためか、最近の衛星放送や日本の漫画、雑誌、ビデオ、ゲーム、音楽など、各種日本の大衆文化の大量流入の影響を受け、むしろ実生活の娯楽に密接した日本語を求めていると思われる。しかし、このような中学生の日本語学習ニーズに見合った教材は皆無に等しく、授業は担当者の裁量に任せられているのが現状である。

（5）　その他の教育機関における日本語教育
　韓国の社会人日本語教育は、大学付属のオープンカレッジ（語学堂、語

学院と呼ばれている公開講座）や「学院」と呼ばれる私設外国語学校、企業内に設けられた「研修所」やカルチャーセンターでのプログラム、さらには、人材派遣会社の日本語教師派遣、家庭教師的なプライベートレッスンなどもある。また、それ以外にもテレビ、ラジオなどのマスメディアを使った日本語講座も盛んである。

　これらの社会人日本語教育は、近年、国際化意識の向上や、日本文化解禁による日本文化への関心の高まりの影響から、特に増加の傾向にあり、国際交流基金の1998年海外日本語教育機関調査の仮集計結果によると、こういった学校教育以外の日本語学習者は全体の7％を占めている。

　企業の研修所における日本語教育は、97年からの不景気の影響から一時は激減したが、景気の回復にともない、再開の傾向にある。多くの企業研修所では日本語教育能力試験認定証を保有する教師陣を迎え、最新の設備の中でクラスの学習者数も12人以下の小人数制を基本とするなど、恵まれた教育環境の中で日本語教育が行われている。コースデザインやカリキュラムも多様なビジネス場面を想定した機能重視のもので、わずか2〜3か月で日本語初級基礎文法と最小限の日常会話をこなすレベルまで達成させるなど、徹底した集中教育を行っている。

　私設外国語学校は約420あり、日本語クラスの基本的授業形態は、初級のクラスを韓国人教師が担当して文法理解の授業を進め、中級から日本人教師が会話のクラスを担当するのが一般的である。日本語が話せれば、だれでも日本語教師になれた時期もあったが、最近の傾向としては日本語教師養成教育を履修した講師を採用するなど、実質的な日本語教育能力や日本語知識を備えた教師が求められている。

　学習者は、80年代の高度成長期はビジネスマンが中心であったが、近年の韓国経済の低迷からビジネスマンは激減し、代わって20代の女性や高校生、大学生などが増加する傾向にある。多くの私設外国語学校関係者は、これら日本語学習者の変化を、日本文化解禁にともなった日本語の将来性を見込んで、就職、大学受験のための資格取得を目的とした日本語学習者が増加しているためと見ている。

　韓国ではマスメディアが提供する日本語教育も盛んであり、テレビ放送においては1981年に国営放送（KBS）が日本語講座の放送を始め、90年からは国営教育放送（EBS）に引き継がれ、現在に至っている。近年においてはケーブルテレビ放送の開始とともに、放送大学や才能教育などで日本

語講座の放送をしている。
　また、テレホンサービスを利用した日本語学習などもあり、中央日報社の伝える利用状況[7]によると、一日平均1,000〜1,500通話の利用があるという。

4 韓国の日本語関係団体

　韓国内の日本語教師団体もいろいろと組織化されて、活発な活動を見せている。1972年に「韓国日本語学会」、79年に「韓国日語日文学会」、84年に「韓国日本語教育学会」、91年に「ソウル日本語教育研究会」などが発足し、日本語教育に関する研究を進めている。95年には韓国内で教育されている九つの外国語（英語、日本語、中国語、ドイツ語、フランス語、スペイン語、ロシア語、アラビア語、外国語としての韓国語）の関係者による「韓国外国語教育学会」が発足し、その特殊性から大いに注目を集めている。
　これらの学会は、高校、大学、その他の日本語教育関係者などが各々学会を設立し、研究や研修を進めているもので、相互の連携はあまり強いとは言えなかった。そこで、99年には大学、高校、その他の日本語教育関係者が集まって研究を進めようとする「日本語文教学会」が発足し、新しい研究ネットワーク活動に期待が集まっている。

5 おわりに

　金大中政府の「日本文化解禁政策」は、これまでの対日感情から脱皮した、歴史に囚われない客観的な対日意識を生み出し、日本語需要の拡大と多様化をもたらした。しかし、これまでの韓国における日本語教育の歴史がそうであったように、新政府の大幅な教育政策の改定は、教育現場の混乱をもたらしている。また、今後の計画として、2005年までの具体的な教育指導方針も出ているが、それがどの程度実施されていくのかも予断を許さないというのが現状である。
　今後、安定した日本語教育を供給するためには、日本語教育機関が政府

政策に関与する影響力を増大することが必要であり、それには高等教育を中心とした学校や教育団体側の組織化、および組織強化が強く求められる。そして、政府機関と教育機関との密接な情報交換、および協力体制による現実的な教育政策と長期的施行が欠かせないと思われる。

特に、文化解禁による日本についての関心の高まりや、国際化社会への関心から、日本語教育の需要の増加やニーズの多様化が進んできているこの時期に日本語教師に必要とされるのは「現場の日本語教師教育と日本語教育専門家の育成」や「日本語教育や日本事情についての情報の共有化」など、現実的な日本語教育の改善であると考える。

現在、韓国内で行われている日本語教師教育には、ソウル特別市教員研修院主催の研修や、教育庁の支援による研修などがある。前者のソウル特別市教員研修院主催の研修は、「中等1級正教師資格研修」と言われ、日本語教師の中で現職高校教師の準教師が、正教師の資格を取得するための研修である。1997年に実施された研修内容を見ると、全180時間で50項目を研修しており、そのうち、直接日本語教育に関連する項目には「日本の歴史と文化理解」「日本語発音矯正」「日本語聞き取りおよび聴解指導」「日本語文法指導」「視聴覚教具の作成と活用」「授業指導の実際」「日本語教授法」「教材の分析と活用」「日本語会話」などがある。

中でも、会話指導は全授業時間180時間のうち40時間が当てられており、教育環境も小人数（12名～15名）制をとるなど、会話能力育成重視の姿勢が見られる。また、教授法指導の時間も34時間と、多くの時間がとられている。98年の研修では視聴覚教育などが新しく加わるなど、マルチメディア化を目指す教育政策に合わせた変化も見られるが、研修の指導にあたる日本語教育専門家の不足などの問題も抱えている。

そのほか、日本語教師教育として在韓日本大使館公報文化院による日本語教授法の指導や、依頼に応じての各種研修会への出講や各種行事への参加、支援などがあるが、ここでも日本から派遣されている日本語教育専門家の不足から、日本語教師教育に十分な協力体制が望めない現状である。

しかも、日本語教師教育の現状においては、政府の教育指導方針の大幅な変化による現状把握やニーズの把握は困難であり、多くの現場教師が適応に困難を感じていると思われる。これらの問題を解決し、効果的な日本語教師教育を実施するためには、韓国の日本語教師の現状についての継続的で広範囲な実態調査による現状把握や、その現状に合った日本語教師教

育のための日本語教育専門家育成の必要に迫られている。

　また、日本語教育や日本事情の情報の共有化においては、日本語文教学会の発足や共同研究の増加が見られるように、その必要性が高まってきている。しかし、本来韓国においては「情報を公開する」という意識が低いため、さまざまな研修などで得た知識や情報が共有されることなく終わってしまうことが多い。今後は新しい教育課程（第7次教育課程）の文化理解重視の姿勢や、マルチメディア化にともなうインターネット等の普及による大量の日本情報の流入、そして日本文化解禁により、これまでは特殊分野の知識として、各種分野の一部の語学関係者のみが保有していた日本文化知識が一般大衆化するにあたり、日本語教師が教育に必要な情報の整理や、日本語学習者の多様な情報要求に応えられる体制を整えるためにも、情報の共有が一層必要になる。そのためには、各種日本語教育団体が連携し、情報流通のためのネットワーク作りが、これまで以上に重要になってくると思われる。

（関陽子）

注
1) 1999年に行われた韓国日語日文学会による韓国の日本語教育実態調査によると、4年制大学で日本語教育学科がある大学は全国で7校となっている。
2) 70単位あまりあった専攻履修単位が30〜36単位に減少した。
3) 教育課程とは、日本の文部省の学習指導要領にあたる。
4) 日本の普通高校にあたる。
5) 実業系高校とは、農業、工業、商業、水産などの高校にあたる。
6) 李徳奉（1999）『世界の日本語教育』第5号　pp. 2－3参照。
7) 中央日報社（韓国の代表的な新聞社の一つ）では、1996年から新聞に掲載された「日本語会話」の会話や説明を音声で聞くという日本語会話のテレホンサービスを提供している。

　なお、人名表記にあたっては、漢字名を持つ者は漢字で記した。

【参考文献】

内田成美（1998）「韓国の日本語教育事情と課題」国際交流基金派遣帰国報告会資料

王崇梁、長坂水晶、中村雅子、藤長かおる（1998）「韓国の高校日本語教師の教室活動に関する意識 ―大韓民国高等学校日本語教師研修参加者に対するアンケート調査方向―」『日本語国際センター紀要』第8号　国際交流基金日本語国際センター

王崇梁、長坂水晶、中村雅子、藤長かおる（1999）「韓国の高校日本語教師の教授スタイル調査」『日本語国際センター紀要』第9号　国際交流基金日本語国際センター

大槻健（1992）『韓国教育事情』新日本新書

韓国教育部（1998）『第7次教育課程　高等学校教育課程(1)』韓国教育部

韓国教育部（1998）『第7次教育課程　初・中等学校教育課程』韓国教育部

韓国教育部（1998）『第7次教育課程　外国語系列高等学校専門教科教育課程』韓国教育部

韓国大学新聞（1998）「文民政府　大学教育改革の功過」、「新大学入学全形制度の政策」『韓国大学年間1998～1999上』韓国大学新聞

金淑子（1994）「韓国の日本語教育の現状と課題 ―大学の実態を中心に―」『日語日文学研究』韓国日語日文学会

金瑞瑛（1998）「第7次外国語科　教育課程概要」『ソウル日本語教育研究会』第7号　ソウル日本語教育研究会

国際交流基金編（1995）『海外の日本語教育の現状　日本語教育機関調査1993年』国際交流基金日本語国際センター

趙文熙（1997）「中学校日本語コースデザインのための基礎調査および分析」『日語日文学会研究』韓国日語日文学会

趙成範（1998）「現行高等学校日本語教科書1　話題分析と場面シラバスデザインに関する提言」『高大日語教育研究』第2号　日語教育研究会

日本語文教育学会編（1999）「韓国の日本語教育　こう変わった」韓国日本学会内日本語文教育学会

任昶淳（1996）「韓国における外国語の中の日本語教育の現状と展望」『世界の日本語教育』第4号　国際交流基金日本語国際センター

朴旦換（1994）「韓国の日本語教育の現状と課題―高校の実態を中心に―」『日語日文学研究』韓国日語日文学会

山下みゆき（1999）「韓国の日本語教育事情と課題」国際交流基金派遣帰国報

告会資料
李德奉（1996）「韓国における日本語教育の現状と課題」『世界の日本語教育　日本語教育事情報告編』第4号　国際交流基金日本語国際センター
李德奉（1999）「韓国の日本語教育界における新しい動きについて」『世界の日本語教育　日本語教育事情報告編』第5号　国際交流基金日本語国際センター
李鳳姫（1994）「韓国の大学においての日本語教育」『日本学報　韓国』33　韓国日本学会
李美江(1998)「高等学校日本語学習者のニーズと日本語教科書の比較研究」『高大日語教育研究』日語教育研究会

第3章

中国における日本語教育の発展と定着に向けて

1 はじめに

　人口12億をかかえる広大な国、中国の日本語教育機関数、日本語教師数、日本語学習者数は、いずれも海外の日本語教育では上位に位置している。中国の経済発展は、アジアの経済成長を左右すると言われているように、アジアで第1位、第2位の経済大国となった、日本と中国の二国間関係を強化することは、アジア全体の経済利益と安定、平和にもつながっていく。
　1999年の文部省統計によると、日本の留学生受け入れ総数の46.5％を中国人留学生が占めており、国費留学生数の約2割が中国出身者で、どちらも他国を大きく引き離している。一方、98年版ユネスコ統計によれば、日本人の留学先第1位は、中国同様アメリカで圧倒的な数であるが、2位に中国が続く。中国が受け入れる留学生出身国のトップは日本で、その数も年々増加の一途をたどっている。
　中国で日本語教育が盛んな地域は、上海市、大連市、北京市、長春市、瀋陽市を筆頭に、大都市部と東北地区の3省(吉林省、遼寧省、黒龍江省)が顕著である。本稿では、これらの地域の日本語教育から、中国の日本語

教育の現状を報告し、将来の日本語教育の発展を考えてみたい。

2 中国における日本語教育発展の背景

　中国では経済発展計画のもとに、1957年から12年間の科学技術発展計画が作成され、世界の国々の良いところを学ぼうとする政策が打ち出された。その計画実現に向けて、外国語教育では従来のロシア語教育のほかに、英語、ドイツ語、フランス語、日本語、アラビア語、スペイン語の教育も重要視されるようになる。これを受けて、外国語大学新設や総合大学に外国語学部が次々と設置されていく。64年に「外国語教育7年企画要領」が公布されると、英語学科をはじめ、各外国語学科も徐々に募集人員増加の措置が取られた。66年からの文化大革命期は外国語教育が停止されたが、71年の国連正式加盟後、各国との国交樹立により、外国語能力を備えた人材育成が緊急の課題となっていく。

　78年に改革開放政策が打ち出され、中国の「四つの現代化（工業近代化、農業近代化、国防建設近代化、科学技術近代化）」の実現には、世界各国との往来・交流を広めることが重要項目となった。このため、各分野における外国語のできる人材養成にさらに拍車がかけられ、小中学校に外国語教育が導入されただけでなく、成人教育機関等でも外国語教育が奨励される。78年には、日本語が大学入試科目に組み込まれ、高等教育機関における日本語科指導要領作成、日本語教材編纂審査委員会発足へと日本語教育の指針案がまとめられる。

　79年になると、国家教育委員会（現教育部）が発布した「外国語教育強化についての意見」の実施が要請された。これは、英語教育に大いに力を入れ、同時に日本語、ドイツ語、フランス語、ロシア語の教育も発展させるべきであるというものである。

　日本語教育の発展は、72年に日本との国交が正常化され、70年代後半から初等・中等教育機関で日本語教育が導入されたことから、学習者が増えはじめていく。日本のバブル経済が追い風となって、80年代後半から90年代初頭には空前の「日本語学習熱」時代を迎える。大学における日本語学科設置数も83年の40校から、93年には95校に倍増し、日本の先端科学技術を学ぶために理工系の大学生も日本語を勉強するようになる。

92年の社会主義市場経済政策に呼応して、日本企業の対中投資や経済交流が活発化すると、日本語能力の高い人材需要が一段と高まっていく。変化する社会のニーズに合わせて、学校教育以外でも日本語教育が盛んになっていった。近年、中国の日本語教育は外国語教育の中でも英語に次ぐ地位を築いている。

3 日本語学習者の動向

　中国の英語教育強化政策が進み、日本のバブル経済がはじけると、日本語学習者数の減少が明らかになった。日本語教育関係者のあいだでは、好調なアメリカ経済とは対照的に、日本経済の長期低迷の影響を受けて、今後、さらに日本語学習者数が減少するのではないかと心配されていた。はたして、国際交流基金の1998年海外日本語教育機関調査の仮集計結果では、初等・中等教育機関以外で日本語を学ぶ人々の減少が明らかになった（表1参照）。

　しかし、図1に見るように、中国における日本語能力試験の受験者総数推移は飛躍的な伸びを続けている。受験申し込み者総数を見ると、90年には3,000人弱であったが、98年には3万人台を優に越え、4万人に迫る勢いである。

表1　中国における教育機関別日本語学習者数
(単位：人)

	初等中等教育	高等教育	小　計	学校教育以外	総　計
1988年	――	32,857	32,857	200	33,057
1990年	120,899	74,507	195,406	92,771	288,177
1993年	108,825	81,335	190,160	60,174	250,334
1998年	119,480	76,848	196,328	42,299	238,627

中国日語教学研究会・日本国際交流基金日本語国際中心（1994）『第二次全国日語教育工作検討会議録』、国際交流基金日本語国際センター編（1995）『海外の日本語教育の現状　日本語教育機関調査1993年概要』、国際交流基金（1999）「『1998年海外日本語教育機関調査』の仮集計結果（概要）」より作成。

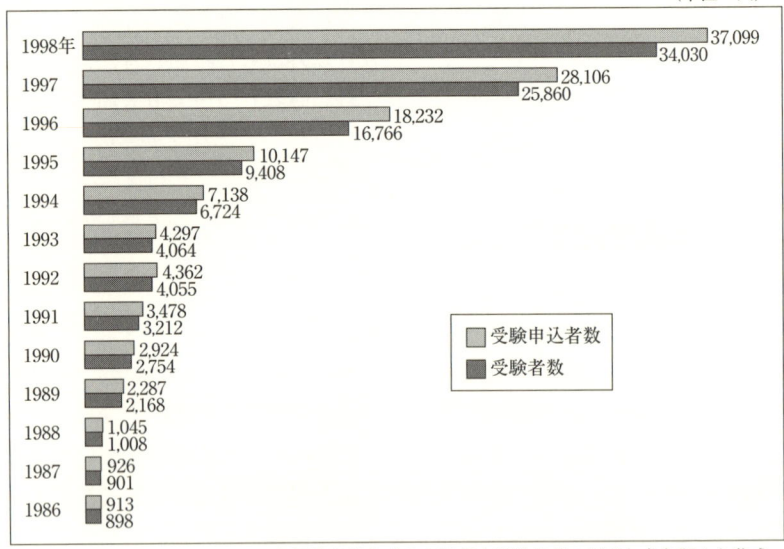

図1　中国における日本語能力試験受験者の推移　　　　　　　　（単位：人）

年	受験申込者数	受験者数
1998年	37,099	34,030
1997	28,106	25,860
1996	18,232	16,766
1995	10,147	9,408
1994	7,138	6,724
1993	4,297	4,064
1992	4,362	4,055
1991	3,478	3,212
1990	2,924	2,754
1989	2,287	2,168
1988	1,045	1,008
1987	926	901
1986	913	898

日本語教育学会『日本語能力試験結果の概要』各年版より作成

　これは、日本語能力試験の認定証が、日本への留学資格だけではなく、進学の内申書評定や企業の雇用条件に加わるなど、広く評価されはじめたことに起因する。なんとなく話してみたいといったムード的な日本語学習型から、日本語を本格的に習得し、進学、就職、昇進、昇給等に何らかの有利な資格として生かそうと、学習目的意識が明確な人々が増えてきていることを反映している。

　また、受験環境の変化も影響しているであろう。これまで、中国での日本語能力試験は大学の日本語学科生を主な受験対象者としていたが、1993年からは誰でも受験できるようになった。加えて、88年までは受験会場が5都市のみの実施であったが、89年には8都市、94年に10都市、95年に12都市、97年には香港を加えて13都市に増えている。特に、96年度以降の受験者の増加が著しく、96年の受験者実数は前年比78.2％増で16,766名、翌97年度は前年比の54.2％増で25,860名、98年には前年比31.6％増の34,030名となり、わずか2年間で倍増している。97年以降の香港の受験者実数を差し引いても、これまで大差でトップを独走していた韓国の受験者数（97年は18,714名、98年は28,147名）を上回っている。今後も受験者数の伸びが予想されるのは、日本語能力を測定する試験が多様化しつつあり、相互

活性化しているからである。
　教育部は、93年に大学生の外国語共通試験制度を策定している。これは外国語を専門としない大学生も、卒業までに英語、日本語、ロシア語の中から一言語を選択して、最低、4級レベル[1]に達しなければならないというものである。この制度に基づく大学共通日本語試験の実施にあたり、最小限の日本語習得目標が設定されるなど、これまで国内で統一されていなかった大学生の日本語能力の共通基準が明示されるようになる。
　上海市では、1994年から進学・就職時に外国語の水準能力を測ることを目的としたゼネラル外国語（英語、日本語、ロシア語、ドイツ語、フランス語）試験を開始し、受験者は全国的に広がりはじめ、日本語受験者数は英語に次いでいる。
　このほか、96年から日本の国内外で始まった日本貿易振興会主催によるジェトロビジネス日本語能力テストも、すでに香港で実施されているが、2001年以降は、北京、上海でも行われる予定である。日本企業の対中投資拡大が今後も予想されているだけに、コミュニケーション能力を測るビジネス日本語能力テストは、雇用時の評価目安となり、将来の需要が見込まれる。
　このように日本語能力の測定試験動向から見ると、ブーム期から比べた総体的な学習者減少傾向に憂慮するよりも、日本語学習目的意識の高い学習者が増え、資格としての日本語の価値を高めていることに注目したい。

4　初等・中等教育機関の日本語教育

　中国の教育制度は日本と同じように、基本的には6・3・3・4年制で、小学校から中学校までが義務教育となっている。中国は多民族・多言語・多文化社会である。そのため、初等教育機関では、地域によって、共通語である標準中国語（普通語）とそれぞれの民族言語が教えられている。一般的な小学校の低学年では、授業の約35％が標準中国語教育で占められ、識字教育に最大の比重が置かれている。近年、海外では日本語教育導入期が初等教育段階で開始される傾向にあるが、中国ではいち早く、70年代の後半から北京や東北地区の一部の小学校で始まっている。
　経済技術開発区の中でも、日本企業の投資が活発な大連市は、国際交流

基金の1993年海外日本語教育機関調査では、約100人に1人の割合で日本語を学んでいる、という突出した日本語学習人口割合であることが確認された。大連市では、92年から7校の小学校で週に3時間、市独自の小学校用教材を用いて5、6年生のための日本語教育が行われてきた。94年には12校の小学校に拡大され、約7,000名の児童が日本語を学んでいる。また、一部ではあるが、上海市などの小学校でも日本語教育導入の試みが行われている。

しかし、その一方で、中米関係の緊密化にともない、都市部の学習条件が整った小学校では、小学校高学年から英語教育が行われており、英語と中国語との二言語教育が広がっている。各地の主要大学の附属教育機関では、バイリンガル教育実験校が増えており、幼稚園から英語教育を行っているところもある。私立の小学校ではネイティブスピーカーの英語教師を招いて行う小人数制の授業を特色とするなど、中国における外国語教育の中でも英語教育は最も力を入れた授業展開を見せている。こういった状勢の中での第1外国語としての日本語教育の導入は貴重である。

中等教育レベルでは、日本の中学校にあたる初級中学（3年）があり、初級中学卒業後の進路には、日本の高校にあたる普通高級中学や、商業・工業高校にあたる職業高級中学のほか、高専にあたる中等専門学校、職業訓練学校にあたる技術労働者学校や農業・職業中学（各々2〜3年）がある。

中等教育機関に日本語科目があるのは約500校で、全体の8割近くを東北3省（吉林省、遼寧省、黒龍江省）と内蒙古自治区が占めている。しか

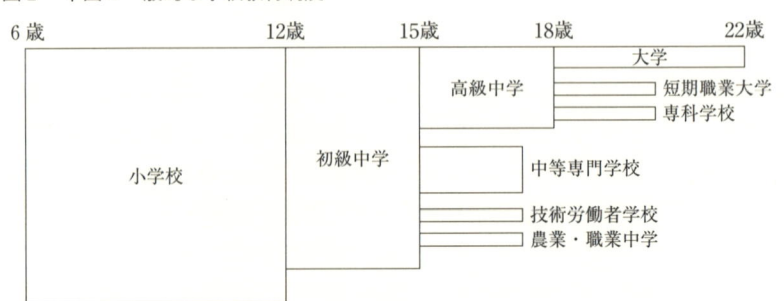

図2　中国の一般的な学校教育制度

| 6歳 | 12歳 | 15歳 | 18歳 | 22歳 |

小学校／初級中学／高級中学／大学／短期職業大学／専科学校／中等専門学校／技術労働者学校／農業・職業中学

小学校から初級中学への進学率は、1998年全国教育事業発展統計公報によれば約87.3%となっている。初級中学の卒業にあたっては各地域別の統一卒業試験が行われる。この卒業試験は高級中学などの入学試験もかねており、初級中学卒業生の進学率は50.7%となっている。大学等への入学は全国統一試験により選抜される。

し、中学校の日本語教育機関数、日本語学習者数は、ともに減少傾向を示している。その原因は、中学校が外国語教科を英語のみに絞ろうとしていることにある。生徒や親たちにとって、中学校で日本語を選択すると、学校教育で英語を学ぶ機会を逃すことになり、英語を選択した者に比べて、将来の進学や就職に不利になると考えられているのである。中学校での減少はそのまま高校にも影響していく。王（1994）、（1995）のレポート[2]では、中学校の日本語学習者数が減少しはじめていることに、早急に何らかの手を打つことが必要であると警告している。

　一部の都市では、その対策努力も見えている。大連市では高校受験科目（英語、日本語、ロシア語）として日本語を選ぶ学生に対して、若干の得点を加味する優遇措置を取っている。また、長春市では日本語で大学受験したものの、不合格となった者を沿岸地域の日本企業に就職斡旋しているところもある。

　一方、中学・普通高校の学習者減少とは対照的に、職業中学や中等専門学校では日本語学習者が増加傾向にあり、山東省や遼寧省では私立の日本語中等専門学校が設立されたり、観光中等専門学校や新設の職業学校では日本語科目を設ける学校が増えている。とはいえ、中等教育全体では、全国的な英語教育優勢に日本語が押されぎみにあるのが現状である。

5 高等教育の日本語教育

　中国には大学が約1,200校あり、教育部が直接管轄する34の大学と、教育部の指導に従って各省・県など地方自治体が管理する大学に分けられている。大学改革が押し進められている現在、各大学は大学の自主経営に転換することを第一として、「複合型（知識多様化）人材」養成を目指した特色ある学校作りを目指しているところである。政府は21世紀に向けて、全国に100の重点大学を建設するプロジェクト「211工程」を遂行中である。重点大学に指定されるには、学術的レベルだけでなく、外国語教育も重視され、高度な語学教育の水準が評価・審査の対象となる。

　外国語大学や、総合大学、師範大学の外国語学部の多くは日本語が必修科目に設定されているが、外国語の学習者数では英語が群を抜く多さで、日本語は英語に続く履修者数である。大学の日本語教育は、日本語科を専

攻する学部生や修士課程大学院生が学ぶ大学専門日本語と、専攻以外の学部生が学ぶ大学非専門日本語に分かれている。興味深いことに日本語教育の学会も、教育部指導のもとで、大学日本語科教師の学会である中国日語教学研究会と、大学非専門日本語教師の学会である中国公共日語教学研究会が組織されている。

　非専門日本語を行っている大学は全大学の半数に及び、専門日本語教育を行っている大学は約100校あるが、英語教育が優先されているため、日本語履修者数の縮小が案じられる。ただし、日本の短大にあたる専科学校においては学習者数の著しい伸びを見せている[3]。また、東北３省の一部の医科大学などでは日本の企業や団体との共同研究の必要性から、大学共通日本語に１年間の短期集中学習コースも設け、日本語学習を奨励しているところもある。

　大学における日本語科在籍学生の地域分布でも、東北３省、北京市、上海市、天津市が、際立っている。これらの地域に進出している日本企業では日本語能力を備えた日本語科卒業生の需要が大きいにもかかわらず、大学がその供給を満たせない状態にある。

6 日中共同で造る日本語教育：中国赴日留学生予備学校

　中国赴日留学生予備学校（以下、予備学校と記す）は、日中両政府の文化・教育交流会議により、1979年に双方の政府協力によって、吉林省長春市の東北師範大学内に設立された。その趣旨は、全国から選抜された日本に国費留学する中国の大学学部生、修士生、博士生、研究生および訪問学者等に対して、赴日前に約半年から１年間の予備教育を行うことである。日中両政府が共同で運営し、日本の学校教育法に基づき、日本以外で日本語教育を行うことを開始した第１号の学校であり、両国間の文化・教育交流を積極的に促進する機関として重要な役割を果している。

　現在の予備学校における予備教育は、中国から日本に派遣する赴日博士生（大学院博士課程進学者または研究者）に、日常生活に欠かせない基礎的な日本語能力および専門研究の日本語知識を習得してもらうことを旨としている。修了時における学習達成目標は、日本の大学や研究所でスムーズに研究できるようになることである。そのためには、日本語だけでなく、

ある程度の英語力も必要になる。したがって、カリキュラムには英語教育も組み込まれており、英語の専門文献資料が読め、英作文力が身につくように配慮されている。

授業は、両国の教師によるチームティーチングおよび共同研究によって、より効率的で、より効果的な授業の試みが行われている。中国政府は東北師範大学に委託し、優秀な日本語教師・英語教師を派遣すると同時に、日本政府は東京大学、東京工業大学、東京外国語大学、国際交流基金に委託し、専門の教授陣を中国に派遣して日本語と各専門教育を行っている。創立20年来、320名にのぼる日本人教師が予備学校に派遣され、中国人教師との相互研鑽、そして、相互理解と親交を深めてきている。

予備学校設立から現在に至るまでには、数度の学習対象者の移行を経てきている。当初の5年間は、主に日本の大学に留学する学部生に対して予備教育が行われていた。その後、中国の高等教育の発展と現代化に応じ、1982年からは学部生の予備教育と並行して、修士課程留学を目的とした修士生の予備教育が開始される。84年からは全て修士生を対象とする予備教育へと移行した。追って、中国の留学生派遣事業の発展にともない、89年からは、修士留学生から博士課程留学を対象とした博士生のための予備教育に変更した。以後、例年80名の赴日博士生（40名）と日中共同養成博士生（40名）に対して予備教育が実施されてきた。

そして、95年の留学生派遣政策では、中国国内で養成できる修士課程の国費留学生を徐々に減らし、代わりに、その上の博士課程、研修留学生、訪問研究者を多くしていく方針が採られた。予備学校においても、中国と日本の教育交流を新段階に推し進めるために、21世紀に向けた新たな5年間の留学生交流に関する協議が合意を得た。これは、96年度から赴日留学生のレベルをさらにアップし、博士生42名、ポストドクター生42名にするもので、翌年以降はポストドクター生を毎年4名ずつ増やし、2000年までに1期の定員を100名にすることが約定されている。

予備学校は開校20年で、延べ3,300名もの各種の赴日留学生を養成してきた。同校から赴日し、日本の指導教官のもとで優れた研究成果を修めた人々が続々と帰国し、中国の教育、科学研究、生産管理ポストで活躍している。著名な学者、あるいは指導者の中核になった者も出ている。かつて予備学校で学んだ人々が、今では中国の経済建設や科学技術の発展をはじめとする社会の進歩に欠かせないキーパーソン的存在になりつつある。

このほか、予備学校では、1985年から中国新疆自治区教育委員会の委託を受け、新疆から少数民族の学習者（新疆各大学の教員）も毎年平均35名養成し、多くの留学生を日本に送り出している。留学を終えて新疆に戻った人々の中からも、日本で学んだ知識を生かして各分野において活躍しているリーダーが登場している。

このように、予備学校で養成された人材が、中国の現代化建設の壮大な事業の中で功績をあげ、21世紀の日中両国の長期にわたる友好関係にも大きく影響を及ぼすであろうことは言うまでもない。

日本政府は、予備学校の事業を順調に展開させるため、これまでに4,700万円の視聴覚設備機材と8,000冊あまりの大学関係資料等を提供している。また、先進的なLL教室と90台のパソコンを置く計算機教室の設置も援助している。これらの支援は、予備学校の教育の質とレベル向上の学校諸条件を改善する上で、理想的な学習環境づくりに大きく貢献していることを高く評価しておきたい。

日本語教育の人材強化にも進展が見られている。中国教育部は予備学校の中国人日本語教師の教授レベルを高めるため、1990年から毎年1名を日本に派遣し、研修させる方針を採っている。さらに、文部省と教育部の合意により、97年から東京外国語大学が中国人日本語教師を毎年1名ずつ直接受け入れ、研究指導することになっている。どちらも1年間であるが、この日本語教師研修によって予備教育の質が一段とレベルアップするだけでなく、予備学校が中国の日本語教育をリードする人材が集まる機関としても期待されている。

今後10年間において、将来の中国留学生派遣の需要に対応し、日中両国の文化・教育交流が次のステージに発展するためにも、予備学校の展開は中国内外の先駆的なモデルとなるであろう。

7　学校教育以外の日本語教育

(1)　業余学校

中国には業余学校と呼ばれる学校教育以外の各種教育機関が多数ある。これは文字どおり仕事の余暇に学ぶ学校であり、社会人も就業後に学ぶことができる教育機関である。業余学校の日本語教育機関数は、大学に付属

する業余日本語講座や業余日本語学校を含めて、全国に400はあると推定されている。中国で日本語教育をビジネスとして成り立たせるニーズがあるとはいえ、授業料の徴収に制限があったり、多くは教室を賃貸によって確保しなければならず、学校経営の収益性が高いとはいえないのが実情である。

　そんな中で、1996年に上海市郊外に開校された日本語学校、上海朝日文化商務研修センター（学習者数約300名）は、日中合弁の学校ビジネスの台頭として注目された。同校の創設準備に奔走した副校長は、日本語を学んだ元留学生であり、日本での就業経験も持つ中国人である。これが契機となって、日本に留学し、日本で働いた人々が、その経験とネットワークを生かして日本語学校を設立するケースも増えている。これらの学校の成功が中国におけるビジネス日本語教育の発展にも寄与していくことから、日本語学校経営においても日本の投資・協力が期待される。

　業余学校では、種々の研修などのほかに、日本での就学を目的とした基礎的な日本語を習得するための日本語コースも開講されている。これらは渡日日本語特訓班と呼ばれており、大学に付設された渡日日本語特訓班の授業なら、週20時間で、半年から１年間の日本語教育が行われるのが一般的である。しかし、豊かになった中国では教育環境が整いはじめており、自国の経済成長の自信から、高額な私費を投じてまで日本の大学に留学する必要性が薄れてきているのも事実である。このため、業余学校では、国内の日本企業への就職紹介や、日本への短期留学の斡旋などを積極的に勧めている。

（２）　マスメディアの日本語教育

　中国のテレビ番組には、英語を中心に日本語やロシア語に詳しい子供たちが、それらの外国語や外国知識問題で勝ち抜くクイズ番組が放送されているなど、テレビメディアには外国語習得を奨励する姿勢が見える。外国人が多く居住する都市部エリア放送では、中国人キャスターによる英語のニュース番組が毎晩定時に放送されており、日本語で日本のニュースを紹介する番組も常時放送されている。

　日本語を独学で学んでいる日本語学習者の多くは、テレビやラジオ放送を学習媒体としている。放送大学にはテレビ大学日本語基礎課程があり、週３時間放映している。また、通信教育と連動した日本語ラジオ講座もあ

る。日本語のテレビ講座は、このほかにも全国ネットの中央テレビ局をはじめ、各地方局でも独自に制作されている。これらの一般視聴者数の統計は出ていないが、73年に上海ラジオ局が初級日本語ラジオ講座を開始した時は、講座テキスト80万冊が売り切れになっている。日本語学習熱が収まったとはいえ、かなりの学習者、または学習希望者の存在が推測される。

　情報化時代を迎えている中国では、条件が揃えば、日本の衛星放送受信やインターネットで日本の最新情報をリアルタイムで入手することも容易である。マスメディアでも日本情報を取りあげる割合が増えている。テレビ放送では、日本の連続テレビドラマや映画放映も話題を集めている。中でも、95年から全国ネットで放映された日中合同制作の連続テレビドラマ『東京の上海人』[4]は、夢と希望にあふれて日本に渡った上海人の東京生活を映し出し、日本社会で生きていく上での異文化適応や現実の厳しさをリアルに描いて高視聴率を記録した。

　都市部を中心に、若者たちは日本の音楽や漫画、流行など、サブカルチャー情報も迅速にキャッチしている。日本のニュースや大衆文化情報は特別なものではなく、日本語はそれらの情報やモノにともなって、静かに日常生活に入り込んでいるといってよいだろう。

8　日本語教師の人材育成

　国際交流基金の1993年の海外日本語教育機関調査結果では、中国では日本語学習者数や日本語教育機関数が増加している一方で、日本語教師の減少が懸念された。98年の調査結果仮集計値では若干の増加が見られ、海外における日本語教師数で第1位を維持しているものの、その内実は今も変わってはいない。一部の教育機関では、学生が日本語を学びたいと希望していても、教師不足から休講状態であったり、開講できないところも出ている。

　若い世代の教師であれば、ある程度の日本語能力が備わってくると、待遇のよい日系企業に転職し、将来のビジネスチャンスをつかもうとする傾向が強い。中国では「30にして立つ」ということわざがあるように、地味な教師の仕事よりもビジネスサクセスの可能性に挑戦してみることは自然なことである。

教師の離職は、自分の日本語能力に自信がないため、あるいは他科目も兼任し、日々の授業準備に忙殺されているにもかかわらず、それに見合った待遇ではないという事情もある。経済志向の社会を反映して、教師の流出、人材不足は早くから問題となっており、日本語教師も例外ではない。
　しかし、近年、熱心で優秀な日本語教師が着々と育っており、質の高い日本語教育を目指して研究しようという気運が高まっている。日本の協力を得て、日本語教師の国内外での研修体制が年々充実してきているため、それが教師の日本語教育能力の自信と研究意欲につながり、教職の定着に向かわせている。
　その先鞭をつけたのは、日中政府の共同事業として1979年に開所された北京日本語研究センター（通称、大平学校）であろう。80年に始まった日本語教育特別事業計画（5か年計画）では年間120名、5年間で600名の日本語教師養成を行っている。引き続き、現職教師の研修機会要望に応えて、85年から第1次5か年計画が実施され、北京外国語学院（現北京外国語大学）に日本学研究センター（現北京日本学研究センター）設置の運びとなった。そして、99年現在、第3次5か年計画も終盤を迎え、第4次計画に進もうとしている。
　北京日本学研究センターでは、従来の日本語研修コースに加えて、言語・文学専攻と社会・文化専攻の大学院修士コースと、現代日本経済、政治、行政、産業等の研究を行う現代日本研究コースが設けられ、中国における日本語教育や日本研究の中心となる人材育成が進められている。日本語研修コースでは、例年、約20名の高等教育機関の現職日本語教師が、半年間の日本語・日本語教授法研修を受けている。カリキュラムには日本の文化・社会への理解を深める目的で、ホームステイ体験も含めた約1か月間の訪日研修[5]があり、日本語教育研修の成果をあげている。
　遅ればせながら、中等教育機関の日本語教師研修システムにも進展が見られている。日本の財団法人、国際文化フォーラム[6]が1996年度から毎年各地の外国語学校と共催して、中学・高校現職日本語教師のための研修会を行っている。研修対象者は日本語教育実施校が集中している東北3省と内蒙古自治区の中学・高校の日本語教育拠点校、約45校から選抜された将来の各校のリーダーとなりうる熱意ある中国人日本語教師である。研修には日本語教研員（日本の教育委員会の指導主事にあたる）も参加し、教育行政とのネットワーク構築も図っている。約2週間の短期集中研修会は、

日本からの日本語教師を招いて日本語教授法や発音指導法、文法・語彙解説等、中国人教師の日本語教育知識を補う講義や、大学入試対策として過去の日本語統一試験問題を分析し、学習指導戦略を検討するなど、実践的な研修が行われている。

1997年度の第2回中国中高校日本語教師研修会の開催地となった大連では、大連日本商工クラブの協力により、研修生と大連在住の日本人との交流会が設けられた。大連は北の香港と言われているように日本との貿易関係が深く、日本人長期滞在者の多い町である。この交流会で、駐在員やその家族、日本人学校の教員など、さまざまな日本人と接し、日本語で直接コミュニケーションできたことが、教師自身の日本語に大いに自信をつける予想外の反響を得た。十数年以上も日本語教育歴のある教師でも、日本人と話した経験がない者は珍しくない。翌98年に開催されたハルビンでの研修会でも現地在住の日本人との交流会が設けられ、その体験が教師の日本語能力の不安を解消するばかりでなく、さらなる日本語教育能力の自己研鑽へとかりたて、教師としての職業意欲を向上させている。

中国では、地域によって日本語教育の情報格差が大きく、これを解消するために、教師間の連携・交流体制を密にする活動が進められている。毎年開催される北京日本学研究センターでの全国日本語教育関係者のためのシンポジウムをはじめ、各種のシンポジウム開催、講習会、巡回講演などを通して、全国・地区分会で専門別交流が活発化してきている。これらの活動によって、教師間のネットワークも大きく広がろうとしている。学会誌発行など、学会が中心となって研究・教育の情報交換の場も定期的に提供されるようになってきた。今後は、教育部の指導で機能してきた指導委員会（外国語教育指導委員会日語組）と学会、初等・中等教育を含めた拠点機関の内外の協力による緊密な組織連携を構築していくことが求められている。

国際交流基金をはじめ、学会や諸機関など、日本の関係者の協力により、外国語教育の中では他言語の教師がうらやむほどの教師研修・交流が進んできている。日本語教育環境の新しい展開が急がれている現在、中国における将来の日本語教育発展には、日本の支援がさらに必要不可欠である。国内の大学院や日本語研修機会の整備・拡張が逐年進んでいることで、修士課程修了以上の日本語教師が各地で活躍しはじめている。併せて、日本に研究・留学していた人々が帰国し、国内外の交流や共同研究に意欲的に

取り組もうとする人材が育っている。これらは日本の協力なくして成り立たないのである。

9 教材開発

中国の外国語教育は文法重点型の教育から、コミュニカティブな言語教育に変貌しつつある。高等教育機関では1990年の大学日本語専攻基礎教育大綱を受け、教材編纂委員会が委託編集させたコミュニケーション重視の教材が徐々に出版されている。各大学では観光、貿易、科学技術等の専門化が進むなど、社会の発展と日本語学習者の多様化に対応するオリジナル教材作成の動きが見えている。

88年に日本の光村出版と人民教育出版社で共同出版された日本語教科書『中日交流標準日本語』[7]は、中国の日本語市販教材では最高の販売実績を記録したロングセラーである。しかし、これは見方を変えれば、中国の教材開発の遅れから、教科書を選択する余地がなかったことを露呈している。コミュニケーションのための外国語教育に転換中の中国では、日本語教育の教材開発においても、コミュニケーション能力を効率的に学べる教科書が求められており、それは同時に日中共同で制作する必要性も高まっている。

95年には、中等教育における全日制普通高級中学日語教学大綱（日本の高校学習指導要領に相当する）が改訂され、実用を重視するコミュニケーションのための日本語教育方針が打ち出された。これに準じて、高校生用の新しい日本語教科書の編集制作が、国際交流基金のフェローシップ助成を受け、日中共同で制作中である。第1冊目の教科書試用版は、97年新学期（9月）から全国の高校で使用されており、毎年1冊ずつ出版され、3冊目の完成後に日本語教材審査委員会の検定を受けることになっている。新教科書は本文、会話文、解説、練習問題、コラムで構成されており、従来の文法中心を改め、コミュニケーション能力の養成や異文化理解を深めていくことに重点が置かれている。例えば、日本語の挨拶や基本文型が実際にどのような場面で用いられ、対話者の社会的な関係によってどんな会話がなされるのか、といった具体的な「交際用語」に焦点を当てている。

中国では、現在、日本語教育の改革期を迎えており、多様化する学習者

のニーズに合わせてさまざまな教材が精力的に試作編纂中である。まさに日本語教材開発の発達途上にあるといえよう。

　農村部で教えている日本語教師は教科書と辞書以外の教材は手に入らないという声もある。恵まれているという都市部の日本語教師でも、教育予算等の都合で日本の新しい情報資料が手に入らず、生教材を自由に使えないのが現状である。これらの不満は新教科書と、それにともなう指導手引きの完成によって緩和されるであろう。しかし、目まぐるしく変動する現代の社会情勢では、生きた日本情報の継続入手は日本語教育に欠かせない。日本政府や日本の善意の民間団体、個人など、さまざまな形で日本語および現代の日本関連図書などの提供が広がっているが、引き続き継続的な協力が望まれる。

10　おわりに

　中国では、21世紀は高レベルの科学技術経済時代であり、情報化時代であり、智力（知恵能力）の時代でもあると言われている。21世紀の中国の改革開放はさらに拡大し、さらに発展するであろう。外国との交流、外資企業、合弁企業などの増大が予測され、新世紀時代の発展に対応するためには外国語ができる人材がますます必要になる。特に、大学改革で求められている複合型（知識多様化）の人材育成は急務を要している。改革開放以来、中国の政治、経済、科学技術、文化などの分野の著しい発展において、社会は外国語能力を持つ人材のニーズに多元化傾向を示している。市場は、外国語の語学のみの専門知識や基礎技能型の人材は不適応であることを明らかにしている。現在、学校での外国語教育において、殊に外国語を専門とする学生たちに外国語に関する知識を教えるだけでなく、社会発展史、自然科学などに関する知識も同時に教えなければならないと指摘されている。そうしなければ、新時代にしなやかに対応できないと考えられているのである。

　今後の学校教育の課題の第一に上げられるのは、授業科目の設置やそれにともなう知識のカリキュラムやシラバスなどを、学校単位で考えていかなければならない点であろう。日本語教育も日本語だけでなく、日本語を話す人々の国や社会の現状を正しく伝えられる人材が重要になってきている。

第2の課題は、日本語教師の人材不足が依然として解消されていないことである。外資企業などの急増は、外国語能力を持つ人材を大量に求めている。ところが、その外国語能力を養成する肝心の外国語教師が足らないのが各大学共通の悩みである。この教師不足に関しては、前述したように三つの事態に直面している。一つは、教師の待遇がそれほど良くないために、待遇のよい外資企業に転職してしまう傾向があること。二つ目は、外国語を学んだ学生たちの多くは教職に就きたがらず、留学や外資企業に就職するケースが多いこと。そして、現職の日本語教師であれば、日本へ研修、または留学している一部の教師が帰国したがらないことである。
　これらを打開するには、国家政府に教師の社会的地位を高める具体的な政策[8]を提出してもらうほかにないのである。そして、各省、各大学の責任者が政府の政策に従って、教師の仕事条件、研究条件、住居などの生活条件などを着実に改善するための実施案の提出を切に望む。そして、教師たちも自ら教師という職業に対する認識が必要である。
　第3に、校舎、設備、教材、資料などの教育施設に関する問題が、教育事業の発展に支障を与えていることである。校舎不足（教室不足）、LL教室をはじめとする外国語教育に必要な視聴覚器材があっても古くて使いにくい、参考資料となる図書文献は古くて少ない、といった「ないないづくし」はほとんどの学校で慢性化している。政府が学校への設備投資を遅々としている現状では、日本側からの積極的な協力が欠かせないのである。増えようとしている日本語学習者を見送らないようにするためには、日本側からの一層の支援が期待される。
　そして、第4の課題は、日本語教育が地域的に偏っていることである。1990年代半ばごろまでは沿岸地区、特に上海、福建省などでは「出国熱」を迎え、日本語学習が社会現象にまでなっていたが、中国経済のめざましい成長と発展により、大きな経済負担を抱えてまで日本へ渡る価値がなくなっている。そして、依然として日本語教育の盛んな地域は東北地区であると見られている。日本語教育が全国的に展開していくためには、日本の後押しが要る。国費留学生制度だけでなく、日本の進出企業が奨学金制度を設立するなど、長期的に日本や日本語を学びたい人々を一人でも多くバックアップしてほしいのである。
　日本と中国は長い友好の歴史を持っている。今日の両国の平和と友好はアジアのみならず、世界にとっても重要なことである。両国民の誰もが子々

孫々までこの友好関係を続け、太い絆を結んでいきたいと思っている。
　私たちは、次世代を担う若者たちに、お互いに興味関心を持って交流していこうとする態度が広がっていることを心強く思う。日本で中国人留学生が温かく迎えられて知日家が育ち、中国で日本人留学生が親交と理解を深めて親中家に育っていくことを願っている。相互の言語やその言葉を話す人々の社会や歴史に興味を持ち、互いに学び合い、人との交流によって互いに何らかの恩恵が受けられるようになることが日本語教育発展にも結びつくと考える。そして、その先陣を新しい日本語教育の確立を目指した日中の日本語教師たちが、一緒に歩きはじめているのである。

（岡本佐智子・張群舟）

注

1）各大学には全国共通に教えられている外国語があり、それを大学共通外国語と呼んでいる。大学共通外国語試験は毎年実施されており、その試験制度によれば、外国語を専門としない学生は、英語、日本語、ロシア語の中から一言語を選択し、学部生は卒業するまでに4級に、大学院生は6級に達しなければならない。試験は最低4級と最高6級の二つの基準だけで、1級から3級、5級はない。同様に、外国語を専門とする学生は、最低4級、最高8級の二つの基準があり、卒業するまでに8級に合格しなければならない。

2）王宏（1994）「1993年全国日語教学情況調査報告」『第二次全国日語教育工作検討会会議録』pp. 7-23参照。同（1995）「1993年中国日本語教育事情調査報告—1990年との比較—」『世界の日本語教育事情　日本語教育事情報告編』第3号 pp. 191-206参照。

3）専科生は日本語を第1外国語として選択できるのに比べ、大学本科の学部生、大学院生の多くは第2外国語として日本語を学んでいる。これは第2外国語が選択できるのは、大学共通英語4級試験をクリアしなければならないと規定されているためである。つまり、ある程度の英語能力がなければ日本語が履修できないようになっている。

4）『東京の上海人』は、日本でも東京地区では、1996年にフジテレビが深夜時間帯に連続放映した。中国ではテレビドラマ『ニューヨークの北京人』がヒットしたことから、2作目のドラマシリーズとして『東京の上海人』が制作された。東京新宿の大久保を舞台に、就労者や就学生、日本人と国際結婚した上海人の夢と現実を描いた作品である。

5）訪日研修は国際交流基金日本語国際センターが招聘している。同センターでは、ほかにも中国の高等教育機関を中心に、中等教育機関の現職日本語教師約40名を2か月間招聘し、日本語教授能力の向上を図ることを目的とした短期集中研修も行っている。
6）国際文化フォーラムは、アジア太平洋地域の初等・中等教育機関における日本語教育を支援する事業を展開している日本の財団法人で、中国では1992年度から毎年、各地の外国語学校と共催で全国外国語学校中高校生日本語弁論大会を実施している。その機会を利用して各中学・高校からの引率教師対象に教師日本語研修会を行ってきた。
7）『中日交流標準日本語』はビデオ・カセットテープの副教材がセットになっており、教師の教材準備負担が軽減されるという利点がある。教科書は1988年からの6年間で初級96万部、中級43万部の販売冊数を記録している。
8）文化大革命の影響から教師を尊敬する社会風潮が消えたことに、政府は1993年に全9章、43条から成る教師法を制定し、教師の権力、義務、資格、任用、待遇などを明記した。しかし、それは建前にすぎず、現在、教師の社会的地位が見直されつつあるとはいえ、まだ十分な状態とはいえない。

【参考文献】

朝日新聞総合研究センター編（1999）「中国で日本語を学ぶ学生の『対日観』特集」『朝日総研リポート』第140号　朝日新聞総合研究センター

王宏（1994）「1990年中国日本語教育アンケート調査結果報告」『世界の日本語教育　日本語教育事情報告編』第1号　国際交流基金日本語国際センター

王宏（1995）「1993年度中国日本語教育事情調査報告—1990年との比較—」『世界の日本語教育　日本語教育事情報告編』第3号　国際交流基金日本語国際センター

王淑榮（1996）「中国における外国語教育の中の日本語教育」、厳安生「中国における日本語教育の現状」『世界の日本語教育　日本語教育事情報告編』第4号　国際交流基金日本語国際センター

賈修義（1996）「中国における赴日留学生予備教育の現状と課題」『留学交流』1996年3号　ぎょうせい

柏崎雅世（1998）「中国赴日留学生予備学校における基礎日本語教育—1997年報告—」『東京外国語大学留学生日本語教育センター論集』第24号　東京外国語大学留学生センター

木山登茂子、高偉建、篠崎摂子（1997）「中国大学・大学院日本語教師研修に

おける「課題研究」について」『日本語国際センター紀要』第7号　国際交流基金日本語国際センター

国際交流基金（1999）「『1998年海外日本語教育機関調査』の仮集計結果（概要）」1999年5月25日記者発表プレスリリース

国際交流基金日本語国際センター編（1995）『海外の日本語教育の現状　日本語教育機関調査1993年　概要』国際交流基金日本語国際センター

国際交流基金日本語国際センター編（1995-1997）「北京日本学研究センター日本語教師訪日研修記念集」『研修事業実施案内』平成6年～8年度各年版　国際交流基金日本語国際センター

国際交流基金・日本国際教育協会編『日本語能力試験　結果の概要』各年版

国際文化フォーラム（1997）『第2回中国中高校日本語教師研修会報告書』

国際連合教育科学文化機関　永井道雄（1999）『ユネスコ文化統計年鑑1998』原書房

田山のり子（1995）「中国赴日留学生予備学校における日本語教育―1993年度報告―」『東京外国語大学留学生日本語教育センター論集』第21号　東京外国語大学留学生センター

中国日語教学研究会（1995）『会員通訊』第30期中国語教学研究会

中国日語教学研究会・日本国際交流基金日本語国際中心（1994）『第二次全国日語教育工作検討会会議録（中国日本語教育機関調査シンポジウム会議録）』

東京外国語大学編（1996）『1995年度中国赴日留学生予備学校派遣教員報告及び1996年度派遣教員のためのガイドブック』

北方課題組（1998）「関于外語専業畢業生的調査報告」「関于外語専業教育改革思考」『外語教学与研究』1998年第3期

文部省（1999）『我が国の文教政策（平成11年度）』大蔵省印刷局

谷部弘子（1999）「中国の大学における日本語教育の質的変化」『日本語教育』第103号　日本語教育学会

李東翔（1993）「中日留学生交流の回顧と展望」『新時代の留学生交流』めこん

林為龍（1999）「中国の日本語教師をめぐる現状と展望」『世界の日本語教育　日本語教育事情編』第5号　国際交流基金日本語国際センター

第4章
インドネシアの日本語教育

1 はじめに —— インドネシアにおける言語事情

　インドネシアは世界最大の島しょ国家である。島の数は約17,000、人口は約2億人といわれている。このような地勢のインドネシアは、民族も言語も宗教も実に多様な国家である。それぞれの民族が独自の言語と文化を有し、言語数は400以上といわれている。

　インドネシアが独立した一つの近代国家としての立場を築くためには、このような多様性を統一することが最大の課題であった。時の指導者故スカルノは、"Satu Bangsa, Satu Bahasa, Satu Negara"（一つの民族、一つの言語、一つの国家）というスローガンを統一の象徴として掲げた。そして、スカルノは1928年10月28日の「青年の誓い」集会以降インドネシア民族の標準語として用いられていたインドネシア語を、1945年の独立時に憲法でインドネシア共和国の国語と定めた[1]。それ以来、学校教育は一貫してインドネシア語で行われている。

　インドネシア語はスマトラ島の東部海岸地方リオウ州を中心に住んでいるマレー系少数民族の言語を母体としているが、外来語や有力な地方語を

採り入れて変容し、もはや元の言語の名残はなく、近代的かつ高度な言語として独自の変容を遂げている。しかし、国語のインドネシア語では民族固有の文化は語れない。ジャワ文化はジャワ語を抜きにしては考えられないし、バリ文化にはバリ語が重要な意味を持っている。憲法でもインドネシア語が国語であると明記し、同時に地方語の維持も認めている[2]。

このような事情から、インドネシアは、国民の大半がそれぞれの地方語と、国語のインドネシア語の2言語を使用している2言語使用社会である。現在のところ、国民の大多数は地方語を第1言語、インドネシア語を第2言語とし、インドネシア語を第1言語とする人々はジャカルタなど大都市に見られるが、まだまだ少数である。いずれにしても、国内コミュニケーションは地方語かインドネシア語でなされ、特殊なケースを除いて、日本や韓国と同様に、英語をはじめとする外国語がインドネシア人どうしのコミュニケーションで用いられることはない。インドネシアでは外国語はあくまでも第3言語に位置している。

しかし、インドネシア政府は、国際化に対応するために、外国語を重視する教育政策を採っていて、英語を第1外国語と定めている。インドネシアは400年もの長期にわたりオランダの統治下に置かれていたが、オランダ政府は上層階級の子弟のみを対象にオランダ語を教育する政策を採っていた。その結果、オランダ語は使用人口が少なく、一般市民には馴染みがなかったので、世界中で最も広汎に使用されている英語を同国の第1外国語と定めたのである[3]。

英語に次ぐ第2外国語として学校教育で取り上げているのは、日本語、ドイツ語、フランス語、アラビア語などである。1980年代までは医学や科学技術の先進国としてドイツに学ぶことが多く、英語に次ぐ外国語としてドイツ語が重視され学習人口も多かった。しかし80年代後半、日本との経済関係が緊密になるに従って日本語の需要が急増し、現在では日本語がドイツ語に代わって第2外国語として定着し、学習人口も逆転している。

2 インドネシアにおける日本語教育

(1) 日本軍政下の日本語教育

インドネシアで日本語教育が制度として始められたのは、第二次世界大

戦中の日本軍政下でのことであった。1942年4月から日本が敗戦した45年8月まで、大東亜共栄圏確立のために、「日本語を通じて日本精神、日本文化を会得させ、浸透すること」、すなわちインドネシア人を日本化することを目的とした日本語教育が実施され、265万人ものインドネシア人が日本語を学習したといわれている。

　日本軍政によるインドネシアの日本化政策は、日本語教育を通じての日本化に限らず、あらゆる分野でさまざまな方法で実施された。日本的組織原理の導入により、住民は末端まで組織化・管理され、日本式軍事教練、防空演習の導入、皇居遥拝、日の丸掲揚、君が代斉唱など、儀式の日本化も行われた。また、役所、工場、会社、学校などでは日本式管理体制が敷かれ、農業、漁業、工業などの産業へも日本の技術が導入されるなど、インドネシア社会全体の日本化政策が図られたのである。

　現地調達を原則とした軍政においては、インドネシア人の協力を得て、さまざまな組織を運営していかなければならず、日本人とインドネシア人のコミュニケーションの手段としての実用日本語の普及が必要であった。このような事情から「読み・書き」よりは「話す・聞く」教育に重点が置かれていた。また、国民学校で該当者全員に教育を行ったので、日本人の教員だけでは間に合わず、急遽インドネシア人の教員を養成した。

　軍政下の日本語教育はさまざまな問題をはらんではいるが、インドネシア国民には概して好意的に受け止められている。この時期に日本語を学んだインドネシア人の中には、戦後の日本語教師として活躍している人も多く、インドネシアにおける日本語教育の足がかりになっていることは否めない。

（2）　インドネシア賠償留学生

　第二次世界大戦後、日本の経済復興が進むなか、1960年から65年にかけて、日本とインドネシアとの賠償協定に基づき、両国の友好関係の増進に貢献する目的で、1,335名のインドネシア人を賠償留学生として受け入れた[4]。賠償留学生は、財団法人国際学友会で1年間の日本語をはじめとする予備教育を受けた後、北海道を除く全国の国・公・私立大学に配属され、日本人学生と同様に一般教養科目や各自が選択した専門科目を学び、4年間の課程を修了したのである。

　このプロジェクトの目的は、留学生に日本語や学問の習得の機会を提供

するばかりでなく、日本人の学友や地域の日本人との生活を通して、彼らに日本人や日本文化を理解してもらうことでもあった。当時、日本政府は、将来のエリートとなるインドネシアの青年たちに近代的な日本を体験してもらうことによって、彼らが将来日本とインドネシアのパイプ役として活躍することを期待したのである。日本人女性と結婚した留学生も少なからずいた。

　この留学生グループは帰国後、同窓会（PERSADA：プルサダ）を作り、インドネシアのエリートとして、期待どおりに日イ友好活動を積極的に進めてきた。この同窓会はジャカルタに、ダルマ・プルサダ大学を設立し、設立当初から日本語学科が設けられている。

　彼らの日本に対する友好的な活動は、インドネシアにおける日本語教育の発展を陰から支えている。スハルト政権下で経済・財政・開発担当調整相を務めたギナンジャール氏も元留学生であり、同窓会の有力なメンバーとして、種々の活動を支援している。プルサダの名前が続く限り、多数のインドネシア青年が夢と希望に満ちて先進国日本に学んだ事実と、日本とインドネシアの架け橋としての彼らの活動が語り継がれるであろう。

（3）　インドネシアの日本語教育の特徴

　インドネシアの日本語教育は、戦後、東南アジア諸国の中でも早い時期に始められた。最初の日本語教育機関は一般社会人のための日本語学校「日本文化学院」であり、日イ友好協会によって1958年に設立された。60年代になると、高等教育機関の数校で日本語学科が開設されている。

　世界でも有数の日本語学習者人口を有しているインドネシアであるが、決して恵まれた学習環境とはいえない。それにもかかわらず、首都ジャカルタだけではなく、地方都市でも日本語教育が盛んに行われている。なかでもインドネシア人の日本語教師養成システムが整っていること、教材開発を独自に行っていることなど、自前の日本語教育システムがあることは特筆に値する。

　以下にインドネシアの日本語学習人口、高等教育、中等教育、教材開発などについて述べる。

〈1〉　学習人口

　インドネシアにおける日本語学習者数は、1998年の国際交流基金調査の

仮集計結果によると54,126人で、海外の日本語学習者総数、機関数、教師数で第6位に位置している。学習者数は各機関に所属している数なので、ラジオやテレビ、あるいは個人的に学習している人を含めると、はるかに上回ることが予想される。

表1に見るように、93年調査に比べると、98年の日本語学習者総数が大幅に減少しているのは、94年のカリキュラム改訂による中等教育での学習者数の激減によるものである。これは「中等教育における日本語教育」の項で詳述するが、従来は高等学校の2、3年次の2年間、第2外国語として日本語を選択履修できたが、新カリキュラムでは3年次1年間のみの履修制度を採っている。このため、学習者数が半減したと考えられる。

一方、高等教育における学習者数は93年の調査時より73％も増加し、全学習者の中で占める割合は、93年の10％から98年には23％にもなっている。また、全教育機関における日本語教師数も、93年の998名から98年には1,188名に増加している。明確な目的を持って学習していると考えられる高等教育機関での学習者数ならびに教師数の大幅な増加は、インドネシアにおける日本語教育が着実に発展していることを示しているといえよう。

国際交流基金ジャカルタ日本文化センターによると、1998年のスハルト退陣による政権交代後も、日本語教育に対する政府の方針や日本語学習者の動向に大きな変化はなく、日本語教育への国民の関心は以前にも増して高まっているという。98年の調査による日本語学習者数の減少も、同センターでは、教育システムの変更による中等教育の学習者数激減の結果と捉えていて、逆に、高等教育における学習者の大幅な増加など、新たな発展の兆しに期待しているという。

表1　インドネシアの日本語学習者数

	1998年調査	1993年調査	増・減(▲)率
初中等教育	35,812人	60,278人	▲41%
高等教育	12,284	7,092	73%
学校教育以外	6,030	5,878	3%
計	54,126	73,248	▲26%

国際交流基金（1999）「『1998年海外日本語教育機関調査』の仮集計結果（概要）」より

〈2〉 高等教育における日本語教育

　大学における日本語教育は、1962年にバンドンのパジャジャラン大学に日本語学科が開設されたことに始まる。続いて65年にバンドン教育大学に日本語教育学科が、66年には日本政府の援助でジャカルタのインドネシア大学に日本研究学科が設置された。81年にはスラバヤ教育大学に日本語教育学科が開設されている。近年、各地の私立大学で日本語教育を取り入れるところが多くなり、大学設置基準があまり厳しくないことも相俟って、高等教育における日本語教育機関が増加し、学習者数も急増している。

　大学レベルでの日本語教育は、日本語学科系（パジャジャラン大学中心）と日本研究学科系（インドネシア大学中心）の2系統によって進められていて、日本語の教育だけではなく、日本の文化やマナーなども学ぶ機会が多い。国立の伝統のある大学では、卒業論文を日本語で作成させているところもある。

　比較的長い伝統を持つ大学には、学士コースに加えて、近年はD3ディプロマ・コースが開設されている。これは3年間で修了するコースで、日本の短期大学に当たる。実用日本語の学習を中心に、ビジネス系の科目が組み込まれている。例えば、インドネシア大学のD3コースのカリキュラムでは、最終学年で、「観光論」、「広報論」、「ビジネス論」、「出版・編集リテラシー」などの実務的な科目が開設され、卒業生の多数が日系企業に就職している。

　このように、今後は多様なニーズに見合った目的を掲げた大学が増加するものと思われる。しかし、大学に日本語学科を新設しようとする場合、教師が確保できないため計画が頓挫するケースも見られる。インドネシア大学、パジャジャラン大学などの総合大学出身者がリクルートされるが、人材の確保は容易ではないようである。

〈3〉 中等教育における日本語教育

　インドネシアの日本語教育は、高等学校の教育課程に日本語が取り入れられていることに大きな特徴があり、日本語学習者のすそ野は広い。日本語は第2外国語として、フランス語、ドイツ語、アラビア語などとともに選択科目として位置づけられている。

　1960年代から高等学校の数校で日本語教育が行われていたが、64年には高等学校のカリキュラムの中で正式に日本語教育が認められた。その後75

年、84年と10年毎に中等教育カリキュラムの改訂が行われ、80年代後半の日系企業のインドネシア進出に呼応する形で、中等教育における日本語教育は著しい発展を遂げてきた。しかし、94年に導入された新カリキュラムは、従来のものとはすっかり形を変え、従来は2年次で4分野の専攻に分かれ、そのうちの2分野専攻の生徒が、アラビア語、日本語、ドイツ語、フランス語の中から1科目を選択し、2年間（220時間）で学習していたが、新カリキュラムでは3年次で理科系、社会科系、言語系の3専攻に分かれ、言語系1分野のみ上記外国語の中から1科目を選択し、1年間（280時間）で学習する短期集中のカリキュラムが組まれている。新カリキュラムは96年後半から実施されている。

1998年の調査によると、中等教育における学習者数は93年度の調査時より43％も減少している。しかし、これは教育制度の改変にともなうもので、日本語教育の衰退を意味するものではない。逆に、新カリキュラムにはカリキュラム外の特別科目として、他専攻の生徒も日本語を選択できる枠があるので、理科系や社会科系の生徒にも日本語学習の門戸が開かれることになり、中等教育における日本語教育の多様化が図れるとの見方もある。

また、この新カリキュラムでは教授法にも大きな変化が見られ、従来の文法訳読式からコミュニカティブ・アプローチを用いて、「話す・聞く」ことも積極的に取り入れた双方向型の授業を奨励している。しかし、教師がコミュニカティブ・アプローチに慣れていないという問題もあり、教授法研究会を開くなど教師をサポートしていく必要がある。教師側からもそれを望む声が高く、国際交流基金ジャカルタ日本センターの支援を得て、定期的に実施している。

〈4〉 その他の学習機関での日本語教育

学校教育以外でも日本語学習のニーズは高く、多数の民間日本語学校で日本語教育が行われている。ジャカルタ、バンドン、スラバヤ、ジョクジャカルタ、デンパサールなどの大都市には、観光、ビジネス向けの日本語教育を行う日本語学校が多数ある。特にバリ島は、毎年多くの日本人観光客が訪れるので日本語の需要も高く、民間の日本語学校が多数設置されている。

これらの日本語学校で教えられている日本語レベルは学校格差が大きく、教師の日本語運用能力にも大差が見られる。大学の日本語学科を卒業した

教師は少数で、日本語学校の修了生が出身校で教師をつとめるケースが多い。その他、元賠償留学生、戦時中の日本語学習者、大学・高校兼務教員、独学の教員などが教えている。

　他に、インドネシア政府が開いている公務員のための日本語コース、日系合弁企業で働く現地従業員のための日本語教育、日本留学準備教育なども実施されている。

　〈5〉　教材開発

　日本語学習ブームにより教材の開発が積極的に行われるようになった。1991年には国際交流基金の援助を受けて、高等学校用の日本語教科書が出版され、国定教科書第1号に認定されている。全2巻から成り、教員用のマニュアルがそろっているだけではなく、この教科書を使用するための教師研修会も実施されている。

　その他、市販の教科書は30種類以上あり、ほとんどがローマ字で表記されている。辞書も20種類近く出版されている。単語帳のような簡単な体裁のものであるが、これらの教材開発は、インドネシアにおける日本語教育の発展と充実ぶりを示しているといえよう。

３　日系企業の進出と日本語教育

　第二次世界大戦後、日本の経済復興や産業振興が次第に進むなかで資源小国の日本は原材料確保のため、アジアの中でも資源大国インドネシアと急速かつ緊密な経済関係を築いてきた。特に円高が急激に進んだ1985年以降は、生産拠点を外地に移し、第三国への輸出基地として日系企業の海外進出が盛んになり、インドネシアへの進出は東南アジア諸国の中でも突出した傾向を見せていった。日系企業が特にインドネシアを進出先に選択した理由として挙げているのは、国内市場の将来性（63％）、労働力（53％）、社会・経済・政治の安定（34％）、外資優遇策（11％）、インフラ整備（10％）などである[5]。

　インドネシアの人口は約2億人で、約12億人の中国、約9億人のインド、約2億6千万人の米国に次いで世界第4位である。しかも、一人当たりのGDPは1996年で1,155USドル（経済企画庁推計値）で、中国（671ドル）、

インド（423ドル）よりはるかに高い。このような背景を持つインドネシアは当然のことながら購買力が高く、魅力的な市場といえよう。また、豊富な労働人口とASEAN諸国の中でも最も安価な労働力も、進出先として大きな魅力であった。

　日系企業のインドネシアへの進出は、インドネシア人の日系企業への雇用の拡大、日本製品の市場への参入、また現在では1万数千人といわれる在留邦人を相手にした商業活動などをもたらした。両国の関係は、経済的な側面にとどまらず、文化面でも活発な交流が展開されるようになり、インドネシアの人々にとって日本が一層身近な国となったのである。日系企業のインドネシア進出に呼応し、日本語学習人口の増加にも見られるように、1985年以降インドネシアにおける日本語教育は急速な発展を遂げていった。

　このような変化の中で、インドネシアの日本語学習者はどのような動機で、どのような目的を持って日本語を学習しているのであろうか。また、日系企業では、日本語学習者をどのように処遇し、彼らに何を期待しているのであろうか。筆者がインドネシアの日本語学習者を対象に行ったアンケート調査、ならびに日系企業の経営者や採用担当者に行ったヒアリング調査の結果を基に、インドネシアにおける日本語教育の課題をまとめたい。

4　インドネシアの日本語学習者の現状と日系企業の日本語学習者の活用について

（1）　日本語学習者の現状──アンケート調査より[6]

　本項は、筆者が1997年9月にインドネシアのジャカルタ、バントン、スラバヤ（いずれもジャワ島）の3都市にある大学・短大（D3ディプロマ・コース）8校、日本語学校3校の計11機関985人の日本語学習者による書面のアンケート調査の回答をまとめたものである。紙面の都合で一部分のみ掲載する[7]。

　本調査実施直後の1998年初頭のスハルト政権崩壊、それに続くハビビ政権の誕生、99年9月の大統領選挙によるワヒド新体制の確立、とインドネシアの政治は目まぐるしく変化している。しかし、前述したように、日本語教育に対する政府の方針や日本語学習者の動向に大きな変化は見られない。2年経過した現在も本調査結果はインドネシアの日本語学習者の現状

を示していると考えられる。
　回答者の性別は3対7の割合で女性が圧倒的に多い。インドネシアの場合、大学での日本語教育は文学部の日本語学科、あるいは教育大学の日本語教育学科で行われている。文学や語学、そして教育学は女性の志願者が多いので、このような結果になっているのであろう。

〈1〉　日本語の学習動機と学習目的
　学習動機について15項目の選択肢の中から複数回答してもらったが、上位5つは「語学の勉強が好きだったから」(49.7%)、「日本に興味があったから」(47.6%)、「インドネシアと日本との架け橋になる仕事に就きたいと思ったから」(41.2%)、「日本に勉強に行きたいと思ったから」(39.5%)、「日本企業に勤められると思ったから」(37.1%)である。
　一方、バンドン教育大学やスラバヤ教育大学のような「日本語教員養成」を大学の教育目標に掲げる教育大学で、「日本語の先生になりたいと思ったから」をあげた人が少なく、意外であった。バンドン教育大学では30.7％で動機の7番目、スラバヤ教育大学では24.5％で9番目である。「教師の給料が低いため、大学で日本語を専攻した学生が卒業後教師になりたがらず、民間企業に就職する傾向がある」[8]という東アジアや東南アジアの日本語教育の問題点は、インドネシアでも見られる。
　日本語を学習している目的を8項目の中から二つ選択してもらったが、「インドネシアで仕事に役立てるため」、「日本で勉強するため」、「日本をよりよく理解するため」がほぼ同率の38％前後であった。「とくに目的はない」は1.5％ときわめて少なく、初心を貫いて高く明確な目的を持って学習している様子がうかがえる。

〈2〉　日本語学習の現況と到達目標
　約半数が日本語学習の機会が「十分にある」と満足し、「あまり十分ではない」、「全くない」と不満を示す回答は10％である。大多数の人が学習機会に満足している。今回調査を行った3都市はいずれも大都市なので、学習機会には恵まれているのであろう。また、1校を除く各機関で日本人教師の授業を受けることができる。各校とも日本人教師は1名しかいないので十分とはいえないが、日本語学習者にとって生の日本語を聞き、日本を知る貴重な機会である。

授業以外では、「聞く、読む、書く」ことでは日本語をよく使っているが、日本語を「話す」機会はほとんどない。各校に日本人教員が1名しかいない現状では多くを望めないが、90％もの学習者が、まず「会話力」をつけたいと望んでいる。そして、「日本人と議論や討論ができ、仕事上必要な書類や専門書を読んで理解でき、かつ仕事に必要な契約書やレポートを作成し、論文を作成できる」ほどの高いレベルの日本語能力をつけたいと望んでいる。その目標に向けて、学習者の1週間の平均家庭学習時間は9.3時間である[9]ことから真剣な学習態度が感じられる。さらに、約70％の学習者が、卒業、あるいは現在受講しているコースが修了しても日本語の勉強を続けたいと、高い学習意欲を示している。

　卒業後の進路に関しては、「インドネシアの日本企業で仕事をしたい」（53.1％）、「日本関係の仕事をしているインドネシアの会社で仕事をしたい」（33.5％）に対し、「日本の日本企業で仕事がしたい」は17.2％であった。日本語を使う仕事に就きたいが、日本に行ってまで仕事をしたいと考える人は少なく、過半数がインドネシアに就職の場を求めている。また、日本語学習者の就職の機会について、33％が「きわめて十分にある」、53％が「かなり十分にある」と、86％もの学習者が肯定的な回答をしている。一方、「あまり十分ではない」0.2％、「全く十分ではない」0.3％と、否定的な回答は1％にも満たなかった。

　今回調査を行った3都市には日系企業が多く、在留邦人も多数生活しており、日本とつながりを持ったインドネシアの組織も多い。日系企業での求人や通訳の要請、在留邦人が集う日本食レストランやホテルなど、日本語を使う仕事に就けるチャンスは多いのであろう。日本語ができることが就職につながるチャンスは多いと思われる。日本語を使ってインドネシアで仕事をしたいと望んでいる日本語学習者が、インドネシアには就職のチャンスが十分あると肯定的に考えていることは、自らの将来に明るい希望を持つことができ、日本語の学習意欲を高めることにつながる。そして、それはインドネシアにおける日本語教育を発展させる大きな要因ともなろう。

〈3〉　渡日経験と日本に関する情報源

　「日本へ行ったことがある」のは、全回答者中9.5％であった。その中で、大学生は3.7％しか日本へ来たことがない。円高、ルピア安の現在、

GDPがまだまだ低いインドネシアでは、少数を除くと、たとえ短期間の旅行でも私費では難しい。一般の学生には、奨学金などの資金援助がない限り、日本へ行くことは不可能である。しかし、97.1%の回答者が「今後、日本へ行きたい」と望んでいる。

日本に関する情報源は、「テレビ」の80.3%を筆頭に、「日本語の授業」61.9%、「雑誌」59.1%、「映画」53.2%、「本」52.4%、「新聞」46.9%、「日本人との接触」42.8%、の順で多かった。「日本語の授業」の影響力も大きい。授業で使われる日本を紹介する教材内容は、効果的な情報提供の機会を作っていることがわかる。

〈4〉 インドネシアにおける日本語教育の発展のために

回答者の90%以上が日イ関係を「良好」ととらえ、日イ関係の今後についても80%以上が「よくなっていく」と肯定的にとらえている。また、84%が今後も日本語学習者は「増加する」と回答している。「増加しない」と回答した学習者は18名と少数ではあったが、その理由を聞いてみると、「日本企業の求人が少ないから」9名（50%）、「日本語はむずかしいから」9名（50%）に対し、「英語の方が役に立つから」は5名（27.8%）であった。英語との競合を理由にしている回答は少数であった。

また、80%の回答者が、「日本語はアジア諸国において、将来、国際コミュニケーションのための重要な言語になっていく」と答えている。これは、日本語はアジアで役に立つ言語であると考えて勉強している学習者の日本語への期待が大きいことを示している。それは、とりもなおさず、アジアの大国としての日本そのものへの期待を反映している証であろう。

一方、インドネシアにおける日本語教育の発展のために、日本政府に対して、70.6%の回答者が「インドネシア学生の日本留学に対しての援助」を望み、ついで51.4%が「日本人教員の派遣」を、そして45.3%が「教材開発の援助」を望んでいる。日本への留学も日本人教員の派遣も、日本語と日本人、そして日本そのものに直に触れたいとの強い意思表示であり、日本政府の協力があってこそ実現することであろう。

（2） 日系企業と日本語学習者——インタビューを通して

インドネシアの大学には、日本の大学で行っている就職斡旋制度はない。したがって、各大学には卒業生の進路に関する調査や統計記録はなく、日

本語学習者についても就職状況の実態を把握することはできない。このような状況下で筆者は、日本語学習者の卒業後の日本語活用状況を把握する目的で、日本語学習者へのアンケートを行った。並行して日系企業関係者（製造業6社、建設業1社、保険・金融業3社、総合商社4社、サービス業2社、百貨店1社　計17社）を対象に、日本語活用をはじめとする各社の日本語観に関するインタビュー調査を行った。調査依頼した日系企業はいずれも、インドネシアにおいて長年にわたる事業活動の実績があり、現地への貢献度も高い。

〈1〉　日本語学習者の採用

　インタビューを実施した日系企業で働いている現地従業員の中で、日本語が仕事で使える人は各社とも非常に少ないが、皆無との回答は製造業2社、商社1社のみであった。各社とも数名は日本語が仕事で使える人がいる。サービス業の中でも日本人の宿泊客が全宿泊客の25％を占めるジャカルタのサリパシフィック・ホテルでは、30名にものぼる従業員が仕事で日本語を使っている。ここでは大学やD3ディプロマ・コースの日本語学科の卒業生が多い。

　採用の際、日本語ができることを優先条件にしているのは、全企業中1社のみであったが、職種によって優先条件にしているのは7社であった。顧客に日本人が多い企業では、顧客満足経営をモットーにしているため、日本語ができる人を積極的に採用している。日本人の顧客が多い東京三菱銀行では、窓口の出納係に大学やD3ディプロマ・コースの日本語学科卒業生を採用している。同行スラバヤ支店では、女子行員の大半をスラバヤ教育大学日本語学科から採用し、出納係だけではなく各種業務に就かせている。東京海上インドネシア保険株式会社では、顧客の大半が日系企業であるため、日本語学科卒業の業務経験豊かな女性が、日系企業の営業を担当している。

　一方、日本語ができるインドネシア人を優遇している企業は8社、将来的には評価していきたいと考えている企業は1社であった。採用の際には日本語が優先条件になっていなくても、人事考課で日本語能力を評価する傾向が見られる。日本語ができるインドネシア人に対し、「日本的センスが身についている人が多い」、「重宝する」、「意志の疎通がうまくいく」と、好意的な評価が見られた。

〈2〉 社内コミュニケーション

　インドネシア語は、発音、文法、表記法など日本人にとって比較的学習しやすい言語である。したがって、今回訪問した日系企業では、日本人社員のほとんどが日常生活で不自由しない程度のインドネシア語を話すことができる。さらに、仕事の上でも現地の人と意思の疎通が十分図れるインドネシア語の堪能な人が、各社とも数名はいる。しかし、読み書きまでできる人は各社ともきわめて少数であった。

　社内コミュニケーションには、日本語ができる現地社員は各社とも少数しかいないので、日本語が用いられることはまれで、インドネシア語と英語の2言語を使用している。製造業ではどちらかといえばインドネシア語を、保険・金融業やサービス業、商社では、英語を日常のコミュニケーション言語として使用している。インドネシアでは、中学校から第1外国語として英語教育を行っているので、高卒以上の従業員は、個人差があるが、ほとんどの人が英語を理解し話すことができる。しかも、彼らは日本人のように躊躇しないで、むしろ積極的に英語を話そうとする。このような教育背景があるので、保険・金融業、サービス業、商社などの事務系の日系企業では、採用条件に「英語ができること」を挙げている。

　現地社員も参加する社内会議での使用言語は英語が多く、次いでインドネシア語である。日本語を使う企業は、現地人管理職に日本語ができる人が多い家電メーカー1社のみであった。業務上の重要な問題を正しく把握し確認を徹底させるために、社内会議はインドネシア語で行い、日本人のために通訳を付けている企業も1社あった。

〈3〉 望まれる日本語能力と日本語研修制度

　日本語学習者を採用する場合、インタビューした日系企業全社で、「話す・聞く」は必須であり、「読む・書く」までできるほうが望ましい職種もあると回答している。

　ホテルのフロントやデパートの顧客担当、航空会社の発券・顧客担当、銀行の出納係は「話す・聞く」能力があれば十分であるが、秘書にはぜひ「読む・書く」能力まで求めたい、という。社内での公用語が英語であるといえども、日本の本社から送られてくる書類はほとんどが日本語であるため、その内容を理解し、ファイルできる程度の読解力が必要となる。さらに、手紙や文書のドラフトをワープロを使って正しく美しい文書に仕上

げる能力があれば、積極的に採用したいという声もかなりあった。

　ところが、現地社員のための日本語研修には、日本人顧客が多いサービス業を除いて、各社ともあまり力を入れていない。サービス業では各社とも、勤務時間内か勤務終了後に、社費で、仕事に必要な日本語会話のクラスを開いている。その場合、外部の講師に依頼しているケースがほとんどである。そごう百貨店では全社員を対象に、日本語の挨拶をはじめとする接客のための日本語会話と日本式応対、例えば私語を交わしたり、ガムをかんだり、商品にもたれたりしないといった売場での待機の姿勢など、日本式接客マナーの教育をしている。

　トヨタ自動車では、本社へ技術研修に派遣するために、事前に日本語研修を義務づけている。3〜6か月間の日本への派遣であるが、1996年度は60名、97年度は110名を送り出す大規模なプログラムである。研修部門を設けてプログラムを企画しているが、本社の日本人担当者との連絡の必要上、D3ディプロマ・コースを卒業して日本語ができる現地社員を配置している。ここでは勤務時間内に、社費で、日本語専門学校の教師を講師として迎え、社内で日本語研修を実施している。研修終了後、日本への派遣が決定しているため、参加者のモチベーションは高く、学習効果が大きいとのことであった。

　トヨタ自動車のように大規模ではないが、技術研修のために現地従業員を日本へ派遣している企業は多く、大半は、財団法人海外技術者研修協会（AOTS）[10]の資金援助を活用している。このプログラムは、日本で同協会主催の2か月間の日本語研修を受けた後に、各企業の研修に参加するという内容である。日本での研修は、現地から派遣された社員に日系企業の社員としての帰属意識を起こさせ、日本や日本人への理解と親近感を深める目的もある。彼らは、帰国後には日本人に対するコミュニケーションの壁が薄くなり、仕事への意気込みが出発前よりはるかに高くなり、仕事がしやすくなる。そして何よりも日本人駐在員と共通の話題が増え、出発前よりもコミュニケーションが取りやすく、また、他の現地社員へのインセンティブにもなり、このプログラムは非常に効果的であるとの評価であった。

　しかし、日本での研修を終えて帰国した現地社員のために、帰国後も日本語教育を継続的に行っている企業はなく、社内での日本語使用者を確実に増やせる機会を生かしきっていない。本社での技術研修が目的で、日本語能力は副産物と考えているからであろう。日本語ができるインドネシア

人を育成し、インドネシアで日本語が使える土壌を育んでいこうという組織的なポリシーがなければ、現地社員の日本語能力の維持・発展は望めないであろう。

〈4〉　日本語学習者の活用と地域との共生

今後、日本語学習者を活用していくことについて、製造業1社と商社2社で「考えていない」との回答であったが、それ以外はすべて、「積極的に考えていきたい」と、前向きの回答であった。インドネシアでは日本人枠の規制が厳しく、就業ビザがなかなか認められない上に、日本経済の低迷で親会社が社員の大幅なリストラ計画を進めなければならず、経済的に大きな負担になる海外赴任者を削減するには、海外支店をできるだけ早く現地化しておく必要がある。そのためには、マネジメント能力はもちろん、できることなら日本語能力のある人を積極的に採用し、本社への帰属意識を持った信頼できる幹部社員として育成していきたい、というのが各社の本音である。しかし、日本語能力が高いインドネシア人の中には高給を要求し、よりよい待遇を求めて日系企業を転々とする者も多く、それが企業の現地化のネックになっているとの指摘もあった。タイやシンガポールで日本語学習者従業員の転職やヘッドハンティングのすさまじさをよく耳にするが、インドネシアでもその傾向があるようである。日本語ができるという条件だけでは、要求されるほどの俸給を支払うことができない。業務に対する専門知識や資質も採用側には重要な条件となるのである。

どのような職種に日本語学習者を求めているのかは各社さまざまであるが、現地人の幹部育成に向けて大学卒業のエリートを採用し、教育していきたいという企業も数社あった。顧客に日系企業や日本人が多い企業も、営業担当者や秘書に日本語ができる人を採用したいと考えている。各社に共通していることは、日本語能力だけでは十分ではなく、実際に仕事ができる即戦力となる日本語の使い手を求めている。文学部や教育学部で日本語や日本文化を学んできた人の採用には限界があるとし、日本語プラスアルファのある人材が要請されているのである。

〈5〉　インドネシアの日本語の発展のために

「日本語がアジアにおいて国際言語の役割を果たすと思うか」については、そうなってほしいという期待を込めた「イエス」は2社のみで、その

他はすべて「ノー」であった。日本語をアジアの国際言語と考えるには、いささか抵抗を感じるようである。しかし、インドネシアに限れば、日本語がコミュニケーション・ツールとして重要な役割を果たす可能性は今後さらに拡大されるであろうとの見解は多数あった。

日本とインドネシアの関係を考えるとき、インドネシアにとって日本は有数の友好国であり、日本の存在は大きい。したがって、「日本語がインドネシアにおいて重要な言語となる土壌は十分ある」と、両国の関係から日本語を位置づける人もいた。全社的に日本語を使う場があるわけではないが、日本語はいろいろな場面で活用されている。今後、日系企業のニーズに合う日本語学習者が増えれば、日本語は日本とインドネシアのコミュニケーションに重要な言語として定着していくと思われる。そのためにも、国家的な組織での取り組み、例えば留学制度の充実、英国のブリティッシュ・カウンシルやドイツのゲーテ・インスティテュートのような存在感のある活動を推進すべく、国際交流基金の活動に更なる予算を投入するなど、政府の援助を期待する声が多かった。

5 インドネシアにおける日本語教育の発展のために

筆者は本調査を通して、インドネシアにおける日本語教育の発展のために、以下の5点を提言したい。

〈1〉　日本語教育サポーターのネットワーク作り

日系企業関係者とのインタビューで、日本語能力を条件に採用するなら、各社ともに「まず日本人との会話がスムーズにできること」が絶対条件であった。学習者へのアンケートでは、「話す」能力の習得を望む回答が圧倒的に多く、有効回答数のうち90％を占めていた。しかし、「授業以外に日本語を話す」機会は決して十分とはいえない。

そこで、まず、日本語教育をサポートする人々とのネットワーク作りを提案したい。インドネシアに在住している日本人は多数いる。特に、首都ジャカルタには1万数千人の日本人が住んでいる。インドネシアやインドネシア人のために役に立ちたいと思っている日本人は少なくない。しかし、個人がそのような気持ちを持っていても、どこで役に立てられるのか、ど

のように動いていけばよいのかがわからなくて行動に移せない人も多いはずである。

　駐在員夫人は、複数の「お手伝いさん」を使って家事労働を任せている人たちがほとんどであり、時間のやりくりは日本にいるときよりかなり自由にできると思われる。日本語教師養成講座を修了した駐在員夫人もいるだろう。それらの人々が教育者でなく、日本語のサポーターになるなら、無理がないはずである。インドネシアの日本語学習者が最も多く望んでいる日本語を話す機会を提供することは可能であろう。志のある人を募れば十分なサポート・システムが稼働すると思われる。

　国際交流基金ジャカルタ日本文化センターや日本人会の婦人部などには、日本語教育サポーターを募り、ボランティアのネットワークを作るなど、組織的な活動が期待される。インドネシアの学習者は、さまざまな日本人および日本語に触れることによって、会話能力を高めるだけではなく、日本をより身近に感じる機会を増し、その結果、日本に対する理解者を増やすことにもなる。そして、それはインドネシアの人々の役に立ちたいと思っている日本人にとっても、貢献できる喜びにつながるであろう。

〈2〉　ビジネス効率のための秘書教育の導入

　戦後、日本での秘書教育は、第二次世界大戦後、GHQの要請で東京YWCAに秘書教育課程を作ったことに始まる。米国式秘書教育を受けた人たちが、英語を武器に外資系企業へ秘書として採用されていった。それから半世紀を経て日本の秘書教育は一つのシステムを確立し、テキストやシミュレーションのワークシートなどの教材も豊富に出回っている。日・英2言語による国際秘書検定試験も実施され、バイリンガル・セクレタリーの登龍門として外資系企業関係者から高い評価を受けている。英語ができるバイリンガル・セクレタリーが日本社会に定着してきたように、日本語を武器にしたバイリンガル・セクレタリーの育成は、日本語学習者のキャリア・アップにつながる。

　最近では、パソコンのソフトも豊富になり、日本語の文書作成も容易にできるようになっている。外国人が労力をかけて日本語の文書を作成しなくても、漢字が読めれば手軽にビジネス文書が作れる時代である。日本人との電話の応対もいくつかの表現を覚えれば、実際の場で使えるようになる。文書を読み、内容を理解できる程度の日本語能力があれば、ファイリ

ングの基礎知識を研修することによって、文書の整理もスムーズに行える。日本人スタッフの仕事を軽減させる有能な秘書の育成は、インドネシアの日本語学習者の就職の場を拡大するだけではなく、日系企業にとっても日本人スタッフの減員を図れ、コスト削減の有効な方策となるであろう。

〈3〉 日本語学習者のすそ野を広げる

　日系企業の多くは、将来、日本人を減員して企業の現地化を図りたい、あるいは図らねばならない状況にある。そのためには、日本語でのコミュニケーションが可能で、かつ経営全般のことが任せられる人材が必要である。製造業なら、専門技術も要求される。

　インドネシアの日本語教育は文学部・教育学部で始められ、理工系・社会科系で日本語を学びたい人への学校教育の機会は実に少なかった。それが1994年の中等教育のカリキュラムの改訂により、言語系以外の生徒にも日本語選択の可能性が広がっている。容れ物を作ってもそれを活かしていかなければ意味がない。インドネシア政府が時代の要請を受けて、日本語教育の間口を広げたことは大きな進展である。これによって、日本語の学習目的が多様化し、従来の専門科目としての日本語に加え、基礎語学として日本語が広がることになろう。インドネシア政府、ならびに日本政府は日本語学習者の奨学金枠を理工系・社会科系の分野にも拡大し、日本語学習者の多様化を図る必要がある。それは日系企業の現地化を促進することにもつながるのである。

〈4〉 日系企業の協力

　現地社員との社内コミュニケーションの大部分を日本語で行えれば、どれほど効率的であろうか。口頭であるいはメモで要点を伝えれば、現地社員によって日本語文書が作成されれば、どれほど仕事がはかどるであろうか。インタビューした日系企業関係者は英語の重要性を認めつつ、日本語の必要性も素直に認めるところが多く、「社内で日本語が使えればありがたい」との発言も多数あった。日本語の学習者が多くいる国で、しかも「日系企業で仕事をしたい」と熱心に学習している学生が多数いる国では、日本語を積極的に活用しようという日本語支援の立場を取ることによって、日本語による社内コミュニケーションは可能となる。期待する能力を備えていないからと突き放してしまわずに、どのような日本語能力を備えた人

材が望まれるのかを建設的に提案してもらいたい。
　日系企業の日本人スタッフは4、5年の滞在で帰国する。短期間の引継ぎでは業務に直接関わることのみとなり、前述したトヨタ自動車や、仕事で日本語を使うサービス業数社のように、日本語研修を勤務時間内に行っている場合を除き、現地社員の日本語教育は文化的活動と考えられ、時の責任者の自由意思に委ねられている。前任者が日本語クラスを設けて社内で積極的に日本語を活用させようとしても、後任者にそれが引き継がれるとは限らない。日本での研修に参加する社員の日本語事前研修は行っても、帰国後の日本語フォローアップ研修は行われていない。日本人スタッフが交代すれば、どの社員が日本語ができるかさえ分からなくなる。現地社員の日本語能力も発揮されないまま錆びついてしまう。
　日本では、秘書や課員たちに口頭や簡単なメモで要件を伝え文書作成を依頼していたが、赴任した途端、日本語ができる社員がいないために、あるいは誰に依頼すればよいかが分からないために、何時間もパソコンに向かって慣れない仕事をしなければならないと、不満を語る日系企業の日本人幹部関係者は少なくない。しかし、「ここではそれも仕事のうち」と諦めざるを得ないのである。
　公用語は英語あるいはインドネシア語であるといいつつも、日系企業である限り日本の本・支店への連絡をはじめとして社内での日本語の必要性は消えるものではない。「私は日本語ワープロが上手になるためにインドネシアに来ているのではない」と不満を漏らしていても、任期が終わって帰国すればもう過去のことであり、他人事となってしまう。組織的に取り組んで改善していこうという思いにはなかなかつながらない。
　インドネシアには日本語が社内で使える土壌があることをまず認識してもらいたい。そして、時間がかかることであるが、その土壌をさらに豊かに育成していこうと長期的ビジョンを持って、組織的に取り組んでいってもらいたい。そうすることによって社内での日本語活用の場が広がり、インドネシアの日本語教育の発展に寄与するばかりでなく、結果的に各社の利益につながることになるであろう。

〈5〉　日本政府に望むこと
①交換留学制度を含む留学制度の拡大
　日系企業からの提言でも、学習者へのアンケートでも指摘されたように、

日本語学習者に日本への留学の機会を拡大してもらいたい。インドネシアのGDPはまだまだ低く、個人の費用で渡日することは、きわめて困難である。日本語を勉強している人は日本へ行って学習することが効果的である。それはことばの学習だけではなく、生活することによって日本を広く深く理解することができ、大きな学習効果をもたらし、日本や日本人に対する理解者を増すことになる。

さらに、理工系や社会科系専攻の学生に、日本の先端技術や経営専門知識を日本語で学べる機会を提供し、日本語学習者のすそ野を広げてもらいたい。日本語ができ、理工系や社会科系の専門知識を有するインドネシア人は、日系企業にとっても必要な人材で、各社の現地化を可能にする。

また、日本でインドネシア語やインドネシアについて研究している学生や研究者と、インドネシアの日本語学習者との交換留学制度を充実してもらいたい。同世代の交わりは将来的に大きな意味を持っている。インドネシアを理解する日本人青年が増加することは、結果的にインドネシアの日本語教育を裏から支えることにつながるであろう。

②日本人教員の一層活発な派遣

1960年代、70年代は各校2名の日本人教師が派遣されていた。しかし、現在はいずれも1名ずつである。この分野での予算の削減はぜひ見直してもらいたい。日本語学習者のみならず現地人の日本語教員にとっても、ネイティブスピーカーである教員の存在は貴重である。

派遣されている日本人教員にとって、協力しあえる日本人の同僚がいることによって、時間的にも精神的にも余裕が生まれ、地域に根ざした活動が一層可能になる。日本語教育サポーターのネットワーク作りとともに、ぜひ再考を願いたい。

③教材開発と教育機器の充実のための助成

インドネシアでは現地人の日本語教員が国際交流基金などの助成を得て、自国に合った使いやすい教科書を作成しているが、学習者のすそ野が広がった今では、以前の日本文化紹介的な教材では十分とはいえない。理工系用語や社会科系用語を含めた辞書の作成も必要となる。学習しやすい環境を提供することによって、新たな分野での日本語学習者の増加が期待できよう。

アンケートの結果、日本語学習者が日本に関する情報を得る手段として教科書を含む教材の役割が大きいことが示された。日本に対する正しい理

解を促し日本への関心を喚起するためにも、教材開発を有効に行う必要がある。教材開発のための人材と資金援助の拡大を要請したい。

また、インドネシアには外国語を勉強するための基本的な機器や設備が不十分である。中等教育ではコミュニカティブ・アプローチを唱えているが、それを実践する機器が整っていない環境では、カリキュラムの文言ばかりが先行し、実体をともなうまでには至らない。教育機器の助成もぜひ期待したい。

6 新しい日系企業の進出と日本語に対する要請

大手企業の進出が一段落したここ数年、今までとは傾向が異なる日系企業の進出が始まっている。1994年のインドネシア政府の第6次5カ年計画による外資導入の規制緩和に伴い[1]、現在は日本から中小企業が毎年相当数進出している。筆者がインタビューした銀行の企画担当者によると、1、2名のスタッフでインドネシアで仕事を始める中小企業の進出がここ数年顕著である。インドネシアの経営コンサルタントとも面談する機会を持ったが、96年は日本の中小企業400社あまりからインドネシアへの進出の相談を受けたと語っていた。彼らはまず、「日本語が話せる信頼できるインドネシア人をパートナーとして雇いたい。どうすれば見つけることができるだろうか」と相談してくるそうである。

このような急激な需要に対応するために、労働省の認可を得て、1991年に東京に設立された財団法人中小企業国際人材育成事業団（IMM Japan、アイムジャパン）は、93年7月に、インドネシアの労働省とインドネシア人研修生受け入れ事業に関する合意書を締結し、ジャカルタでも営業を開始している。当事業団は、インドネシア労働省の協力を得て身元が確かな20歳代の健康なインドネシア人を公募により選抜し、インドネシア国内に設置された全寮制研修センターで、挨拶や日本的なマナーの基本を含む日本語教育を行い、日本での技術研修として各地の中小企業に2年間派遣する。この間に研修生は専門技術と読み書きを含む日本語を身につけ、帰国後、日系企業を中心とした現地の企業で、日本で習得した技能や労働慣行などの知識や規律正しさ、日本語と日本式マナーを活用し、経営者と労働者を結ぶ中核として活躍している。1999年5月末現在、アイムジャパンは

1万人を超える実習生を送り出し、その中の多数がインドネシアの日系企業で期待どおりの仕事をしている。採用している日系企業でも、彼らの専門的な技能はもちろんのこと、日本語能力と日本人の考え方や行動様式に通じている点をも高く評価している。

経済の国際化が進むなか、また産業構造の変化が著しいなか、生産拠点の海外進出、技術・技能の移転、人材の交流など、日本とインドネシアの関係はますます緊密に発展し、日本語のニーズが一層拡大し多様化していくにちがいない。従来の日本語教育を軸として、目的別のさまざまな日本語教育のあり方が問われる時代を迎えている。

7 おわりに

アジアの中で南と北に離れて位置する日本とインドネシアであるが、文化的背景や国民性に共通項が多く、特にインドネシア人は、アジアの中でも、日本・日本人に対し好感度が高く、概してよい印象を抱いている[12]。資源大国インドネシアと資源小国日本、そして経済大国日本と経済小国インドネシア、若年層人口の豊かなインドネシアと少子化の日本は、相互に足りないところを補うアジアの中の貴重な友邦といえよう。まさしく相互補完の国家なのである。

そのインドネシアに、日本語を学んでいる人々が多数いること、彼らは日本語だけではなく、日本文化や日本の習慣などを理解しようと勉強していること、そしてその日本語を使って日本とインドネシアの架け橋になりたいと願っていることを、われわれ日本人はもっと知る必要がある。

インドネシアにおける日本語教育は長い歴史の中で、着実に定着し、さらに発展の様相が見える。インドネシアの人々が日本語は両国の間の重要な言語であると断言しているのである。日本人がインドネシアにおける日本語教育に関心を持ち、小さな力を結集してでも支援していかなければ、日本語教育の将来的な発展の可能性は望めない。それはインドネシアの日本語学習者のためのみならず、実はわれわれ日本人のためでもあるからである。

（北垣日出子）

注

1) 1945年憲法第15章36条。
2) 1945年憲法第15章36条文の補足として、「国民によって良好に維持されている固有の言語を有する地方においては、それらの言語は国家によって尊重され、維持される。それらの言語も生きたインドネシア文化の一部をなすものである」と記述されている。
3) インドネシア共和国教育文化大臣が、1967年12月12日に発表した。
4) 明確な記録が残されていないので、この数字は目安である。
5) ジェトロが1994年10月から12月にかけて、タイ、マレーシア、フィリピン、インドネシア、シンガポールのASEAN5か国の進出企業931社を対象に行ったアンケート調査結果による。
6) 北垣日出子（1998）「インドネシアにおける日本語教育の現状と課題―国際コミュニケーションの観点から―」pp.25－60、青山学院大学大学院国際政治経済学研究科修士論文
7) 調査対象機関別のアンケート回答数は以下の通りである。

機関種別	回答数	都市名	回答数	機関名	回答数
大学・短大	747	ジャカルタ	245	インドネシア大学	98
				ダルマ・プルサダ大学	147
		バンドン	279	パジャジャラン大学	97
				同 上 D3コース	37
				バンドン教育大学	145
		スラバヤ	223	スラバヤ教育大学	102
				ドクトルストモ大学	71
				ウンタック大学	50
日本語学校	238	ジャカルタ	155	国際交流基金日本語講座	129
				ジャカルタ・コミュニケーション・クラブ	26
		スラバヤ	83	スラバヤ総領事館日本語クラス	83
合 計					985人

8) 国際交流基金日本語国際センター編 (1995)『海外の日本語教育の現状 日本語教育機関調査・1993年』p.61
9) 1994年6月に、本名信行・竹下祐子によってタイの日本語学習者に対して行われたアンケートの同じ設問の回答は、1週間3.5時間であった。単純に比較すると、インドネシアの学習者は非常によく勉強しているといえよう。
10) The Association for Overseas Technical Scholarship の頭文字を取ったもの。財団法人海外技術研修協会と呼ばれる。同協会は、民間の技術協力機関として1959年に日本政府（通商産業省）の支援を受けて設立された。その事業は日本政府の補助金、および民間企業からの分担金その他によって運営されている。同協会は開発途上諸国の経済発展に資する技術協力を促進し、また、それら諸国と日本の相互理解と友好の発展に寄与することを目指している。日本における海外技術研修生受け入れ事業は民間ベースによるものと政府ベースによるものに大別されるが、同協会の事業は前者に属し、日本の民間企業が研修生を受け入れる場合に補助制度に申し込むことができる。研修費用は、現在、研修事業経費の55％を政府補助金から支給され、研修生受け入れ会社または派遣会社からの分担金が45％となっている。
11) 1994年に公布された政令20号によると、外資出資比率規制、資本委譲義務、最低投資額規制の三つを全廃し、原則的に外資の進出の自由化を認めた。従来インドネシアへの投資のネックになっていた問題を、根本的に解決するに至る思い切った規制緩和策である。従来は大型投資優先政策が採られていたので、日本の中小企業の進出は経済的に困難であったが、この規制緩和政策により、安価な労働力を求めて中小企業のインドネシア進出が活発化している。
12) 今田高俊・園田茂人編 (1995)『アジアからの視線　日本企業で働く1万人から見た「日本」』東京大学出版会

【参考文献】

磯松浩滋 (1995)『どこへ行くインドネシア』めこん
今田高俊・園田茂人編 (1995)『アジアからの視線　日系企業で働く1万人から見た「日本」』東京大学出版会
ウェッジ (1997)「ウェッジ・フォーラム　文化交流で築くインドネシアとの友好関係」『WEDGE』10月号

岡本佐智子（1995）「海外における日本語教育の成功要因に関する社会言語学的研究」青山学院大学大学院国際政治経済学研究科修士論文
倉沢愛子（1994）『20年目のインドネシア　日本とアジアとの関係を考える』草思社
国際交流基金日本語国際センター編（1995）『海外日本語教育の現状　日本語教育機関調査・1993年』大蔵省印刷局
シィー・ディー・アイ編（1985）『日本語教育及び日本語普及活動の現状と課題』総合研究開発機構
ジェトロ（1990）『日系企業の技術移転』
ジェトロ（1995）『海外調査シリーズNo.332　ASEAN日系製造業の活動状況』
ジェトロ（1996）『インドネシア　NIES化への挑戦』
ジェトロ（1996）「グローバル時代のビジネスコミュニケーション」「情報技術の進歩とビジネスコミュニケーション」『ジェトロセンサー』1996年5月号
ジェトロ・ジャカルタ・センター（1996）『ビジネスガイド　インドネシア』
ジャカルタ・ジャパン・クラブ（1996）『ジャカルタ・ジャパン・クラブ法人部会会員名簿』
白石隆（1997）『スカルノとスハルト』岩波書店
　　　（1996）『新版　インドネシア』NTT出版
世界経営協議会（1994）『インドネシアの投資環境　アジアへの生産移管が進む中で』
高殿良博（1992）「インドネシアにおける二言語併用教育」『アジアの言語と教育（平成2・3年度プロジェクトアジアの教育と言語に関する研究）』亜細亜大学アジア研究所・研究プロジェクト報告書No.2
高橋貞巳監修（1996）『全予測アジア1997』ダイヤモンド社
東京海上火災保険株式会社・三菱総合研究所編（1996）『東南アジア進出ガイドブック』
東洋経済社（1998）『海外進出企業総覧1997年版』
日本労働研究機構編（1995）『発展途上国の雇用開発 ―インドネシア事例調査編』
丹羽辰男（1996）「日本企業のトランスナショナル化における日本語の必要性」青山学院大学大学院国際政治経済学研究科修士論文
野村俊郎（1993）「インドネシアにおける外資導入政策の転換―その背景、内容、意味―」『鹿児島県立短期大学商経論叢』第42号

藤本芳男（1996）『インドネシアは、いま』ダイヤモンド社
文化庁文化部国語課編（1983）『外国人に対する日本語教育の振興に関する報告集』大蔵省印刷局
本名信行（1993）『文化を超えた伝え合い―コミュニケーションとことば―』開成出版
本名信行他編（1994）『異文化理解とコミュニケーション１・２』三修社
本名信行・竹下祐子（1994）『アジアのなかの日本語教育：現状と課題 ―タイ王国での調査から』青山学院大学総合研究所国際政治経済研究センター
マルバングン・ハルジョウィロゴ著、染谷臣道訳（1992）『ジャワ人の思考様式』めこん
百瀬侑子（1989）「日本軍政下インドネシアにおける日本語教育―その分析と解明―」筑波大学大学院修士課程地域研究研究科修士論文
山口哲（1997）「駐在員が例外なくほれこんでしまうキラキラの国」『MBK LIFE』３月号
山口哲（1997）「外資系非製造業の新局面　ドリーム・イン・アクション」『LA INTERNATIONAL』５月号
山田道隆（1995）『いま、インドネシアがおもしろい ―外信記者が見た多様性国家』勁草書房
Danasasmita, Wawan（1996）「インドネシア普通高校における日本語教育」『世界の日本語教育　日本語教育事情報告編』第４号　国際交流基金日本語国際センター
Tjandra, Sheddy N.（1994）「インドネシアの日本語教育」『世界の日本語教育　日本語教育事情報告編』1994年第１号　国際交流基金日本語国際センター

第5章
タイの日本語教育：
現状と課題

1 はじめに

　近年、日本語学習の動機や目的が、日本の伝統文化を知ることから、日本人とのビジネスを意識したものに変わってくるにつれて、学習者の数は増加し続けている。しかも、この現象はアジア太平洋地域で著しい。世界の日本語の学習者数を見れば、韓国、オーストラリア、中国、アメリカの4か国と台湾がトップを占め、その教育機関数と教員数もこれにほぼ従っている。
　そのような状況の中で、よりよい日本語教育をつくりあげていくためには、各国の教育現場や学習者の意識を知ることが大切である。また、日本政府や海外の日本企業の姿勢を知り、学習者の現状の問題点の改善に貢献することも必要である。そこで私たちは、アジアにおける日本語教育を考えるための出発点として、タイに注目した。
　タイは世界第8位の学習者数を抱えている。日本語学習が首都圏から地方へと広がっているのみならず、ビジネス日本語、あるいは観光用の日本語といった、分野を定めた学習も進んでいる。そこで、1993年に行ったタ

イにおける調査（本名・竹下1994ab、Honna & Takeshita, 1996）をさらに深め、データを更新し、新たな視点からその現状と課題を見つめ直したものが今回の報告である。

2 調査の概要

今回の調査では、タイ人学習者を前回の2機関（チュラロンコン大学と国際交流基金バンコク日本文化センター日本語学校）に4機関を加えて6機関とし、304人を対象とした。アンケートは前回の調査と基本的に同じものを使用したが、学習者の意識についてさらに正確な回答を得るため、設問と選択肢を一部修正した。回答した学習者の平均年齢は22.1歳、男女比はほぼ1：4である。

前回の調査はバンコクの日本語学習者の最も優秀な層を対象としたが、今回は機関数を増やしたことにより、初心者および日本語を副専攻とする学生も含んでいる。また、学習者が首都バンコクから全国に広がっていることから、地方の学生も加えた。したがって、対象となった学習者の日本語能力には、かなりのばらつきがある。日本語の学習歴は、6か月未満から14年までの幅があり、優秀な学習者は日本語能力試験1級に合格している。

調査の対象にした日本語学習者の所属機関と人数は以下のとおりである。
①国際交流基金バンコク日本文化センター日本語学校（以下、交流基金と記す）の社会人32名、日本語学習歴平均5.4年、在バンコク
②チュラロンコン大学（以下、チュラ）の日本語専攻の3，4年生56名、日本語学習歴平均2.8年、在バンコク
③タイ商工会議所大学（以下、商工会議所）の日本語専攻の3，4年生61名、日本語学習歴平均3.8年[1]、在バンコク
④ブラパー大学（以下、ブラパー）の日本語専攻の2，3年生37名、日本語学習歴平均2.4年、在チョンブリー県（日本企業の進出が盛んな県）
⑤ラジャバット・バーンソムデット・チャオプラヤー（以下、ラジャバット）の日本語副専攻の学生44名、日本語学習歴平均0.9年、在バンコク
⑥泰日経済技術振興協会付属語学学校（以下、タイ語の通称よりソーソートーと記す）の社会人44名と学生30名、日本語学習歴平均は社会人が0.3

年、学生が0.5年、在バンコク

　この6機関のうち、②と④は国立大学、③は私立大学、⑤は地域総合大学、そして①と⑥は語学学校である。①から⑥の順番は、今回の調査の対象となった学習者の日本語能力の高い順でもある。

　1993年の日本人の調査は、タイ人を雇用している在タイ日本・日系企業12社の代表に対するアンケートとインタビューの形式で行った。今回、インタビューはバンコク市内の4社にとどまったものの、アンケート調査の対象を大幅に増やし、日本人会賛助会員企業768社のうち、バンコク以外の地域（一部バンコク市内の工業団地を含む）で営業している製造業44社、加工業・組立業6社、その他4社、計54社に対して行った[2]。

3 日本語の授業に対する学習者の満足度

　まず、タイの日本語学習の機会に対して、学習者はほぼ満足している（図1参照）。唯一、日本語を副専攻とするラジャバットの学生の64.3%が「あまり十分でない」と答えたものの、地方のブラパーを含む残りの機関では、「かなり十分」あるいは「十分」であると答えた学習者が最も多かった。

　教科書に対する学習者の満足度は高いものの（図2参照）、授業のわかりやすさに関しては、学習者のレベルとは特に関係なく評価が分かれた（図3-1、3-2参照）。「わかりやすい」以上の評価は、交流基

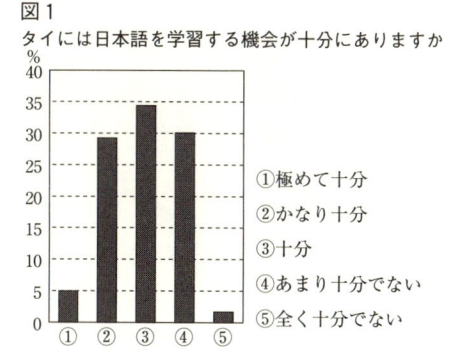

図1
タイには日本語を学習する機会が十分にありますか

①極めて十分
②かなり十分
③十分
④あまり十分でない
⑤全く十分でない

図2
現在授業で使用している教科書に満足していますか

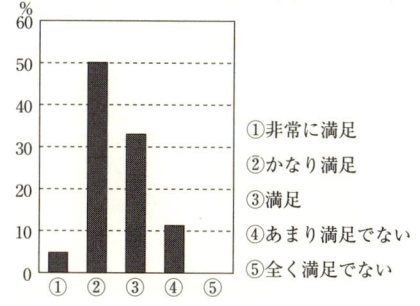

①非常に満足
②かなり満足
③満足
④あまり満足でない
⑤全く満足でない

図3-1
日本語の授業はわかりやすいですか（全体）

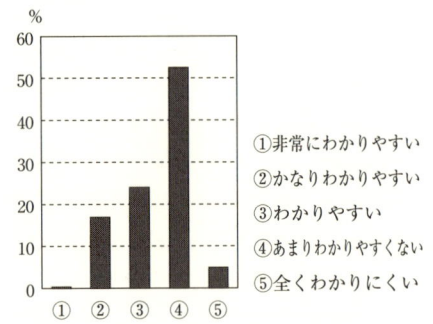

① 非常にわかりやすい
② かなりわかりやすい
③ わかりやすい
④ あまりわかりやすくない
⑤ 全くわかりにくい

図3-2
日本語の授業はわかりやすいですか（機関別）

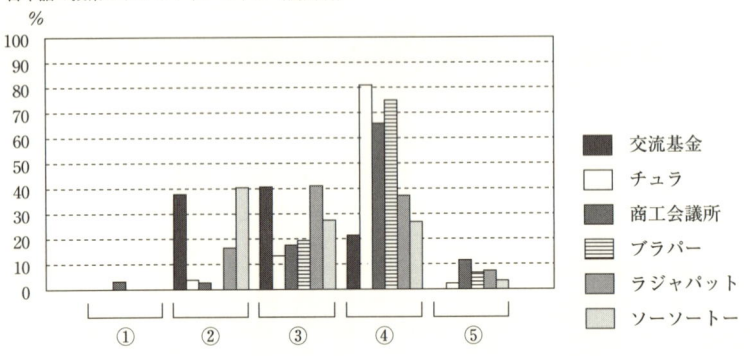

交流基金
チュラ
商工会議所
ブラパー
ラジャパット
ソーソートー

金で78.1％、ラジャパットで56.8％、ソーソートーで66.2％であったのに対して、「あまりわかりやすくない」以下の評価はチュラで82.2％、商工会議所で78.4％、ブラパーで80.6％に及んだ。特に日本語専攻の学生の評価が低い。個々の機関の学習環境に左右された結果でもあろうが、日本語を難しいと感じている度合いにも比例している。チュラ、商工会議所、ブラパーの学生は、特に日本語を難しいものと解釈している（図12参照）。

しかし、授業のおもしろさに関する学習者の評価は低くない（図4参照）。「あまりおもしろくない」以下の評価を下した学習者は全体の14％にすぎず、学習者が日本語の授業に高い関心を寄せていることがわかる。

1週間を通じた家庭学習の時間にはかなりの差異がある（図5参照）。全体の家庭学習時間の平均は5.1時間であるが、交流基金の社会人の家庭学習時間は週に2時間に対して、チュラの学生は13.3時間である。日本語

を副専攻とするラジャバットを例外とすれば、仕事と勉強を両立させようとしている社会人のほうが、家庭学習の時間は極端に少ない。これは、通常、学生に対しては宿題が多く、社会人対象の語学学校においては宿題がほとんど出ないこととも関連がある。

授業時間そのものも機関によってさまざまであり、日本語専攻の学生とそれ以外に大きな差異が見られる。日本語専攻のチュラ、商工会議所、ブラパーでは授業時間数がそれぞれ、週平均19.2時間、14時間、13.4時間であるのに対して、副専攻のラジャバットでは3.1時間である。交流基金の社会人も3.1時間、語学学校であるソーソートーでは、

図4
日本語の授業はおもしろいですか

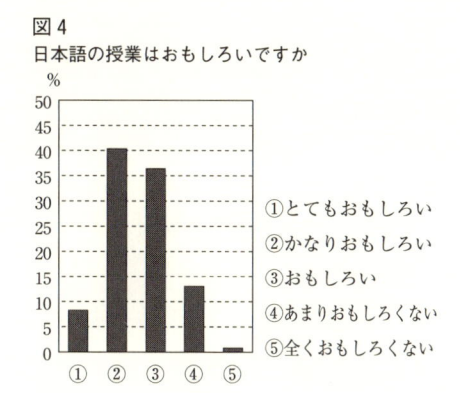

① とてもおもしろい
② かなりおもしろい
③ おもしろい
④ あまりおもしろくない
⑤ 全くおもしろくない

図5
家では週に何時間、日本語を勉強していますか（平均時間）

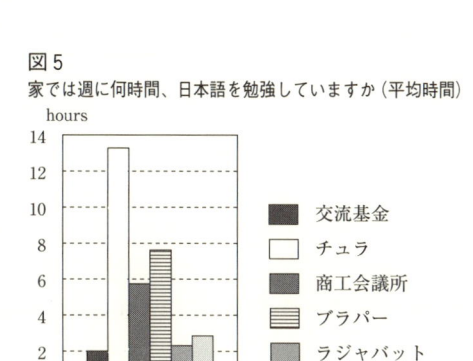

交流基金
チュラ
商工会議所
ブラパー
ラジャバット
ソーソートー

図6　現在のコースを修了したのち、さらに勉強を続けますか

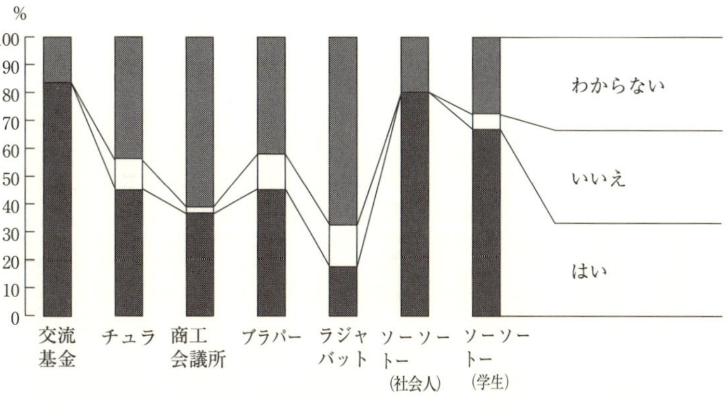

わからない
いいえ
はい

交流基金／チュラ／商工会議所／ブラパー／ラジャバット／ソーソートー（社会人）／ソーソートー（学生）

社会人が4時間、学生が3.5時間である。
　このように機関によって、学習者の学習環境やレベルに違いがあるが、今後とも日本語学習を続けていきたいと望む学習者が多いことから、学習者たちの日本語学習に対する全般的な満足度や熱意を推し量ることができる。特に、学生に比べてコースの周期が短い社会人に続行の希望が多い。これ以上日本語の学習を続けたくないと考えている学習者は非常に少ない（図6参照）。

4　学習者と日本語・日本人との接点

　家庭学習時間が短い社会人は、日本語を勉強する機会が少ないというわけではない。むしろ、教室外で実際に使われる日本語に触れる機会は学生よりもはるかに多い。授業以外での日本語との接点には、特に交流基金の社会人とその他の機関の学生の差異が表れている（図7－1～4参照）。
　交流基金の社会人は、話すことと聞くことにおいて、日常の経験が非常に多く、3割以上が日本語をよく話し、4割以上がよく耳にすると答えている。ソーソートーの社会人に同様の現象が見られないのは、彼らが初心者であり、まだ日本語で仕事をするまでのレベルに至っていないからであろう。
　一方、読むことに関しては、日本語専攻の学生が最も高い数値を示している。チュラ、商工会議所、ブラパーの3機関において、7割以上の学生

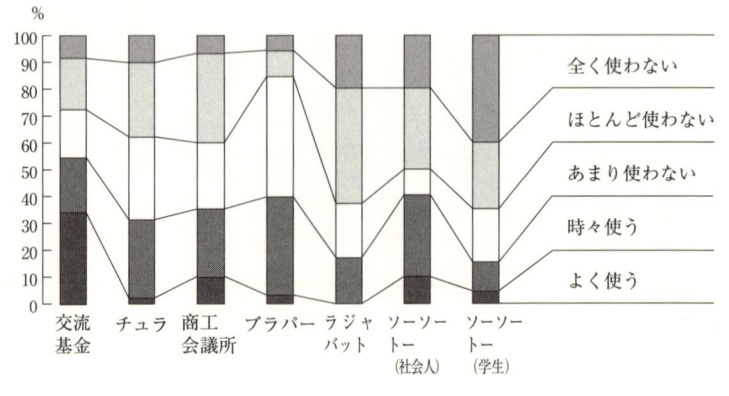

図7－1　授業以外でどのくらい日本語を使っていますか（話すこと）

図7-2 授業以外でどのくらい日本語を使っていますか（聞くこと）

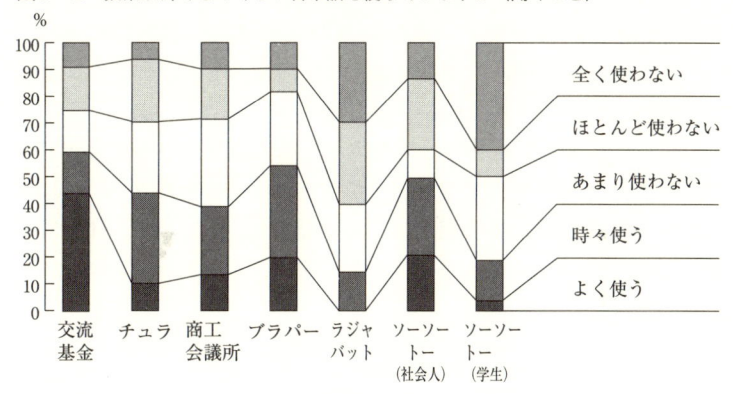

図7-3 授業以外でどのくらい日本語を使っていますか（読むこと）

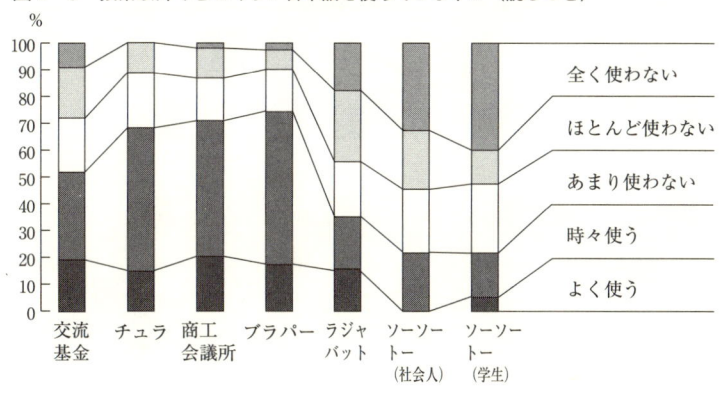

図7-4 授業以外でどのくらい日本語を使っていますか（書くこと）

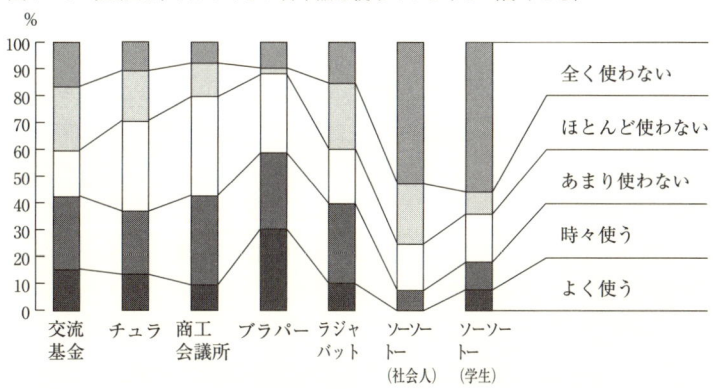

が「時々使う」以上の答えを出しており、交流基金もかろうじて過半数に達している。しかし、書くことになると、「時々」以上が過半数に達したのはブラパーのみであった。この傾向は、のちに述べる、習得したいと希望する能力のレベルとも関連するものである。

実際に日本人と日本語で話をした経験は、日本語の能力の高い学習者ほど豊富で、そうでない学習者でも英語で話をしている（図8参照）。日本語による接点を持った学習者の相手は、日本語教師（77.5％）、日本人学生（47.2％）、観光客（45.1％）、ビジネスマン（25.2％）、日本のホストファミリー（13％）の順である。

図8　日本人と話をしたことがありますか（複数回答）

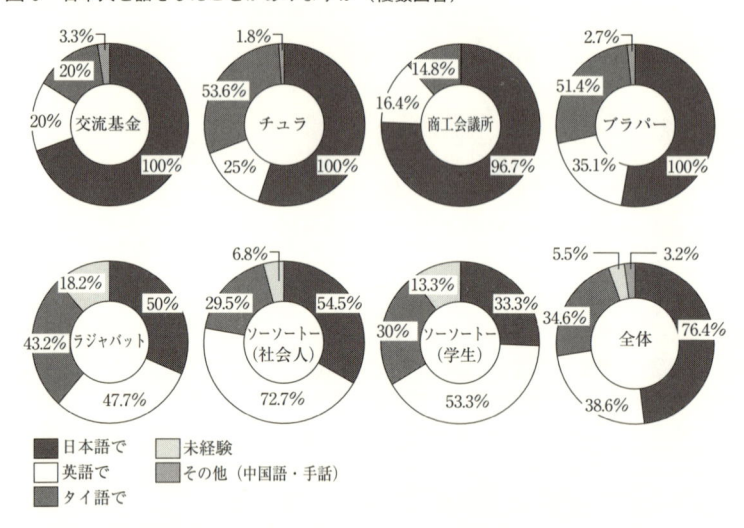

旅行やホームステイなどで日本に行った経験を持つ学習者は全体の20％余りであるが、交流基金の学習者が群を抜いている（図9参照）。今後、日本に行きたいと希望する学習者は非常に多く（図10参照）、日本語学習を続ける意思のない学習者も、語学以外の魅力を日本に対して感じていることがわかる。

タイ国内で、学習者たちが日本に関する情報を得る手段はさまざまである（図11参照）。第1位はテレビ放送である。ニュース番組だけでなく、日本のアニメやドラマがタイ語に翻訳されて放映され、人気を博している。95年に放送され、その後再放送された「テレビ日本語講座初級Ⅰ」は、日

図9　日本に行ったことがありますか　　　図10　今後，日本に行きたいですか

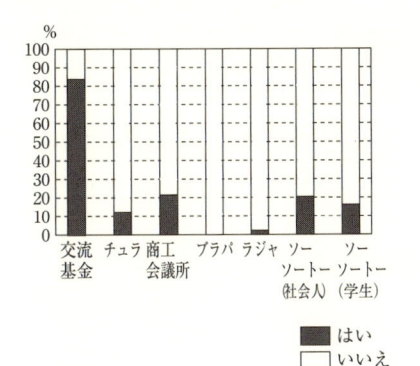

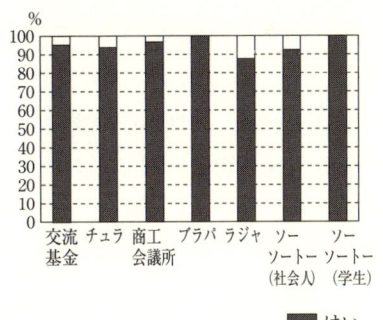

図11　日本に関する情報をどのような手段で得ていますか（複数回答）

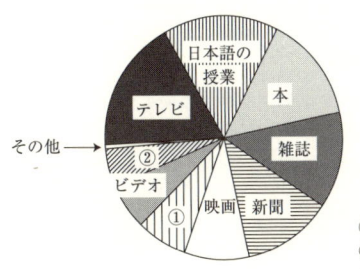

① 日本人との接触
② インターネット
その他＝マンガ、掲示物、日本史の授業、手紙、旅行

本語教育の地方化に大いに貢献し、同様の番組の放映の可能性への道を開いた（Voravudhi ＆ 北村）。また、前回の調査では回答の選択肢に入れなかったインターネットの利用は、今後増加していくと思われる。

　機関ごとの顕著な傾向は、テレビを情報源とする者は学生に多く（83.4％）、ソーソートーではいくぶん減少し（65.9％）、交流基金では著しく少ない（26.5％）ことである。ビデオにも同様な傾向が見られる。本と雑誌では、全体の平均がそれぞれ56.9％と53.6％であるが、ブラパーは突出した数字を示した（81.8％と97.3％）。また、全体の32.2％が日本人との接触を情報源と考えているが、個々には、ブラパーが54.1％、交流基金が50％であるのに対して、ラジャバットとソーソートーは０％である。

5 日本語学習の動機と現在の意識

　学生、社会人を問わず学習者たちが日本語学習を始めた動機としては、「仕事をするのに有利であると思ったから」というものが多い（表1参照）。

表1　日本語を勉強しようと思ったきっかけは何ですか

	交流基金	チュラ	商工会議所	ブラパー	ラジャバット	ソーソートー（社会人）	ソーソートー（学生）
第1位	仕事に有利だと思った 53.1%	仕事に有利だと思った 75.0%	大衆文化に興味があった 65.6%	大衆文化に興味があった 81.1%	仕事に有利だと思った 59.1%	仕事に有利だと思った 86.4%	大衆文化に興味があった 46.7%
第2位	語学の勉強が好きだった 40.6%	大衆文化に興味があった 67.9%	仕事に有利だと思った 63.9%	仕事に有利だと思った 73.0%	大衆文化に興味があった 45.5%	語学の勉強が好きだった 25.0%	仕事に有利だと思った 46.7%
第3位	大衆文化に興味があった 28.1%	語学の勉強が好きだった 57.1%	そのように勧められた 62.5%	語学の勉強が好きだった 51.4%	語学の勉強が好きだった 29.5%	そのように勧められた 20.5%	語学の勉強が好きだった 36.7%
第4位	経済大国の日本に興味があった 15.6%	経済大国の日本に興味があった 41.1%	経済大国の日本に興味があった 37.7%	伝統文化に興味があった 35.1%	他に選択したい語学がなかった 18.2%	その他 20.5%	経済大国の日本に興味があった 23.3%
第5位	そのように勧められたから 12.5%	伝統文化に興味があった 28.6%	伝統文化に興味があった 34.4%	経済大国の日本に興味があった 32.4%	伝統文化に興味があった 15.9%	大衆文化に興味があった 15.9%	日本に勉強に行きたかった 16.7%
第6位	伝統文化に興味があった 9.4%	そのように勧められた 25.0%	日本に勉強に行きたかった 34.4%	日本に勉強に行きたかった 29.7%	その他 15.9%	経済大国の日本に興味があった 15.9%	伝統文化に興味があった 13.3%
第7位	その他 9.4%	日本に勉強に行きたかった 25.0%	語学の勉強が好きだった 34.4%	そのように勧められた 21.6%	経済大国の日本に興味があった 13.6%	伝統文化に興味があった 13.6%	そのように勧められた 13.3%

「そのように勧められた」も同じく13.6%

しかし、日本で仕事をしたいと思った者が少ないことから、これはタイにおける日本語を用いた仕事を意味していることがわかる。

マンガ、アニメ、ゲームなどの「日本の大衆文化に興味があったから」という理由は、特に学生を中心に多い。同じ文化であっても、茶道、武道といった伝統文化に関心があって日本語を始めた学習者はさほど多くない。「その他」に含まれる動機は、日本に行きたいと思った、あるいは子供の頃からの憧れの国だった、ホームステイをして気に入った、日本人の友人がいた、いろいろな言語を知りたかった、などさまざまである。

機関別の特色に注目すると、まず、副専攻のラジャバットにのみ「他に選択したい語学がなかった」という消極的な動機が見られる。また「そのように勧められた」が多かった商工会議所では、家業との関連から、親や親族が学習を勧めたケースが多い。ソーソートーの社会人については、会社から勧められた可能性が考えられる。

では、学習者たちの現在の学習目的は何であろうか。「タイで仕事に役立てるため」に勉強をしている学習者が圧倒的に多いことから、彼らの目的は非常に実用的である（表2参照）。また、学習開始時に日本語が仕事に有利な条件であると意識していた学習者は全体の66.8%であったが、現在、日本語を仕事に役立てたいと望む学習者は80.3%であるため、実際の勉強の過程で、日本語と仕事がさらに強く結びついたと言える。

さらに動機の段階では、日本で仕事をしたいと願っていた学習者は9.2%であったが、現在、日本で仕事をしたいと思っている学習者は12.5%に増えている。同様に、日本に勉強に行きたいと望む学習者も、動機の時点の20.1%から、現時点の23.4%に増えている。

日本語を仕事に活かしたいという希望の次に目立った目的は「日本人と付き合うため」である。日本人との付き合いとは、身近にいる特定の日本人と親しくなりたいと希望する場合と、日本人に対する漠然とした憧れや好感を抱いているために日本人と知り合いになって個人的に付き合いたいと願っている場合の両方が考えられる。アイドル歌手や俳優などへの憧れは後者に含まれる。

学習の目的を特に持たないと答えた学習者は、ソーソートーの学生とラジャバットに目立つ。ラジャバットでは、「他に選択したい語学がなかった」という消極的な学習の動機が18.2%であったが、現在も13.6%の学習者に「特に目的はない」のも不思議ではない。しかし、積極的な動機を持

表2　現在、どのような目的を持って日本語を勉強していますか

	交流基金	チュラ	商工会議所	ブラパー	ラジャパット	ソーソートー(社会人)	ソーソートー(学生)
第1位	タイで仕事に役立てるため 78.1%	タイで仕事に役立てるため 92.9%	タイで仕事に役立てるため 78.7%	タイで仕事に役立てるため 91.9%	タイで仕事に役立てるため 63.6%	タイで仕事に役立てるため 90.9%	タイで仕事に役立てるため 56.7%
第2位	日本をよりよく理解するため 31.3%	日本人と付き合うため 35.7%	日本人と付き合うため 45.9%	日本人と付き合うため 59.5%	学校の成績を上げるため 45.5%	日本人と付き合うため 31.8%	日本をよりよく理解するため 26.7%
第3位	日本人と付き合うため 12.5%	日本で勉強するため 33.9%	日本をよりよく理解するため 41.0%	日本で勉強するため 35.1%	日本人と付き合うため 29.5%	日本をよりよく理解するため 15.9%	日本で勉強するため 23.3%
第4位	その他（日本語能力維持のため）9.4%	日本をよりよく理解するため 28.6%	学校の成績を上げるため 39.3%	学校の成績を上げるため 35.1%	日本をよりよく理解するため 25.0%	日本で勉強するため 11.4%	日本人と付き合うため 23.3%
第5位	日本で勉強するため 6.3%	学校の成績を上げるため 21.4%	日本で勉強するため 32.8%	日本をよりよく理解するため 29.7%	特に目的はない 13.6%	日本で仕事をするため 11.4%	特に目的はない 20.0%
第6位	日本で仕事をするため 3.1%	日本で仕事をするため 12.5%	日本で仕事をするため 23.0%	日本に勉強に行きたかった 13.5%	日本で勉強するため 11.4%	その他（#）9.1%	学校の成績を上げるため 13.3%
第7位	学校の成績を上げるため 3.1%	特に目的はない 7.1%	特に目的はない 4.9%	特に目的はない 4.9%	その他（*）11.4%	特に目的はない 2.3%	日本で仕事をするため 10.0%

その他（＊）は、「知識を得る」「日本語はどういう言語か知るために」「必修であるため」
その他（＃）は、「日本に旅行して日本語を使うため」「知識を得るため」

って学習を始めたはずのソーソートーの学生の20%に学習の目的がないという事実は、さらに原因の調査を必要とする。ソーソートーの学生の平均学習期間はわずか0.5年、しかも授業全般に対する満足度は低くないのである。

　学習者にとって日本語は、決してやさしい言語ではない（図12参照）。レベルの高い学習者ほど日本語を難しいと感じる一方、初心者はそれほど

難しさを意識するところまで達していない。彼らが具体的に難しいと感じる部分にも、学習段階による差異が見られる（表3参照）。比較的進度の高い学習者が難しいと感じるのは文法、漢字、敬語などであるが、学習の期間が短い学習者は、漢字に加え、ひらがな、カタカナの読み書きや発音にも苦労している段階にある。

便宜上、日本語を話す、聞く、読む、書くの4技能に分け、これらに対する学習者の習得の希望を調べると、明らかに口語によるコミュニケーションの能力を身につけたいと願っていることがわかる（図13参照）。また、それぞれの達成レベルに関しては、話す能力において、どの機関の学習者

図12　日本語は難しいですか

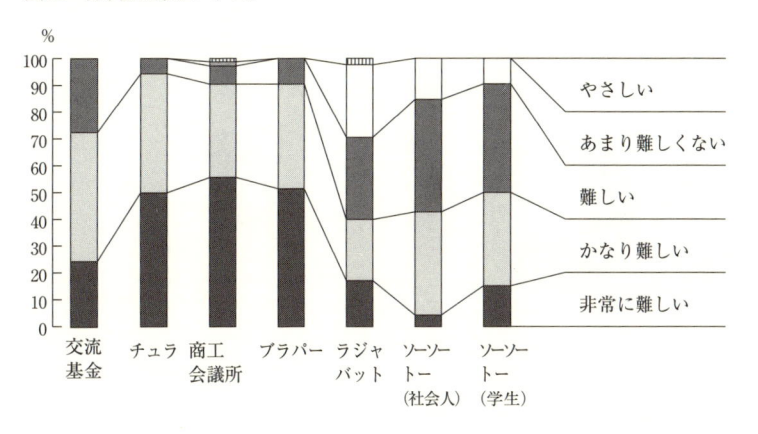

表3　日本語のどのような部分が難しいですか

	交流基金	チュラ	商工会議所	ブラパー	ラジャバット	ソーソートー(社会人)	ソーソートー(学生)
第1位	漢字 50.0%	文法 73.2%	漢字 62.3%	文法 83.8%	漢字 65.9%	漢字 40.9%	漢字 63.3%
第2位	文法 37.5%	敬語 37.5%	文法 54.1%	漢字 51.4%	文法 50.0%	発音 38.6%	文法 43.3%
第3位	敬語 31.3%	漢字 33.9%	敬語 32.8%	発音 40.5%	発音 47.7%	かな 36.4%	発音 30.0%
第4位	発音 12.5%	発音 16.1%	発音 16.4%	敬語 40.5%	かな 9.1%	文法 29.5%	かな 20.0%
第5位	単語 3.1%	ヒアリング 7.1%	かな 5.0%	かな 5.4%	敬語 4.5%	敬語 11.4%	敬語 6.7%

も上級レベルまで達することを望んでいるが、読み書き能力では、進度が遅い学習者が多い機関ほど、達成レベルの希望も低い（図14参照）。

図13　日本語能力の中で特にどの能力を習得したいですか

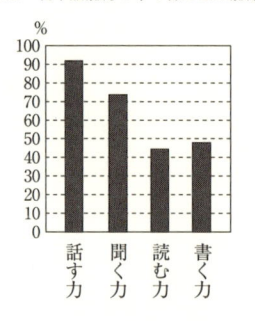

図14　それぞれの能力について習得したいレベルを示してください

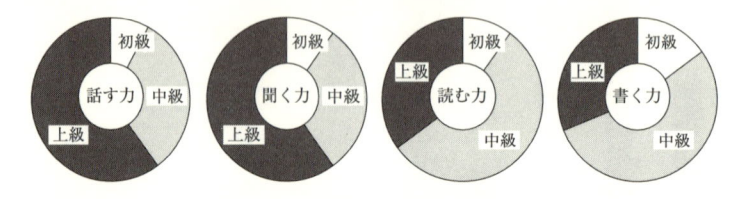

6　学習者が持つ日本観・日本人観

　日本語に関心を持つ外国人は、概して親日派である。実際にタイの日本語学習者が日本と日本人に対してどのような印象を持っているかを知るために、そこから連想する形容詞を五つずつ挙げてもらった。日本については195種類、日本人については221種類の形容詞が得られた（表4、表5参照）。回答は日本語とタイ語のどちらでもよいとした。
　表4において、最も回答率が高いイメージが「きれいな」であるのは、前回の調査の結果と一致する。日本が清潔できれいな国であるというイメージが、経済が発展した先進国であるというイメージに勝っている。また、金持ちの国であるというイメージの回答率には、機関によって大きな差があった。商工会議所では45％、チュラでは27.8％、ブラパーでは25％、ソ

表4　『日本』で連想する形容詞を5つ挙げてください

1	きれいな	49.8%
2	清潔な	24.1
3	金持ちの	23.1
4	発展している	16.5
5	小さい	14.1
	ハイテクの	
7	寒い	12.6
8	流行の	12.2

9	物価が高い	10.2%
	便利な	
11	静かな	9.0
12	秩序がある	8.6
13	有名な	7.8
14	規律が正しい	6.7
	にぎやかな	

注）「きれいな」は、スワイとスワイガームを合わせたものである。

表5　『日本人』で連想する形容詞を5つ挙げてください

1	勤勉な	37.7%
2	かわいい	28.0
3	厳しい	21.0
4	親切な	18.3
	礼儀正しい	
6	きれいな	15.2
	辛抱強い	
8	時間に正確な	13.2

9	規律正しい	13.2%
10	優秀な	12.1
11	愛国的な	11.3
12	まじめな	8.2
13	白い	7.8
14	倹約家の	7.0
	賢い	

注）「まじめな」は、ジンジャンとジンジャイを合わせたものである。

ーソートーの社会人では17.2%が「金持ちの」を挙げているのに対して、交流基金とラジャバットにおいてはそれぞれ6.5%と3.6%の回答しかなく、ソーソートーの学生の中にこの形容詞を示した者はいなかった。

表5の「勤勉な」「かわいい」「厳しい」「親切な」などの形容詞は、前回の調査でも上位を占めた。反対に、前回23%の学習者が回答した「やさしい」は、今回5.8%に停まった。日本人の中には、タイ人が日本人のことをまず第一に金持ちであると考えていると信じる者がいるが、この形容詞は前回でもわずか7％、今回は2％にすぎない。ただし、前回の調査の対象と異なり、今回の回答者は日本に行った経験もなく、実生活の中で日本人と接した経験の少ない学生を含んでいるため、純粋な比較は交流基金とチュラの学習者のみに有効である。

7 今後の両国関係と日本語

学習者たちによる現在の日本とタイの関係の評価、そして今後の両国関係への期待が興味深い。まず、学習者たちは日本とタイ、または日本人とタイ人との現在の関係を、かなりよいものと考えている（図15参照）。さらに、その関係はさらによくなると考えている学習者が7割を越える（図16参照）。今後の両国関係の担い手である若者がこのように考えていることは大変に望ましいことである。

図15　日本とタイ、または日本人とタイ人との関係はどのようであると思いますか

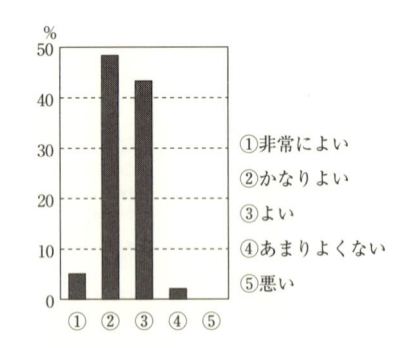

①非常によい
②かなりよい
③よい
④あまりよくない
⑤悪い

両国の関係をさらによくするためには、コミュニケーションのための言語を欠かすことができない。その言語のひとつである日本語を学習するタイ人は今後とも増えつづけるのであろうか。三原（1998）の予測によれば、これまで右肩上がりに伸びてきたタイにおける日本語教育の機関数、学習者、および教員数は、これまでのように急激に増加することはなく、量よりも質的な向上を目指す時期を迎えることになる。しかし、学習者たちは、

図16　その関係は今後よりよくなっていくと思いますか

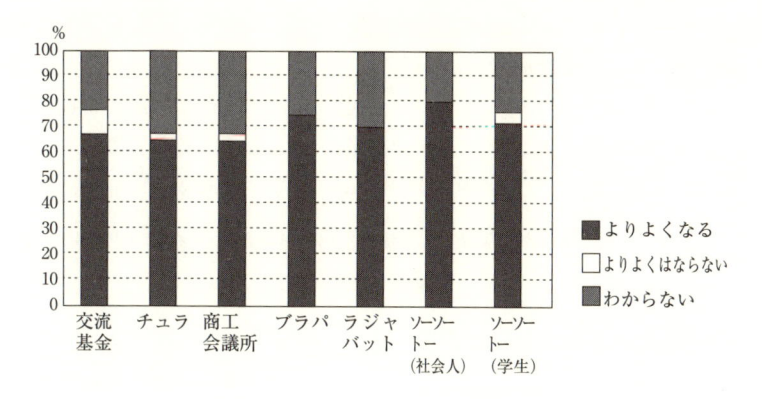

　学習者数が今後も増加することを予測、あるいは期待していることがわかった（図17参照）。彼らは今後の両国関係をよりよいものにしていくために、コミュニケーションの手段としての日本語の役割に期待をかけているのであろう。

　では、日本とタイの関係にとどまらず、広くアジアにおける日本語の役割を、彼らはどのように考えているのであろうか。将来、日本語がアジアにおいて国際コミュニケーションの手段として重要な働きをする可能性に対して、5割弱の学習者が肯定的であり、3割はわからないと答えているが、否定的に考えている学習者は2割ほどである（図18参照）。今後、日本語を習得したタイ人が、日本人以外のアジアの人々と日本語によるコミュニケーションを体験する可能性は少なくないと考えられる。

　学習者たちは、自分たちのためにも、今後さらに増えていくと予測して

図17　今後、タイの日本語学習者の数は増えると思いますか

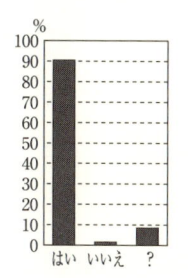

図18　将来、アジア諸国において日本語は国際コミュニケーションのための重要な言語になっていくと思いますか

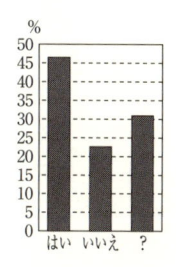

いる後輩のためにも、日本語プログラムの発展のために日本政府の協力・援助を望んでいる（図19参照）。最も希望が多いものは、日本留学に対する援助である。大多数の学習者が今後、日本に行きたいと望んでいる現状では当然の期待であろう。また、タイ国内における日本語講座の開設への援助に対する期待も大きい。日々の授業に満足している学習者たちも、将来的にはさらにプログラムの改良を望んでいるのである。

図19　タイにおける日本語教育プログラムの発展のために日本政府に何を望みますか（複数回答）

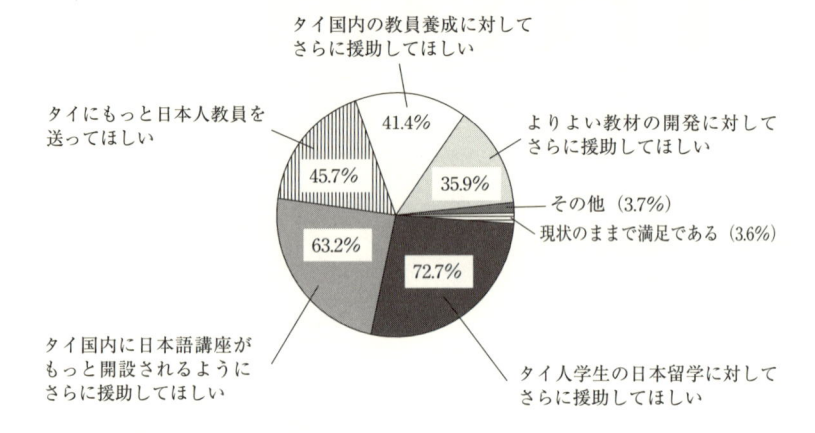

- タイ国内の教員養成に対してさらに援助してほしい　41.4%
- タイにもっと日本人教員を送ってほしい　45.7%
- よりよい教材の開発に対してさらに援助してほしい　35.9%
- その他（3.7%）
- 現状のままで満足である（3.6%）
- タイ国内に日本語講座がもっと開設されるようにさらに援助してほしい　63.2%
- タイ人学生の日本留学に対してさらに援助してほしい　72.7%

8 日系企業と日本語

　学習者が日本語を勉強する大きなきっかけであり、しかも現在、最も重要な学習の目的となっているのは、日本語を仕事に活かすこと、しかもタイ国内において日本語を用いた仕事をすることである。そこで、在タイ日系企業における日本語能力を備えたタイ人のニーズや、そのような人々に対する企業の姿勢を把握する必要がある。

　1993年の調査では、企業間に多少の意識の差はあったものの、概して、日本語ができるタイ人にとって明らかに有利な雇用条件を確認するには至らず、社内の日本語によるコミュニケーションは、職場の雰囲気がなごやかになるという程度においてのみ、歓迎されるという傾向があることがわかった。また、高い日本語能力を持つタイ人にとって、接待や通訳など、満足のいかない職種に失望するといったケースも認められた。

それ以後、タイと日本の経済は大きな変化を経験した。盤谷(バンコク)日本人商工会議所『所報』(1997年11月、1998年7月)には、日系企業の雇用が、特に自動車関連、流通・小売の分野で悪化していることが報告されている。また、大企業を中心に日本人駐在員の削減や駐在期間の短縮、家族同伴の駐在から単身赴任への切り替えなどが行われている。しかし、同時に、タイにおける日本語教育は、量的にも質的にも成長した。そのような諸環境の変化の中で、日系企業の意識や対応に何らかの変化が見られるであろうか。

また、前回の調査では、バンコクの比較的大手の会社代表を対象としたのに対して、今回はアンケートを用いることにより対象を大幅に広げ、業種、操業地、規模などいくつかの点でバラエティーを持たせたことで、前回の調査とは違う反応が得られたであろうか。日系企業の調査のまとめにあたっては、インタビューの件数が少ないため、アンケートへの回答を主体にし、インタビューによって得られた情報を補助的に用いることにする。

まず、対象となった企業の日本人とタイ人社員の日本語によるコミュニケーションの可能性を知るため、タイ人社員の日本語能力を把握したい(表6参照)。

54社のうち、日本語を話すことができるタイ人社員がいる企業は85.2%、読み書きまでできる場合は61.1%である。また、その人数は従業員数にほぼ比例し、1,001人以上の社員を抱える企業の中には、日本語能力を備えたタイ人が50人いる会社が1社、70人いる会社が1社含まれている。また、

表6　企業の規模と日本語ができるタイ人の有無

従業員数	企業数	日本人数(平均)	日本語が話せるタイ人の有無		日本語の読み書きまでできるタイ人の有無		
			あり	なし	あり	なし	無回答
50人以下	3社	1.7人	2	1	2	1	0
51～100人	4社	2.5人	3	1	2	1	1
101～500人	26社	5人	20	6	13	8	5
501～1,000人	13社	12人	13	0	10	3	0
1,001人以上	8社	20人	8	0	6	2	0
合計	54社	8.2人	46社	8社	33社	15社	6社

日本語を話すことができる社員は複数いるが、読み書き能力まで備えた者はいないという企業は、デスクワークではなく工場などの現場において、日本語の会話のみで仕事が成り立っている場合であると考えられる。

　今回のアンケートでは、日本語を話すことのできるタイ人の地位や業種、あるいは給与に関する設問を設けていない。そのため、これらの日本語能力を備えたタイ人が社内で果たす役割の詳細はわからないが、おそらく50人から100人のタイ人社員に対して1名の割合で、日本人と日本語のできないタイ人との間のコミュニケーションを図る役割を担っていると思われる。また、比較的規模の大きい企業にもかかわらず、日本語ができるタイ人が少数である場合、日本語ではなく英語ができるタイ人を多数雇用している。

　では、企業は日本語能力の高いタイ人を優先的に雇用しているのであろうか。前回の調査と同様、そのような企業は多くない（表7参照）。小規模の企業からは、日本語ができるタイ人の給与は高いので雇用できないという経済的な事情や、アユタヤの企業からは、日本留学経験者を雇用したいと思っても都会のきれいな職場を好むため雇用できないといった事情が提示された。

　日本語能力のあるタイ人を優先的に雇用していると回答した10社における日本語能力と英語能力を有するタイ人の割合と、タイ語能力と英語能力を有する日本人の割合は表8に示したとおりである。

　この中で、日本語ができるタイ人の割合が多少高く、英語ができるタイ人の割合が非常に高いⅠ社に注目したい。主にコンピュータ部品の組立を行っているかなり大手のⅠ社では、日本人との日常業務を日本語でできる

表7　企業の規模と日本語ができるタイ人の優先的雇用の有無

従業員数	企業数	優先的雇用あり	優先的雇用なし
50人以下	3社	0	3
51〜100人	4社	0	4
101人〜500人	26社	4	22
501〜1,000人	13社	3	10
1,001人以上	8社	3	5
合　計	54社	10	44

タイ人を優先的に雇用している。実際に雇用されたタイ人は、タイの大学で日本語を学び、日本留学の経験を持つ者も含まれている。読み書き能力まで備えた1.5%がこれに当たるであろう。

I社にはタイ語ができる日本人はいないが、日本人側の英語能力が高いため、日本語ができるタイ人社員との仕事上のコミュニケーションは英語と日本語を、日本語ができないタイ人とは英語を使う。日本語に関心を持つタイ人社員に対しては、週3回ほど勤務時間外に日本語研修を行っている。社内におけるタイ語によるコミュニケーションを行っていない数少ない会社であるが、そのかわり、タイ人の日本語能力に対して積極的な姿勢を持ち、英語によるコミュニケーションも非常に重視しているのである。

アユタヤにある事務機器製造会社J社には、I社ほど日本語ができるタイ人が多いわけではないが、タイ人の日本語能力レベルはかなり高い。タイの大学で日本語を勉強したのみならず、日本の大学や大学院への留学経験者がいるからである。したがって、日本語能力を持つタイ人社員とのコミュニケーション言語は主に日本語であり、日本語ができない社員とは主にタイ語を用いる。タイ語ができる日本人の割合が高いからであろう。

表8の10社における日本語の用途はさまざまである。複数回答であるが、

表8　タイ人社員と日本人社員の言語能力の割合　　　　　　　　　（単位：%）

	従業員総数	日本人数	タイ人数	日本語会話可のタイ人の割合	日本語読み書き可のタイ人の割合	タイ語会話可の日本人の割合	英語ができる日本人の割合	英語ができるタイ人の割合
A社	320	7	313	1.1	0.6	42.9	71.4	3.2
B社	380	8	372	0.5	0.5	25.0	25.0	2.7
C社	415	7	408	1.0	0.7	28.6	28.6	7.4
D社	450	5	445	0.2	0.0	80.0	60.0	?
E社	約600	7	593	1.7	0.3	28.6	28.6	0.8
F社	620	7	613	0.5	0.2	28.6	28.6	0.5
G社	880	16	864	1.2	0.6	31.3	68.8	11.6
H社	1,004	6	998	0.4	0.3	0.0	50.0	1.0
I社	1,370	15	1,355	3.7	1.5	0.0	100.0	95.9
J社	3,173	44	3,129	2.2	1.0	45.5	18.2	3.2

読み書きのレベルで仕事をしているケースでは、2社において日本に提出する日本語の書類の作成、4社において日本語からタイ語への書類の翻訳が認められた。会話レベルでは、6社が会議通訳、4社が日本語による日常業務をあげている。日本人との関係づくりのために、日常会話ができる程度でかまわないとのみ答えたのは1社であった。

以上からわかるとおり、日本語能力を優先してタイ人を雇用している企業、あるいは雇用できる経済力のある企業は、タイ人にかなり高度な日本語能力を要求し、実際に雇用し、その能力を活用している。ただし、タイ人に日本からの来客などの接待を任せている企業は皆無であった。接待には単なる通訳能力に加え、適切な敬語や日本人的な気配りが必要なため、そこまでの対応はタイ人にかなり難しいという現状があると推測される。

タイ人社員と日本人社員のコミュニケーションは、その会社が日本語ができるタイ人を優先的に雇用しているか否かにかかわらず、日本語ができるタイ人に対しては日本語で、日本語ができないタイ人に対しては英語よりまずタイ語を用いる傾向がある（表9参照）。日本語を介したコミュニケーションが不十分ならば、タイ語あるいは英語で補う。バンコク以外の地域の製造業などの現場では、日本人の40％近くが英語に不自由で、大多数のタイ人が外国語を理解しないため、日本語ができないタイ人とのやりとりは必然的にタイ語で、あるいはタイ語の通訳を介すということになる。

表9　タイ人社員とのコミュニケーション言語（優先雇用の有無――複数回答）

使用言語	企業数	日本語ができるタイ人とのコミュニケーション		企業数	日本語ができないタイ人とのコミュニケーション	
		日本語の優先雇用がある企業	日本語の優先雇用がない企業		日本語の優先雇用がある企業	日本語の優先雇用がない企業
日本語	18	4	14	0	――	――
タイ語	1	0	1	14	4	10
タイ語（通訳）	0	0	0	15	6	9
英語	8	0	8	15	3	12
日本語・タイ語	10	2	8	0	――	――
日本語・英語	2	2	0	0	――	――
タイ語・英語	4	0	4	22	2	20
日・タイ・英	3	2	1	0	――	――

次に、雇用したタイ人に対する社内外の、会社の費用による日本語研修に注目したい。現在、日本語の研修を行っている企業は54社のうち15社、行った実績がない会社は25社、研修をとりやめた会社は14社である。研修の対象となるタイ人は、日本へ研修生として派遣予定の者に対して、タイ国内や日本で実施する場合が最も多く（8社）、次いで管理職（3社）、現場の労働者・事務員・希望者（各2社）、そして日本語に接する機会が多い者・自主グループへの支援（各1社）の順である。対象となるタイ人全員が日本語に対して高い関心を持っているかどうかはわからないが、単に日本語学習を希望するというだけで研修に参加できるわけではないという現実がある。

　日本語の研修を行うかどうかの判断は、企業の規模と関係があると思われる（表10参照）。規模が大きいほど研修の実績がある。また、以前は行っていた研修を中止した理由は、①上達しない、または仕事上の効果が認められない（5社）、②続かない、または希望者がいない（4社）、③すぐ転職してしまう・一通り修了した（各3社）、④本業が多忙である・経費が高い（各1社）である。この中で、研修再開の可能性がある会社は2社のみ、可能性のない会社は4社、英語研修に切り換えた会社が1社あることがわかった。

　1997年のバーツ切り下げ以降の不況は、企業の研修にどのように影響したであろうか。泰日経済技術振興協会付属語学学校（ソーソートー）で日本企業の研修を担当する亀山稔史氏は、日本への派遣が急激に減少したという感触を持っていない。むしろ、日本派遣が決まっている社員の渡日前研修は増加しており、経費削減の影響を受けた部分があるとすれば、それ

表10　企業の規模と日本語研修の有無

従業員数	企業数	現在研修あり	過去に研修あり	再開の可能性あり	研修の実績なし
50人以下	3社	0	1	0	2
51〜100人	4社	0	1	0	3
101〜500人	26社	6	7	2	13
501〜1,000人	13社	5	3	0	5
1,001人以上	8社	4	2	0	2
合　計	54社	15社	14社	2社	25社

は福利厚生の一端として行われている日本語研修であろうと考えている。

　ソーソートーにおける企業の日本語研修は、概して、企業が授業料全額を負担し、社内、あるいはソーソートーの教室で、労働者、管理職、秘書などに対して行われている。上級レベルまで指導するのは管理職のみで、対象企業はバンコク市内と近郊の大企業、中小企業であり、製造業が中心となっている。亀山氏の見解は、企業へのアンケートで、不況の影響で日本語研修を削減・廃止した事例が認められなかったことと一致する。

　前回の調査と同様、業種による差異はあっても、日本語研修に期待することは、概して簡単な日本語会話程度であるという企業の姿勢が確認された。日本派遣のための日本語研修が多い製造業では、優秀な社員を選抜して半年から1年、日本に送っている。当然、研修の主な目的は製造業にかかわる部分であり、日本語能力は、研修に必要最低限のものが求められる。帰国時に副産物として、日本語会話の能力を持ち帰る結果となる。

　優秀な社員に求められる日本語能力が簡単な会話力であり、それが研修によって得られるものならば、日本語能力を備えた者を優先的に雇用する必要はないというのも不思議ではない。タイの多くの日本語学習者が目指している「就職に有利な日本語能力」が、本当に多くの企業への有利な就職へとつながるという構図にはなっていないと言わざるをえない。

　企業へのアンケートで、タイにおける日本語教育の発展、日本語を使える人材の育成のために日本政府が援助をするべきかどうか、どのような援助が必要であるかをたずねた。援助は必要と考える企業は34社、必要ないと考える企業が9社あった（その他は無回答、わからない等）。援助が必要であると考える場合、その内容は表11のとおりである。

　日本企業がタイの日本語教育の現状をどのくらい把握した上での回答であるかの判断はできないが、概して援助には積極的である姿勢が見られる。回答は記述式であったにもかかわらず、さまざまな援助への提案が示された。一方、援助の必要はないと回答した9社のうちの4社から、むしろ日本人の英語教育に力を入れるべきである（3社）、日本人の海外駐在者の現地語習得に対する援助をするべきである（1社）という提案があった。

　最後に、日本語がアジアにおける国際言語の役割を果たす可能性に関する企業の意識を紹介する。「国際言語」の定義を各社に任せたことにより、企業のそれぞれの考え方が明らかになったと思われる。

　まず、業界を通じて日本語がビジネス上の共通語として成立している分

表11　日本政府はどのような援助をすべきであるか（複数回答）

日本への留学制度の充実・拡大（大学・大学院・短期留学）………	8社
無料または廉価で日本語教育を受けられる施設（協会）の提供 ……	7社
タイの教育機関での日本語学科、日本語コース新設・増設への援助 …	5社
日本語とともに専門技術を学べるような援助 ………………………	4社
タイ人日本語教師育成のための援助 …………………………………	3社
日本での研修制度（対社会人）の充実・拡大 ………………………	3社
タイの日本語教育機関への日本人教員の派遣 ………………………	2社
日本語学習者への金銭的援助（奨学金など）…………………………	2社
日本語教育番組（NHK教育テレビのようなもの）の提供 …………	2社
日本語に限らず、タイ人のレベルアップを図るための人材育成への援助 …	2社
タイの日本語教育機関への教材援助 …………………………………	1社
日本語能力検定制度の普及 ……………………………………………	1社
日本人家庭へのホームステイなど ……………………………………	1社
日本語教師を増やすための援助 ………………………………………	1社

野に属するある企業は、日本語がアジアにおける国際言語の役割を既に果たしていると考えている。この企業の回答を以下に抜粋する。

> 　大いに役割を果たすと思う。現在、果たしている。具体的には、日系製造メーカーA社の下請企業には、韓国メーカー、台湾メーカーがあるが、それらの幹部社員は日本語でビジネスを行っている。また、日系製造メーカーB社の韓国人、マレーシア人、タイ人社員の共通語は日本語である。シンガポール日系製造メーカーのシンガポール人社員は、弊社に日本語で国際電話をかけてくる。以上のように、特にアジアにおいて日系企業の進出は目ざましく、大手製造メーカーがある国に進出すると、資材や高品質部品の調達のため、下請日系企業がそろって進出する。この時、下請企業の日本人社員のほとんどが日本語以外話せないため、それらの人々と接する現地人、第三国からのセールスマンとの間の共通語は日本語となる。現在の日本国内の高コスト問題が続くかぎり、10年前には海外進出など考えていなかった中小企業までもが、海外に進出し、それにともなって日本語以外話せない日本人社員が海外に駐在する現状では、日本語は大いに国際語になると考えられる。

一方、そうはならないと回答した企業が圧倒的（44社）であり、日本の経済力次第であると考える会社が1社、そしてそのようになるべきではないと考える企業が1社あった（その他は無回答、あるいはわからない）。国際言語にはならないと答えた44企業のニュアンスは、主に3通りに分かれる。ひとつは、そのようなことはあり得ないという完全否定のもの（22社）、次に、現状のままでは難しい・無理であるというもの（12社）、そして最後は、英語と比較してかなわないから無理であるというもの（16社）である。

　54社のうちの44社が日本語がアジアにおける国際言語の役割を果たすようにはならない、なりえない、なる必要がない、と考えている一方、日本政府が日本語に関する援助を与える必要がないと考えている企業は9社に停まり、援助をするべきであると考える企業は34社にのぼった。日本語が国際的な役割を担う可能性、あるいは担っている現状を認めたのは1社であった。したがって、大多数の企業は、日本語がさらに広範囲で使われるようになればよいという気持ちから、日本政府の援助が好影響を与えると考えるが、学習者の熱意と日本からの援助があったとしても、アジアにおける国際コミュニケーションの手段とはなりえない、との考えを持っている。

　1993年の調査では見えなかった部分が、今回の調査に表れてきた。前回の私たちのインタビュー調査では、在タイ日本人ビジネスマンは、アジアにおける日本語の昇格を予測することも、必要を感じることも、望んでいるという事実もない、と考えられた。数年の年月を経て、日本人の考え方が変わったということであろうか。そうではないと私たちは考えている。

　前回の調査の対象の多くは、社内の共通語を英語として、世界的規模で営業しているバンコクの大企業であった。そのような企業の駐在員は海外経験が豊富で、英語能力が高い高学歴者である。一方、今回の対象はバンコク以外のさまざまな規模の企業で、英語を社内の共通語とする会社は少数派であった。回答者は大企業のトップではなく、技術系の駐在員である可能性が高く、英語が不得手な場合もあると思われる。さらに、立地条件から、語学力の高い大卒の現地スタッフを多く抱える力のない企業もあると考えられる。

9 おわりに

　以上のように、バンコクを中心とする日本語学習者の現状と意識、そして日本語の能力を備えたタイ人社員に対する日系企業の姿勢と現状を報告した。1993年の調査には、おそらく現在もさほど変わっていないバンコクで営業する日系企業の考え方がまとめられている。また、学習者の意識に関しては、最も優秀であるとされる二つの機関に集中した報告がまとめられている。関心のある読者は、二度の報告を併せてお読みいただきたい。

　タイの日本語教育は全国に広がりつつある。また、中等教育レベルでも広く行われるようになってきており、1999年度からは、大学入試科目として日本語が選択できるようになった。さらに1997年度から大学院レベルにおける教育も始まっている。それならば、今回の調査は、タイの日本語学習者のほんの一部を対象としたにすぎず、今後、さらにその対象を広げる必要があると考えている。しかし、タイの日本語学習者のおよそ半数が高等レベルの学生である（Voravudhi & 北村）ことを考慮すれば、今回の調査の対象学習者がマジョリティーであることに間違いはない。

　今回の調査で、大学における主専攻と副専攻の学生の意識や学習状況の違いが明らかになった。また、学生と社会人の差異も明らかにすることができた。そして、多くの学習者が高い目的意識を持って、はっきりとした目標に向かって学習を進めていることも確認された。これは、タイの日本語教育がかなり成熟してきていることを裏付けているといえよう。

　一方、学習者の多くが就職先として目標としているタイの日系企業については、前回の対象とは異質な企業を対象としたことで、新しい事実や異なった考え方を報告することができた。会社の立地、業種、規模などの条件によって、在タイの日本人ビジネスマンの意識にはっきりとした差異が生じているのである。今回の調査により、バンコクに偏った前回の調査結果が、よりバランスのとれた総合的な見解に達したということができる。

　概して、日系企業には、学習者の希望を十分に受け止めるような大きな門戸が用意されているわけではない。タイ人の日本語能力は、少なくとも入社当初においては、会社の仕事をスムーズに行うことができると高く評価されたり、期待されるケースが多いとはいえない。学習者の希望と会社

のニーズのバランスは整っておらず、さらに、学習者の能力や企業の経済力などの理由からも、需要と供給のバランスが整っていないと言うことができる。

　調査の対象となった学習者は、タイと日本の関係をよりよい方向へ進めていく担い手である。また、在タイ日本企業の社員と家族は、日タイの異文化間コミュニケーションを最前線で実践している人々である。学習者の日本に対する期待、希望は明らかであるし、企業が日本政府に望む事柄も示されている。意欲ある学習者にはさらに機会が与えられ、企業はよりスムーズな現地操業を行うことにより、タイ人の日本語と日本語によるコミュニケーションがさらに定着し発展していくことを望みたい。

　　　　　　　　　　　　　　　　　（竹下裕子・櫛田佳子・本名信行）

注
1）既習者が多いため、平均学習歴が長くなっている。
2）回答を得た54社の所在地は以下の三つの地域に分類される。タイ政府は産業のバンコク一極集中を緩和するなどの目的から、全国を以下の3ゾーンに分け、税制上の優遇措置を与えている。
　①第1ゾーン（バンコク、サムット、プラカーンなどバンコクより50km以内）で操業する36社
　②第2ゾーン（チャチャンサオ、チョンブリなどバンコクより50kmから100km以内）で操業する16社
　③第3ゾーン（ラヨーン、ランプーン、チェンマイなどバンコクより100km以遠）で操業する2社

【参考文献】

国際交流基金日本語国際センター編（1995）『海外の日本語教育の現状　日本語教育機関調査・1993年』国際交流基金日本語国際センター

Voravudhi Chirasombutti、北村武士（1996）「タイにおける日本語教育」『世界の日本語教育　日本語教育事情報告編』第4号　国際交流基金日本語国際センター

本名信行、竹下裕子（1994a）「アジアのなかの日本語教育：現状と課題　―タイ王国での調査から」青山学院大学総合研究所国際政治経済研究センター・ディスカッションペーパー6-2

本名信行、竹下裕子（1994b）「日本語教育と異文化コミュニケーション　―タ

イからの報告」本名信行他編『異文化理解とコミュニケーション1』三修社

本名信行、竹下裕子（1996）"Teaching Japanese as an International Language in Asia—A Case Study in Thailand—"『国際コミュニケーションにおける言語と文化』青山学院大学総合研究所国際政治経済研究センター研究叢書第6号

松井嘉加、北村武士、ウォーラウット・チラソンバット（1999）『タイにおける日本語教育—その基盤と生成と発展—』錦正社

三原龍志（1998）「タイ国の日本語教育概況」『所報』バンコク日本人商工会議所1998年7月号

第 6 章
マレーシアの教育政策と日本語教育

1 はじめに —— 多民族国家・マレーシア

　マレーシアは複雑な民族関係を抱えて成立した多民族・多言語国家である。総人口は1999年 6 月現在、22,711,900人であるが、そのうち、最多数派である土着系のマレー人の割合は47%で、新来の華人（中国系）、インド人が、それぞれ25%、 7 %を占める。マレー人にその他の土着系民族を併せても、その割合は58%にすぎない[1]。
　マレーシアの国家運営は、民族間の微妙なバランスの上に行われているが、そこには、本来この国の主役であるとされるマレー人の数が総人口の半分程度にすぎず、しかも、その経済力が他の民族に比べて低いという根源的な問題がある。この国の最大の課題は、いかにマレー文化と他の民族文化との均衡をとりながら、マレー人の経済的地位の向上や民族間の経済格差の是正を図っていくかということなのである。
　マレーシアは、1957年にイギリスから独立したマレー半島部のマラヤ連邦（Federation of Malaya）に、同じくイギリスの植民地だったボルネオ島の 2 州とシンガポールを加え、63年に結成された（シンガポールは65年

に分離独立)。マラヤ連邦およびマレーシアは、国語をマレー語、国教をイスラム教、国家元首を各州のスルタンからの互選とするなど、国家統合の中心にマレーの価値体系を置き、マレー人・マレー文化の優位を認めながら、イギリスの国家統治制度を採用して成立した。独立当初は公用語として主に英語が使われ、イギリス式を採用した学校教育でも英語が主な教授言語であった。

マレーシアの政治はマレー人主導で行われてきた。独立以来、政権を担当してきたのは主要3民族の政治団体を中心とする与党連合であるが、実質的にはマレー人政党「統一マレー人国民組織（UMNO：United Malays National Organisation）」の政権といってよく、歴代の首相も、みなこの党から選出されている。

しかし、経済に関しては華人の力が強い。特に独立当初はローカル資本は華人にほぼ独占されていたが、拡大する経済格差などを背景に起こった1969年5月の大規模な民族衝突（5・13人種暴動）の後、マレー人の経済力向上を図る優遇政策が強力に推進され、マレー人企業家の育成が積極的に行われるようになった。

この事件は国家の急激なマレー化を促す結果となり、英語に代わるマレー語の公的使用が推進されるようになった。学校教育における教授言語も、初等教育から高等教育へと順次マレー語に切り換えられていった。

1990年代に入ると、国の政策に変化が見られるようになる。81年に第4代首相に就任したマハティールは高度経済成長政策を強力に推し進めた。その達成による自信から、21世紀の先進工業国化に向けて高度情報化・多元化国家戦略を打ち出した。これにともない、従来のマレー文化を中心とした国民統合路線は、文化的多様性を認め、価値観の共有を目指す民族融和路線へと転換され、言語政策においてもマレー語以外の言語を積極的に容認する多言語政策が推進されるようになった。教育に関しても、アジアの教育センターを目指し、多言語使用を含む新しい教育方法が模索されるようになったのである。

2 マレーシアの教育政策

マレーシアの国家開発の中心はマレー人材の育成にあるといえるが、マ

レーシアにおける日本語教育も、この流れと無関係ではない。そこで以下、マレーシアの教育政策や人材育成政策について見ていきたい。

(1) マレーシアの学校教育制度

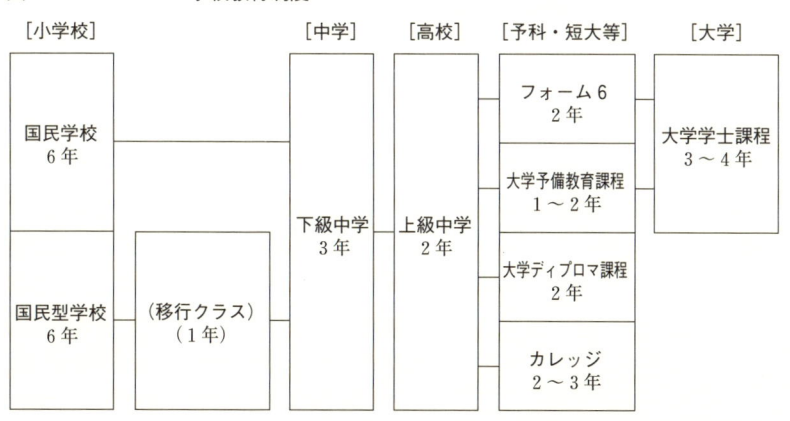

マレーシアの学校教育は6・3・2・2制である。小学校が6年、中学（下級中学）が3年である点は日本と同じであるが、高校（上級中学）が2年で、高校と大学の間に大学進学準備ための「フォーム6」と呼ばれる2年間の教育課程がある点が異なる（図1参照）。

マレーシアでは義務教育制はとられていないが、公立の学校は中等教育段階までは無償である。1999年からは中等教育修了までの最低11年間は希望者全員が就学できるようになった。

マレーシアの初等教育機関には、マレー語を教授言語とする「国民学校（National School）」のほかに、華語（中国語）やタミル語（南インドの言語）を教授言語とする「国民型学校（National Type School）」がある。両者とも学費は無償で、教育省の統一カリキュラムを採用しているが、政府の援助は前者に厚い。国民型学校から公立の中学に進学する際には教授言語がマレー語に変わるため、マレー語能力の低い者はマレー語の補講を行う「移行クラス」に1年間通うことになる。

中等教育機関には、標準的な中等学校のほかに、華語を教授言語とする「独立中学」と呼ばれる6年制の華人系私立中等学校や[2]、マレー系エリ

図1　マレーシアの学校教育制度

[小学校]	[中学]	[高校]	[予科・短大等]	[大学]
国民学校 6年	下級中学 3年	上級中学 2年	フォーム6 2年	大学学士課程 3〜4年
			大学予備教育課程 1〜2年	
国民型学校 6年	（移行クラス）（1年）		大学ディプロマ課程 2年	
			カレッジ 2〜3年	

職業教育課程・大学院等は省略

ート養成のための公立の全寮制中等学校（レジデンシャル・スクール）などがある。両者とも教育省のカリキュラムを採用していて、全国各地に存在する。

　マレーシアでは各課程修了前に国の統一試験が行われる。特に重要なのは、高等教育進学にかかわる、高校修了前の「マレーシア教育証書(SPM：Sijil Pelajaran Malaysia)」試験と、フォーム6修了前の「マレーシア教育上級証書（STPM：Sijil Tinggi Persekolahan Malaysia)」試験である。後者はかなりの難関であるが、高等教育人口増加を目指して、フォーム6を経ずに進学できる課程や機関の増設が続いているため、受験者が減少してきている。最近では、高等教育進学者を増やす方向で、これらの試験制度の改革や見直しが進められている。

　フォーム6を経ずに進学できる課程や機関には、大学予備教育課程(Matriculation)、大学ディプロマ課程（Diploma Course）、カレッジなどがある。予備教育課程は大学の学士課程進学準備のためのコースで、優先的にマレー系学生が入学する。ディプロマ課程は日本の短大に相当するコースである。カレッジは日本の短大や専修学校に相当する機関であるが、最近では国内外の大学（University）と提携して、学士や修士などの学位課程（Degree Course）を開設するところも増えてきている。

　なお、最近ではフォーム6廃止を含め、学校教育制度全体を見直す動きも出ている[3]。

（2）　マレー系人材育成政策

　マレーシアでは人種暴動の翌年、1970年に出された「新経済政策」により、マレー人を中心とする「ブミプトラ（Bumiputera）」と呼ばれる土着系民族（以下、マレー系とする）を優遇する政策が本格的に始動し、民族間格差の是正のため、金融、資本、雇用、教育、住宅など、多分野においてマレー系民族が優遇されるようになった。この政策の柱の一つは人材の育成であるが、特に人材が不足している理工系の高等人材の育成に重点が置かれ、さまざまな教育政策が採られた。

　中等教育では、理工系エリートを養成するためのレジデンシャル・スクールが全国各地に設立された。選抜された学生は奨学金の給付が受けられ、大学へも優先的に入学できるようになった。高等教育では大学入学に民族別の枠が設けられ、マレー系学生が優先されるようになった。国内の国立

高等教育機関での割り当ては、マレー系55%、非マレー系45%で、マレー系割り当てのうち55%以上が理工系となっている[4]。また、政府による奨学金給付や海外留学でもマレー系が優先されている。

この政策は、マレー系学生の大学教育を受ける機会を拡大し、大学生人口に占めるマレー系学生の割合を大幅に増やしたが、国内の高等教育機関の不足から、華人など非マレー系の国内での進学の機会を減らし、その海外留学を促進することになった。

1981年末、その年に就任したばかりのマハティール首相は、国家開発を日本や韓国に学ぼうとする「東方政策（Look East Policy）」を打ち出した。これもマレー系人材の育成を一つの目標とするものであるが、知識や技術の吸収に加え、労働態度や公徳心、忠誠心といった勤労精神を学ぶことを重視したところに特徴がある。この政策は少数のトップエリート育成ではなく、中堅的指導層の拡大を主な目的としている。日本関係では、大学学部留学、高専留学、日本語教員養成、産業技術研修、公務員研修、政府幹部研修など、多くのプログラムが実施されてきた。このうち前4者については、マレーシア国内において準備教育としての日本語教育が行われている。

（3） 新しい高等教育政策

1990年代に入ると、マハティール政権は、新経済政策に続き、マレー系の経済的地位向上を主軸とする「国家開発政策」を策定した。また、2020年までの先進工業国化を目指す「ビジョン2020」構想や、新首都となるマルチメディア特区を建設する「マルチメディア・スーパー・コリドー」構想を発表し、高度経済成長政策のもと、情報化や多元化を進める路線を打ち出した。

この路線の目指すところは、マレーシアがアジア地域における情報技術産業の中核になることであるが、同時に、地域の教育センターとなることも目標としている。この教育センター構想における高等教育政策の展開について、次に見ていきたい。

マレーシアでは独立以来、国内の高等教育機関の絶対的な不足が続き、それを海外への留学によって補ってきた。マレーシアは長い間、国外で学ぶ者の数が、国内の大学生数に対し、同じかそれ以上であるという「留学大国」であったが、教育センター構想のもと、国内の高等教育機関の整備

が促進されることになった。これに拍車をかけたのが1997年7月に起こった通貨・経済危機である。この危機の影響で海外留学が困難になり、それまで海外に流れていた層が国内の高等教育機関へ殺到したのである。こうした状況の中で、高等教育機関の拡充は急ピッチで進められている。

1980年代に国立7校しかなかった大学は、90年代に入り、特に私立大学の設立が認可されるようになった96年から、その数が急速に増え、定員も拡大し続けている[5]。また、私立カレッジも急増し、高等教育への進学率は急上昇している[6]。

私立カレッジで特色があるのは、一般に「ツイニング・プログラム（Twinning Programme）」と呼ばれる海外の大学と提携した学位課程である。カレッジは短大や専修学校に相当する教育機関で、本来、学士や修士などの学位は出せないのであるが、海外の大学と提携することにより、提携大学の学位を与えることができるようになった。このプログラムは、一般の留学に比べ費用が安く、教育の質が提携大学により保証され、欧米先進国の大学の学位が取れることなどから、特に非マレー系に歓迎され、増設が続いている。従来は、国内で1～2年学んだ後、提携大学へ1～2年留学するのが一般的であったが、1998年から「3＋0」と呼ばれる、留学せずに3年間で学士が取れる課程の開設が認可されるようになり、こちらが次第に主流となってきている[7]。

さらに、1998年から、海外の大学が直接マレーシアに分校を開くことができるようになり、オーストラリアとイギリスの大学が分校を開設した[8]。ほかに、通信制、定時制、検定試験制、遠隔教育、バーチャル大学など、従来とは異なるさまざまな形の高等教育が次々に行われるようになってきている[9]。

このような高等教育機関の急激な拡大には、教育の質の点から疑問が呈されているが、政府は各機関を厳格に審査し、格付けを行うなどして、学問水準を維持・向上させていくとしている。

マレーシア政府は、これらの施策により、海外留学の抑制や高等教育人口の増加を図るとともに、魅力的な教育センターとして海外から留学生を大量に呼び込み、外貨を獲得することをもくろんでいるのである[10]。この教育センター構想は従来のマレー語一辺倒の言語政策を転換させ、多言語使用、特に英語の使用を積極的に促進することになった。

英語は、産業技術の国際競争力を高めたい政府の強い指示により、高等

教育でも積極的に使用されるようになったが、特に海外との提携が多い私立の教育機関に英語を教授言語とするところが多い[11]。この英語重視政策に対しては、マレー語の地位を脅かすものという批判も多く、政府はこれとバランスをとるような形で、しばしばマレー語の積極的使用を呼びかけている。また、マレー語の国際的普及にも力を入れている[12]。

華語を教授言語として使用する高等教育機関も開設され始めている[13]。華語は使用人口が世界最大であることによる経済的優位性から重要性が高まっており、マレー語を教授言語とする小中高校にも華語科が正課として導入され始めたほか、華語小学校に入学する非華人児童も急増している。

このように、マレーシアでは、教育センター化を目標に国内の高等教育機関の整備が急ピッチで進められている。その過程で、ローカルでまかなえきれない部分は海外の教育機関との提携で補い、そのためにはマレー語以外の言語も積極的に使用するという独特の方法が採られているのである。

3 マレーシアの日本語教育

(1) 日本語ブームと留学生

マレーシアには、戦後2度にわたって「日本語ブーム」と呼ばれる現象があったと言われる。その第1期は、1960年代後半に始まる日本の高度経済成長期以降顕著になってきた、日本企業のマレーシアへの進出と重なる時期である。これはマレーシアに限らず、アジア各地域にも見られる日本語ブームの一つの典型的な背景と言えるものであるが、その後、81年にマハティール首相が提唱した東方政策がきっかけとなり、戦後第2の日本語ブームが起こった。

謝(1995)によれば、この時期から、マレーシアにおける一般日本語学習者層の持続的な増加が生み出されてきた。この本格的な日本語ブームの幕開けに際して、新たな学習者を受け入れたのは、以前から日本語コースを開設していた高等教育機関や非営利団体だけではなく、マレーシア各地に次々に開講された国内民間教育機関によるコースや、日本から進出してきた日本語学校などであった[14]。

毎年公表される文部省留学生課調査によれば、日本国内における私費・公費併せたマレーシア人の留学生総数は、中国、韓国、台湾についで多い

が[15]）、こうした傾向は東方政策施行後のものである。また、私費留学生については、1991年をピークに日本のバブル経済崩壊後は減少してきている[16]。ただし、公費補助による留学生の増加が全体数の減少に一定の歯止めをかけている。この公費補助の留学生の大部分が、東方政策によって日本へ派遣される留学生である[17]。

（2） 東方政策に基づく日本語コース

　マハティール首相の提唱による東方政策の関連で開設されている日本語コースには、日本への長短期の留学を目的とした、いくつかの中心的なプログラムが存在する。いずれも、マレーシア政府の肝いりと日本政府の協力により計画され、1982年以降、次々と実施に移されていったものである。

　東方政策施行以後18年目に当たる1999年までに、各プログラムによって日本へ派遣された人員は、右ページの表2のとおりである。

　この東方政策を統轄しているのは、首相府に属する人事院と呼ばれる部局である。マレーシアの東方政策プログラムという場合、厳密には、この人事院の管轄下にあるものを指し、表2の、*a～*eの部分がそれにあたる[18]。

　一方、マレーシア国内ではこれ以外にも、東方政策に連動した多様なプログラムが生まれている。その代表的なものが、教育省傘下のレジデンシャル・スクールで実施されている日本語コースと、企業家開発省傘下のマラ教育財団で行われている日本留学予備教育である。

　レジデンシャル・スクールでは、1984年に全32校中6校で一斉に第2外国語として日本語コースが導入された。その後、92年には8校に増え、99年現在では26校で日本語教育が行われている。

　表1は、レジデンシャル・スクールにおける日本語コース開設校数の推移を示したものである。ただし、2000年度は予定数である。

表1　レジデンシャル・スクールにおける日本語コース開設校数

年度	1984～91	1992～95	1996	1997	1998	1999	2000（予定）
校数	6	8	9	15	20	26	30

レジデンシャル・スクール日本語講師　山田勇人氏の調査による

表2　東方政策による日本派遣人員の推移

(単位：人)

渡日年度	学部留学(AAJ)*a	高専留学(PPKTJ)*b	産業研修*c	公務員研修*d	教員養成*e	理工系学部留学(JMC)*f	合計
1982	0	0	135	12	0	0	147
1983	0	24	418	0	0	0	24
1984	39	28	248	19	0	0	334
1985	45	30	236	26	0	0	337
1986	64	29	229	17	0	0	339
1987	79	30	221	10	0	0	340
1988	81	30	202	9	0	0	322
1989	84	29	176	8	0	0	297
1990	81	50	152	0	10	0	293
1991	88	65	119	5	10	0	287
1992	104	78	146	5	12	0	345
1993	114	0	110	10	15	0	249
1994	135	92	107	30	20	0	384
1995	123	89	78	28	17	58	393
1996	128	88	80	35	12	76	419
1997	145	96	87	44	10	94	476
1998	147	94	67	20	6	43	377
1999	141	98	47	42	0	40	368
合計	1,598	950	2,859	320	112	311	6,150

在日マレイシア大使館提供資料により作成

(注)*a　マラヤ大学（UM：Universiti Malaya）に付設された予備教育課程（AAJ：Ambang Asuhan Jepun）で、2年間の日本語コースを経て、日本の大学へ進学する。日本の文部省が卒業試験を実施し、その結果等を資料に日本全国の国立大学に配置している。

*b　マレーシア工科大学（UTM：Universiti Teknologi Malaysia）に付設された予備教育課程（PPKTJ：Pusat Persediaan Kajian Teknikal ke Jepun）で、2年間の日本語コースを経て、日本の高等工業専門学校へ進学する。日本での配置までの手続きは、マラヤ大学と同様である。

*c　マラ工科大学（ITM：Institut Teknologi MARA、2000年よりUiTM：Universiti Teknologi MARA）に付設されている東方政策プログラムにおいて6か月の日本語研修の後、日本の企業などで半年前後の産業技術研修を行う。現在は、研修生のほとんどが公務員である。

*d　ごく短期の産業技術研修であり、日本語学習は要求されない。

*e　マラ工科大学東方政策プログラムで6か月の日本語研修の後、東京の国際学友会で1年間の日本語研修を受け、日本の大学に入学する。主として日本語学・日本語教育学を専攻している。

*f　マラ教育財団（YPM：Yayasan Pelajaran MARA）による日本の理工系大学留学予備教育課程（JMC：Japanese Matriculation Centre）。マレーシアでは初めての円借款教育事業として運営された。

レジデンシャル・スクールでは、4年間にわたり、週2時間程度の日本語教育が行われている。また、近年、日本語コースを開講する学校が増加し、それにともなって教員スタッフの現地化が進んできているが、詳細については、次節以降で言及することにする。

マラ教育財団は、主として海外の教育機関との提携プログラムを運営する特殊法人である。ここを実施機関として1993年に開設されたのが、日本の海外経済協力基金（OECF、1999年10月より国際協力銀行）による円借款事業として設立された、理工系学部留学のための日本留学予備教育機関「日本留学予備教育センター」である。ここからは表2に示したように、1999年までに5期、合計311名の学生が日本の理工系大学・学部へ送り出されてきた。

人事院管轄下の学部（AAJ）および高専（PPKTJ）留学プログラムと併せ、マレーシアという国が、アジアひいては世界において、唯一、日本への政府派遣留学生のための進学予備教育課程を複数有している点で、異彩を放つ存在であることがわかる[19]。

さて、こうした東方政策の進展を、日本側はどのように受け止めてきたのであろうか。ここで、東方政策の開始にともなって各教育機関に設置された日本語コースへの、日本からの人材支援という視点を組み入れて見ることにする。

東方政策が導入された当初、マレーシア政府は自国内の日本語教員の再教育や新規養成の準備が整わなかった関係もあって、各プログラムの日本語コースの開設にあたっては、日本側の協力を仰いだ。それに対して日本政府は、施設面などでは国際協力事業団（JICA）、日本語教員の派遣については国際交流基金を主たる窓口として支援事業を積極的に展開していくことになった。

表3は、1998年度時点で各機関に配属されている日本人教師数と派遣元組織のリストであるが、参考までにマレーシア人日本語専任教師数も記載した。近年のマレーシア人日本語教員の増加にともなって、往時に比べると、日本人教師の数は漸減してきているが、まだかなりの機関で、日本人教員が教学上中心的な役割を担っていることは変わっていない。また、後述するように、現在行われているマレーシア人日本語教員養成プログラムも、日本側の整備した受け入れ態勢のもとで行われてきたものである。

このように、東方政策は日マ両国に、かつてないほどの緊密な関係をも

表3　各教育機関の日本語担当教師数と派遣組織

（単位：人）

機関名	AAJ	PPKTJ	ITM*	レジデンシャル・スクール	JMC
日本人教師数	12	13	3	14	5
マレーシア人教師数	6	4	7	34	0
派遣組織	国際交流基金	国際交流基金	JICA	JICA	拓殖大学他

＊は、1998年3月時点のものである　　　　　1998年9月現在。小林孝郎の調査による

たらしてきた。他国からの評価がなかなか思うにまかせない日本。他方、国家政策として日本をモデルにして産業や人材の育成を国の近代化の重要な柱としているマレーシア。日本からの強力かつ継続的な支援は、両国の「戦略」と「政策」の一致によって推進されてきたものといえよう。

ところで、1997年夏以来のアジア経済危機は、マレーシアにも深刻な打撃を与えた。国内では東方政策見直しの声が上がり、一時期は、継続中のプログラムの存続さえ危ぶまれるような状況が生まれていた。これに対して日本政府はいち早く、緊急無償援助と低利の円借款導入を決定した。この日本政府の積極的な政策的支援を見てもわかるように、東方政策の成否は、日本にとっても重大な関心事なのである。

（3）　日本留学の縮小

現在でも、小康状態にあるとはいえ、マレーシアの経済状況が回復するまでには、今少しの猶予が必要な情勢が続いている。こうした中、マレーシア政府は、いくつかの東方政策プログラムの廃止を決定している。

マラ工科大学東方政策プログラムに設置されていた日本語教員養成コースは、日本語教育の現地化の素地を作ってきた。ここから、総計112名の修了生が現在までに日本への留学を果たし、そのうち61名が1999年までにマレーシアに帰国した。これらの学生は、日本の大学で日本語学や日本語教育学など、日本語教員としての専門性を身に付けてきている。前述したレジデンシャル・スクールにおける教員の現地化や東方政策下の各プログラムでのマレーシア人日本語教員の増加に、このプログラムの果たした役割は大きかったが[20]、この日本語教員養成コースも、1998年度の最終年度

生の渡日をもって幕を閉じることになった。マレーシアの日本語教育の現状から見て、この決定は拙速の観もあり、今後に新たな問題を残したといえるが、それだけ経済危機の余波が厳しいものであると受け止めざるを得ない[21]。

また、マレーシアにとって有為な技術者育成プログラムであると評価されてきたマレーシア工科大学高専留学プログラム（PPKTJ）も、2000年度渡日をもって20年の長い歴史に終止符を打つことになった。その理由については、次項で述べることにする。

4 おわりに —— 展望と課題

（1） マレーシア国内の日本語教育

前述したように、マレーシア国内の大学は急速に拡充されてきている。それにつれて近年、各大学では、新たに多くの日本語コースが開設されている。1993年には6校1,437名だった学習者数が、98年には16校2,892名へと、増加傾向をみせている[22]。また、マラヤ大学に98年に新設された言語学部日本研究専攻課程や、マレーシア・プトラ大学に2003年度設置が予定されている日本語学を専攻する学士課程など、教育内容の質的向上を目指す動きも出てきている。こうした点では、教育施策レベルでの日本や日本語に対する関心は高まっていると評価してよいのかもしれない[23]。

謝（1995）が問題とした、学習者の過半数が学ぶ民間教育機関[24]の「教師不足」の深刻さは現在も未解決のままである。また、マレーシア国内における高等教育機関での日本語教師養成課程は、前述した日本語教師養成プログラムを除けば、民間はもとより、公的機関を含めても皆無であった。現在、わずかに国際交流基金クアラルンプール日本語センター主催の「教員研修講座」において、現職者研修が続けられているのみである。

マレーシアでは、当初から日本政府の協力で、多数の日本人教師が派遣されてきた。しかし、これらの教師の配置先は、東方政策との関連機関に限られており、特に民間教育機関に人材が環流される道筋は、いまだ不透明である。

一方、1995年度に開講された大学院派遣プログラムにアジア・ユース・フェローシップ・プログラム（AYF: Asian Youth Fellowship Programme）がある[25]。これは、東南アジア11か国からの学生を、日本の文理医系大学院へ派遣する異色のプログラムであるが、その進学予備教育がマレーシアで行われている。アジアの「教育センター」を志向するマレーシアにとって、このプログラムは一つの試金石と言えるものである。

（2） 今後の日本留学

さて、最後にもう一度、日本留学に関わる問題を考えてみることにする。東方政策による日本留学の大部分を占めてきた予備教育課程のうち、「高専留学プログラム」が幕を閉じる予定となっていることは前項で述べた。さらに、円借款による継続が決まった「マラヤ大学予備教育課程」も2004年までの期限付きの延長にすぎない。また、後続の理工系学部に絞った留学予備教育課程であった「JMCプログラム」も1998年度生の渡日を最後に終了した。

これは、第一に、これまでマレーシアの日本語教育の主な一つであった「日本留学予備教育課程」が、その歴史的役割を終えたことを意味している。しかし、今後の日本の高等教育機関への留学は、新たな国家政策に則ったハイレベルのエンジニア養成へと特化されていくということも付け加えておきたい[26]。さらに、マレーシア国内の高等教育機関の充実が進めば、やがては、高度な専門性、つまり大学院レベルへの留学という新たな段階に進んでいく可能性もある。

この一見矛盾する命題に答えを出す前に、いくつかの傍証をあげておこう。問題を解くためのキーワードは「言語」と「時間」、そして「コスト」である。マレーシア人、中でもブミプトラと呼ばれるマレー系マレーシア人のほとんどにとって、日本語は初めて接する言語である。いきおい日本語学習には相当の努力と年数がかかることになる。ここからマレーシア人学生にとって言語面での負担のない英語圏への留学を志向する傾向が生まれている。

一方、マレーシア政府にとっての問題はこれとは別のところにある。表4は、日本への留学年数とコストを英語圏諸国と比較したものである。およそ1.5倍の年月と、4.5倍の経済的負担をして学生を送り出すだけの価値を、日本と日本の大学に見出すのは、どうひいき目に見ても、現実離れしている判断だと言わざるをえない。しかし、マレーシアはその判断を政策に変えて実行し続けてきた。また、経済危機のさなかにおいても、採算

表4 留学年数とコストの国際比較

	日本	アメリカ	イギリス	オーストラリア
教育期間（マレーシア国内）	2年	2年	3年	2年
（海外）	4年	2年	2年	2年
計	6年	4年	5年	4年
教育コスト（1人当たり）	15,000千円	3,300千円	3,000千円	3,700千円

日本インドネシア科学技術フォーラム（1995）より抜粋

を度外視して日本を選択してきたのである。

　もちろん、これに対して日本政府も回答を用意しようとしている。文部省の諮問機関である「留学生政策懇談会」による1999年3月の答申には[27]、「近年、アジア諸国などでも学部レベルを中心に、高等教育機関が徐々に整備されつつある。マレイシアなどを中心に、国内において一定の高等教育の課程を修了した後、我が国の大学の相当の学年に編入学して学習できるプログラム（ツイニング・プログラム）の創設について強い要望がある。このプログラムが導入されれば留学生はこれまでより短い年限で大学を卒業することが可能となる（後略）」と記述されている。

　こうした中、1999年4月、予備教育をめぐる情勢に大きな変化が起きた。円借款スキームによる従来の理工系大学への留学プログラム（JMC）が、99年度よりツイニング・プログラム「日本マレーシア高等教育大学連合プログラム」（JAD：Japanese Associate Degree Programme under Japan-Malaysia Consortium for Higher Education）へと移行したのである。

　1999年度現在、マレーシア国内で1期生54名が既に日本語と理数科目の学習を開始しており、日本においても、受け入れ母体の大学連合に参加した理工系私立大学13校[28]が中心となって、2年目以降のシラバス案作りが行われている。また、このプログラムでは、学部卒業後の大学院進学も含まれることになっている。

　同連合には、いくつかの国立大学もオブザーバー参加しており、将来的には、マラヤ大学の予備教育課程の改編なども視野に入る可能性が出てきている。いずれにしてもこの試みは、マレーシアからの日本留学のあり方に一石を投じるものとなるであろう。

　また、21世紀の留学生政策の柱として「知的国際貢献」（前述の留学生

政策懇談会答申）という指標を掲げた日本にとっても、マレーシアの今後の留学生政策とどう関わり、どう対応するかという点はきわめて重要な意味を持つと思われる。

（付記）
本文 pp.140−141で述べた、高専留学プログラム（PPKTJ）の廃止は見送られ、急遽存続が決定した。従来より縮小した規模の50人定員での学生募集が行われるという。（2000年4月現在）

（阿久津智・小林孝郎）

注
1）統計局の統計による（『南洋商報』1999年7月13日参照）。
2）マレーシアの高校卒業生が日本の大学に入学を希望する場合、日本の大学への入学資格である「学校教育において12年以上の課程を修了した者」という要件が満たせず問題になることがあるが、独立中学の出身者の場合、就学年数が計12年以上になり、この要件を満たすことができる。
3）1999年12月に就任したムサ・モハマド教育相は、就学前教育1年、初等教育6年、中等教育6年の「1＋12制」の導入方針を打ち出した（『The Star』2000年1月2日参照）。
4）1998年の数字では、国立高等教育機関に在籍するマレー系学生72,372人のうち、理工系専攻は28,756人（39.7％）にすぎない。一方、非マレー系学生では、34,690人中18,339人（52.9％）が理工系を専攻している（『南洋商報』1999年7月26日参照）。
5）国立大学には、マラヤ大学、マレーシア科学大学、マレーシア国民大学、マレーシア・プトラ大学、マレーシア工科大学、マレーシア北方大学、マレーシア・サラワク大学、マレーシア・サバ大学、スルタン・イドリス教育大学、マラ工科大学、国際イスラム大学がある。現在、これらの大学では、法人化が進められている。私立大学には、テレコム大学、テナガ・ナショナル大学、ペトロナス工科大学、国際医科大学、トゥン・アブドゥル・ラザク大学、マルチメディア大学、マレーシア・オープン大学、マレーシア科学技術大学、セランゴール工科大学がある。ほかにも大学の開設計画は多い。
6）1999年8月現在、国内の私立高等教育機関は591校を数え、総学生数は224,738人に上る（『星洲日報』1999年9月27日参照）。高等教育段階の就学率

は、80年代の7％から、95年には13％、99年には21％へと急上昇しているが、政府は2020年までの40％達成を目標としている（『The Star』1999年8月6日参照）。

7) 1999年8月までに、私立カレッジ23校で、イギリスやオーストラリア、ニュージーランドの大学による「3＋0」課程の開設が認可されている。

8) オーストラリアのモナシュ大学とカーティン工業大学、イギリスのノッティンガム大学が、マレーシア分校を開設している。

9) 非通学課程の大学としては、コンピュータソフト、インターネット、放送などを使って教育するバーチャル大学であるトゥン・アブドゥル・ラザク大学が1998年12月に開校した。また、遠隔教育大学としては、国立11大学が出資するマレーシア・オープン大学が99年8月に開校した。

10) 海外留学しているマレーシア人は、1999年現在30,000人で、97年に比べ半減している（『New Straits Times』1999年9月20日参照）。マレーシアで学ぶ外国人留学生は、96年末の5,635人から99年10月には22,864人へと急増している。出身国はインドネシアと中国が多い（『Utusan Express』1999年11月4日参照）。

11) 1999年6月に正式開校したマルチメディア大学では情報技術発信基地を目指し、英語のほかに諸外国語も媒介語として使用するという。この中には日本語も含まれるようである（『New Straits Times』1999年7月10日参照）。なお、同大学の共同研究企業であるNTTの現地法人NTT・MSCでは、日本語情報技術開発に力を入れている（『朝日新聞』1999年11月20日参照）。

12) アブドラ・バダウィ副首相は、マレー語について、2005年までのASEAN公用語化、2020年までの国連公用語化を目指すと発言している（『The Star』1999年9月11日参照）。

13) 2000年1月現在、華語系私立カレッジは3校ある。これらのカレッジは、中国や台湾の大学と提携した学士課程を開設しようとしているが、将来は私立大学を設立しようという構想もある。

14) 謝（1995）参照。

15) 1999年度文部省調査では第4位2,005名となっている。

16) 現在では、東方政策による公費留学生数が私費留学生よりも多数となっている。

17) 社団法人日本マレイシア協会（1999）参照。

18) *fのマラ教育財団は、企業家開発省傘下のMARA（Majlis AmanahRakyat

19) 東方政策プログラムには、このほかにも、日本政府との提携による医学関係の留学生派遣事業や、地方公共団体との提携事業などがあるが、いずれも少人数か、もしくは日本派遣以降に日本語教育が実施されているものである（Look East Policy Section（1996）参照）。
20) かつては、日本語コースを持つ、ほぼすべてのレジデンシャル・スクールに、JICAから日本人教師が派遣されていたが、1999年現在では9名にまで減少している（JICAマレーシア事務所（1998）参照）。
21) マレーシア政府が、このプログラムに代わる日本語教員養成システムを、どのように作るのかは、今のところ不透明であるが、2000年に開校予定の外国語教員養成学院（International Language Training Institute）や、既存の大学の日本語主専攻・副専攻課程からの移行などが考えられる。
22) 国際交流基金（1995、2000）による。この数字には、予備教育課程も含まれている。
23) 島田・渋川（1999）のアジア5都市の調査によれば、クアラルンプールでは日系企業で働く現地社員に、企業が採用・昇進条件としているかどうかにかかわらず、日本語学習者が多いという他の都市には見られない傾向があるという。社会的な日本語への関心の高さを示す好例といえるかもしれない。
24) 国際交流基金の1998年調査によれば、39校で日本語コースが開講されている。前回93年調査では19校であった。
25) マラ教育財団が運営主体となり、日本語教育を日本の国際学友会が担当している。
26) 低利円借款で継続が決まったマラヤ大学の予備教育課程も1999年度以降は、文科系の学部留学が廃止された。
27) 留学生政策懇談会（1999）参照。
28) 慶應義塾大学、近畿大学、明治大学、武蔵工業大学、岡山理科大学、立命館大学、芝浦工業大学、拓殖大学、東海大学、東京電機大学、東京工科大学、東京理科大学、早稲田大学の13私立大学である。

【参考文献】

金子芳樹（1996）「マレーシアにおける同化主義と多元主義 ―民族関係の変遷と統合手段の選択―」『国際問題』437　日本国際問題研究所

国際交流基金日本語国際センター編（1995）『海外の日本語教育の現状　日本語教育機関調査・1993年』国際交流基金日本語国際センター

国際交流基金日本語国際センター編（2000）『海外の日本語教育の現状　日本語教育機関調査・1998年』国際交流基金日本語国際センター

権藤与志夫（1991）「マレーシア ―留学大国の現状と問題―」『世界の留学』東信堂

島田めぐみ、渋川晶（1999）「アジア5都市の日系企業におけるビジネス日本語のニーズ」『日本語教育』103　日本語教育学会

JICAマレーシア事務所（1998）『マレイシアRS日本語教育詳細』

謝漢（1995）「マレーシアの日本語教育」『世界の日本語教育　日本語教育事情報告編』第2号　国際交流基金日本語国際センター

社団法人日本マレイシア協会（1999）『マレイシアにおける元日本留学生の動向調査』

高橋美紀（1997）「マレーシアにおける国民教育政策の変化と多文化主義」『国立教育研究所研究集録』35　国立教育研究所

竹熊尚夫（1998）『マレーシアの民族教育制度研究』九州大学出版会

竹野忠弘（1996）「マレーシアにおける人材開発体制の現状」『国際開発研究』5　国際開発学会

日本インドネシア科学技術フォーラム（1995）『マレーシア人材育成セクター基礎調査』

マラ工科大学東方政策プログラム（1998）「マラ工科大学における東方政策プログラムの日本語教育」『ブンガラヤ』10　国際交流基金クアラルンプール日本語センター

文部省学術国際局留学生課（1999）『留学受入れの概況』

留学生政策懇談会（1999）『知的国際貢献の発展と新たな留学生政策の展開を目指して ―ポスト2000年の留学生政策―』

Chilly Chew et al. (1993) *HUMAN RESOURCE DEVELOPMENT IN MALAYSIA : JAPAN'S CONTRIBUTION SINCE 1980*. Centre for Japan Studies at Institute of Strategic and International Studies Malaysia

Information Malaysia 1998 Yearbook Berita Publishing Sdn. Bhd.

Look East Policy Section, Training Division, Public Service Department, Malaysia (1996) *THE LOOK EAST POLICY PROGRAMMES*

第7章
シンガポールにみる
日本語教育発展の成功要因

1 はじめに

　シンガポールは約100年にわたる英連邦植民地の下、アジアの中継貿易港として発達してきた歴史を持つ。日本の淡路島ほどの国土面積に約316万人の人口を抱える都市国家である（1998年6月現在、シンガポール政府調べ。長期滞在者も含めた推定人口は約386万人）。
　天然資源に恵まれないこの国は、国民が貴重な人材資源であるとして、例年、国家予算の約2割を教育歳出に当てている。政府は、小国の国家発展には、海外から有能な人材を集めて活用する必要があると公言してきており、1997年には本格的な外国人頭脳誘致政策を打ち出し、優れた技術や専門知識を持つ外国人を積極的に迎え入れている。
　多民族国家シンガポールは、華人（中国）系77％、マレー系14％、インド系7.6％、その他が1.4％の民族構成割合で形成されている。シンガポールの国語はマレー語であるが、公用語には華語（標準中国語）、マレー語、タミル語（インド南部の主要言語）と、どの民族の母語でもない英語が定められており、建国以来、各民族の代表言語と英語のバイリンガル教育に

取り組んできている[1]。シンガポールにおける英語は、行政言語であり、多民族・多言語社会を統合する国内コミュニケーションの共通言語として重要な役割を担っている。政府が推し進めるバイリンガル政策は、さまざまな問題に直面しつつも、シンガポール国民は、英語を軸とした高レベルの二言語習得が社会的ステータスや豊かな生活を得るための基盤であると考えている。こうした言語社会の中で、外国語としての日本語教育が発展してきている。

　筆者は、シンガポールに日本語教育発展の成功要因が大きく五つあると考える。一つは、シンガポール政府指導者が国家発展の手段として、日本に投資や技術援助を求め、国民に向かっては、日本軍占領下から続く反日感情を「許そう」と抑制し[2]、反対に日本に学ぶことを呼びかけたことである。二つ目は、日本政府がシンガポール政府の要望に迅速に応え、シンガポールの工業技術開発等に積極的に協力していったこと。そして、日本企業の進出がシンガポール経済を活性化させていったことである。三つ目に、これらのシンガポールにおける日本のプレゼンスには日本語が持ち込まれたことから、シンガポール政府は将来のエリート人材育成に日本語教育を取り入れたこと。四つ目は、シンガポールと日本との経済交流が深まるにつれて両国民の接触機会が増大し、相互の興味・関心が好意的に広がっていること。そして五つ目に、シンガポールに進出した日本企業が日本語能力を持つシンガポール人を評価し、日本語学習を支援していること。併せて、シンガポールに長期滞在する日本人が地域に貢献し、市民レベルの交流をしようといった気運が高まり、その実践の一つとして、日本語学習者と日本語で話すことで気軽に交流できる方法を確立したことである。

　以上の要因から、本稿では、シンガポールには今後も日本語教育発展の可能性が高いことを提示したい。

2 シンガポール経済と日本語

　クルマス（1992）[3]は言語拡大は経済発展の結果であるとし、言語の使用価値は、その使用者集団の人口の大きさより、地域内交易・ビジネスにおける労働市場のコミュニケーション・ニーズから、その言語価値が強まり、拡大していくとしている。シンガポールと日本語の関係はまさにこの「こ

とばと経済」の関係を実証しているであろう。

　日本は、アメリカ、マレーシアと並ぶシンガポールの貿易主要相手国である。シンガポールはアジアの金融センターを目指して、近年、先端的な通信インフラを整え、金融・保険業の発展が目覚ましいが、もう一つの重要な産業である製造業においては、外国投資が約7割を占めている。なかでも、アメリカと日本の投資割合が突出している。日本は、1990年にアメリカに第一投資国の座を譲り、97年以降は先細りしているものの、対シンガポール投資における累積投資額では最大の投資国である。

　シンガポールは1965年の独立から、わずか15年で新興工業経済地域（NIEs）の優等生として「奇蹟の成長」をとげた。建国31年目の96年には、援助を受ける側から、援助する側の国に仲間入りした。この飛躍的な経済発展を築き上げたのは、30年余りの間、シンガポールを牽引してきたリー・クアンユー前首相（現上級相）をはじめ、シンガポール政府（人民行動党）の卓越した指導力によるものであることは言うまでもない。しかし、現在のシンガポール経済の成功には、日本も大きく関与してきていることを確認しておきたい。

（1）　戦後賠償と日本語

　1965年にマレーシア連邦から切り離され、シンガポールが独立を余儀なくされた時、当時の首相リー・クアンユーは、資源も資本もないシンガポールが生き残るには、外国資本に頼るしかないと英断した。そして、大規模な工業開発団地計画の実現に向かって外国企業を精力的に誘致する。日本とは66年に戦後賠償協定[4]が結ばれると、清潔な政治によって、その賠償金が工業団地のインフラ整備などに投入された。同時に、シンガポールの工業化の推進には、日本の技術協力・投資が早急に必要であると訴えた。日本政府はその要請に応じる形で、共同プロジェクトや技術協力、民間企業のシンガポール進出を後押しする。当時の日本はGNPが世界第2位に躍り出るなど、高度経済成長期の真っ只中で、国際競争社会へ参入した時期である。日本にとって、シンガポールは石油の輸送をはじめとする中継貿易拠点として重要な地理的条件を備えていた。

　急ごしらえでシンガポールに派遣された技術研修のための日本人技術者や、進出企業に赴任した日本人は、英語などの外国語能力が十分でなかったため、コミュニケーションの媒介語には日本語が用いられることが多か

った。また、日本と共同で設立された技術訓練センターでは日系企業に希望就職する修了生が多いことから、追って日本語教育の専門家が派遣され、日本語が技術習得にともなって学ばれるようになる。

日本は賠償協定以降、日本政府・民間による留学生や研修生の受け入れを積極的に行うとともに、文化無償協力として、当時のシンガポール大学と南洋大学（現シンガポール国立大学と現ナンヤン工科大学）などの主な日本語教育機関に、日本語教師の派遣をはじめ、視聴覚器材や日本語学習教材などを贈るようになる。

（2） 日本企業の投資拡大誘致と日本に学べ

1970年代に入ると、日本の製造業は廉価な労働力を求めて、東南アジア諸国へ製造拠点を移しはじめ、シンガポールにも続々と日本企業が進出する。70年代後半には日本の「経済侵略」に反日運動が高まり、タイをはじめ東南アジア各地で抗議暴動が起こっていたが、シンガポールではその動きを政府が鎮静化させている。

リー首相はことあるごとに、「日本が固有の文化を捨てることなく、明治以降、近代的産業国家を作りあげた経験に学ぶべきである」といった発言を繰り返していた。反日感情が高まって投資が見合わされるよりも、まず、シンガポールの工業化促進を優先したのである。1977年にテレビ中継されたシアーズ大統領の国会演説は「日本の経験は西欧諸国のどれよりも私たちに適している。（アジアで唯一の経済大国）日本に学ぼう」と公にシンガポール国民に呼びかけ、それが80年の「日本に学べ」大キャンペーンのプレ開幕宣言となる。

シンガポール政府は、「日本のよいところを学ぼう」と連日のように笛を吹き、日本称賛をはばからなかった。ローカル企業の工場でも日本式の朝礼や準備体操、作業着などの制服着用が取り入れられる。多民族が一つとなるための道徳価値観の普及を目指した礼節運動にも、日本の道徳教育の理念を取り入れた学校教育の試みが行われるようになる。

しかし、シンガポール政府が本当に導入したかったのは、日本の職業倫理である企業への忠誠心、経営と労使関係、企業内福利厚生、勤勉な労働態度、チームワークであり、それが労働者の生産性を上げると考えていた。特に、日本式の企業内厚生は政府の福祉負担を軽減し、その分をインフラ投資予算に回せるといった思惑が見え隠れしていた[5]。

リー首相の発案により、1978年にはシンガポールの工業化を担う将来の技術者育成を目的として、語学センターを設立し、中学生を対象にした4年制の長期日本語教育計画を開始する。政府指導者たちは「日本語を学ぶことは、なぜ日本が優れた製品を生産できるのかなど、そのことばを話す人々の文化を知ることである」と、日本語学習の意義を説いていた。「日本に学べ」運動に迎えられながら日本企業の進出が急増し、シンガポール国内の雇用機会創出を生んでいく。シンガポール人にとって、日本語は日本軍占領下の忌まわしい歴史を思い起こさせることばであるが、政府が手本とする国のことばであり、実利的な道具であるとの認識が広がっていく。
　翌79年、リー首相は当時の大平正芳首相との公式首脳会談で、コンピュータ等の科学技術を学べる機関の設立と、大学に日本語や日本の文化、歴史、経済等が学べる日本研究機関設立の協力を申し出、合意を得る。
　81年に、シンガポール政府の鳴り物入りでシンガポール国立大学に日本研究学科が開設され、83年にはシンガポールポリテック内に日本シンガポール・ソフトウエア技術学院が付設される。どちらも日本語が1年生の必修科目に設定されると、日本語を勉強していれば、なにか良いことがあるのではないか、といった社会のムードがさらに高まり、80年代後半には日本の景気好調とあいまって日本語学習ブームが起こった。

（3）　日系企業と日本語
　1990年代初頭には、日本語学習ブームが絶頂期を迎える。シンガポールの日系企業では、これまでに業務上の必要性から、従業員に社外での日本語学習奨励の学習支援を行っていたが、一般の従業員の要望にも応えて、社内に日本語講座を開講する企業が増えていく。
　追って、日系企業の労働待遇では、日本語能力検定試験の認定証保持者など、日本語能力のある者には日本語特別手当てを支給することが一般的となる。それは、実務に日本語能力を求めていない日系企業でも、シンガポール人の日本語能力を技能報酬という形で評価するまでに広がっていく。絶対的な労働力不足の上に、転職率の高いシンガポールでは、日本語知識のある優秀な人材を確保するための努力が欠かせなかったのである。日系企業は日本語を学んでいる人々なら、日本の企業文化も理解してもらえると踏んだのである。
　一方、転職しながらキャリアアップしていくことが一般的なシンガポー

ル社会では、日本語が再就職や昇給、昇進等に有利になることから、社会人の日本語学習が定着していく。

　日本企業のシンガポール進出ラッシュ期は、いずれも急激な円高対策として一刻を争うものであった。1970年代後半期には製造部門の進出が顕著であったが、85年のプラザ合意以降は、金融、サービス、中小貿易、運輸など、非製造業の進出が増え、報道機関や地域交流を促進するための地方自治体の事務所が相次いで開所され始めた。

　90年代に入ると中小企業の進出が増大する。95年の円高では、海外で事業展開経験のない中小企業が東南アジアに緊急脱出し、その域内統括本部、または営業事務所をシンガポールに置く企業が目立っている。進出準備も十分ではないまま、シンガポールに社運をかけた日本企業にとって、日本語能力のある人材は、即戦力として必要不可欠であった。こうして日本語は日系企業の増加と比例するように同じピッチで広がっていく。

　バブル崩壊後の日本の長引く景気低迷のあおりで、シンガポールの日系企業も、その存続が厳しくなる。シンガポールの人件費高騰などビジネスコストの上昇、加えて、域内の通貨・経済危機の影響を受け、98年初頭には、日系企業の撤退や事業縮小の動きを見せはじめる。失業率上昇を懸念したシンガポール政府は、即座に労働賃金の削減措置に着手するなどしてスピーディーな対応を見せ、シンガポールにおける日系企業の重要性を説いている。

　日本の企業にとっても、シンガポールは依然として魅力的な投資先であることに変わりはない。日系企業がとった対策は、企業の現地化を速やかに推し進める計画を第一にあげ、日本人駐在員の削減に着手することであった。一向に進まなかった日系企業の現地化が、皮肉にも本社の不況を乗り切るために、急務を要する中長期企業戦略の柱となったのである。

　英語や中国語に堪能な日本人が増えているとはいえ、日系中小企業にとって、域内の系列会社や日本国内の本社との連絡業務には、日本語を使用するほうが効率がよいのは言うまでもない。その意志疎通を図るためには、平易な日本語をコミュニケーション言語として使う必然性が生まれてくる。

　すでに、日本の中小企業では、国内の外国人雇用の経験から、日本語母語話者とはやや異なった、学習途上のシンガポール人の日本語を、ときには日本人には違和感を与える日本語を、寛容に受け入れようとしている。日本語は日本人のものであり「正しい日本語」を、といった発想ではなく、

国際コミュニケーションの手段として日本語の必要性を認めている。つまり、シンガポールの日系中小企業では日本人の「日本語の国際化」が始まっているのである。

（4） 日本の役割と日本語学習の定着

シンガポールは世界経済の動向に機敏に対応した政策で、経済成長を遂げてきた。国際競争力では上位にランキングされ[6]、もはや日本を越えている。日本の長期景気停滞に、「日本は遠い過去の手本にすぎない」といった叱咤が飛ぶようになる。市場に敏感なシンガポール人にとって、元気をなくした国や企業の人々が話すことばには学ぶ魅力がなくなり、日本語学習動機が薄れる気配を見せる。

ところが、景気好調のアメリカを最大輸出国として堅調に推移してきたシンガポール経済も、域内の経済危機の波を受ける。自国の経済成長率に暗雲がたちこめると、ゴー・チョクトン首相をはじめ、政府は今まで以上に日本の役割の重要性を声高に説きはじめた。次期首相候補の呼び声高いリー・シェンロン副首相は、アジアにおける日本の投資、日本への輸出が域内全域を活気づけるといった経済シナリオを発表し、今後も日本と日本企業の役割は大きいと論じている[7]。

日本政府はアジア経済回復に向けた特別円借款および支援体制をとり、経団連もアジア諸地域における日本企業の投資継続を表明する。1年余りで東南アジア5か国およびNIEsの景気回復基調が鮮明になり、日本経済の再建に明るい兆しが見えるようになると、「日が沈んだ日本」イメージから一転して、日本の緊急経済支援を高く評価し、日本や日本企業の役割と必要性を再確認するようになる。これらの日本の外交・経済政策は、日本語の将来性に見切りをつけようとした人々に、再び学習動機を与えただけでなく、自己投資としての日本語学習の価値を確信させることになった。

日本は戦争賠償という形から本格的な援助協力体制に入ったので、正当なシンガポール貢献とは言えないが、シンガポールでは、これまでの日本の努力が評価されているのは確かである。今日、シンガポールにとって日本は域内最大のパートナーであり、日本にとっても重要なパートナーである。両国間では、自由貿易協定の締結に向かって動き出しており、「アジア経済圏」作りの第一歩を日本とシンガポールとで踏み出そうとしている。すでに、域内の共同投資開発はもとより、共同技術開発事業や、第三国へ

の共同援助計画、域内の環境汚染抑止策運動の推進、コーバン（交番）制度の普及活動など、官民でさまざまなパートナーシップが結ばれており、日本とシンガポールの結びつきは深まるばかりである。

　また、シンガポールの重要な産業の一つである観光・サービス業においても、日本人旅行者や日本人長期滞在者が最も多いシンガポールでは、日本語は特別な外国語ではなくなっている。日本語はシンガポール人にとって、実利だけではなく身近な言語として親しみをもって学ばれているのである。

3　シンガポールの教育制度と日本語教育

（1）　シンガポールの学校制度

　シンガポールの学校制度は、小学校6年、中学校4〜5年、高校2〜3年、大学3年が基本となっており、義務教育ではないが、小・中10年の学校教育が無料で受けられるようになっている。小学校から高校までの各教育段階の修了時には全国共通試験が行われ、その成績によって進路が決められていく。政府は、教育の世界にも競争原理が必要であるとの見解をとっており、優秀な人材を早期育成することに主眼を置いている。小学校高学年から、能力のある生徒には、さらにその力を伸ばすことを目的とした種々の特別プログラムや奨学金制度が提供されている。

　バイリンガル教育は、1973年から学校教育に導入され、80年からは言語能力別の教育システムが開始されている。小学校のカリキュラムは英語と公用語の各民族代表言語、算数で全体の約8割を占めている。小学校4年修了時までの英語と各民族代表言語の二言語成績、および学習適性能力によって、5年生から言語能力別クラスに振り分けられる。さらに、中学校からは全国共通の小学校卒業試験の成績によって、二言語能力別の学習進度や学習到達目標に分かれたコースに選別される。

　中学校修了時には、教科別に全国共通のGCE「O」レベル試験（Singapore-Cambridge General Certificate of Education 'Ordinary' level examination）を受け、その成績によって、2年〜3年間の高校（Junior Collegeまたは大学予備センターと言われているCentralised Institute）に在籍して大学進学を目指すか、日本の高専のような実践的専門教科を学ぶ3年間

図1　シンガポールの教育制度

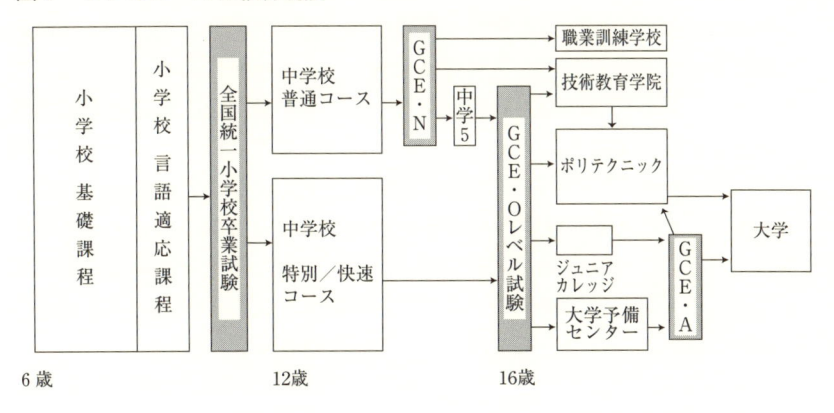

```
[小学校基礎課程] [小学校言語適応課程] [全国統一小学校卒業試験] → [中学校普通コース] → [GCE・N] → [中学5] → [GCE・Oレベル試験] → [職業訓練学校]
                                                                                                            → [技術教育学院]
                                  → [中学校特別/快速コース] ─────────────→                              → [ポリテクニック]
                                                                                          → [ジュニアカレッジ] → [GCE・A] → [大学]
                                                                                          → [大学予備センター]
6歳                              12歳                    16歳
```

Ministry of Education Singapore (1998) *Education Statistics Digest 1998* より

のポリテクニック（Polytechnic：理工学院）に進むかが決まる。

高校修了時には、事実上、大学入学資格試験となるGCE「A（Advanced）」レベル試験が待っている。国内に2校[8]ある大学に進める者は全生徒の約1割にすぎない。高校や大学修了時に特に優秀な成績を納めた者には、さまざまな国家奨学金制度によって、海外の大学・大学院で勉強する機会が与えられる。将来の国家政策を担うリーダーや独創的な仕事に就く可能性の高い人材を、外国の大学に託すのも小国の戦略であろう。

1998年の労働省統計によれば、労働者学歴は、中卒未満が37.7％、中卒が28.4％、ポリテクニックを含む高卒が19.8％、大卒以上が14％で、年々高学歴化が進んでいる[9]。大卒者の平均月収は中等教育修了者の約2.5倍、初等教育修了者の3.6倍の所得格差があり、年齢が高くなればなるほどその差は広がる一方である。学歴による収入差を埋めるには、資格や特別な技能を身につけて対抗していくしかない。

（2）エリート候補生と日本語教育

二言語修得度を基礎能力とし、試験で選り分けられる学校教育制度の下で、本格的に外国語が学べるのは、限られた未来のエリート候補生たちの特権である。シンガポールの日本語教育機関に代表されるのは、教育省直轄の語学センター日本語科とシンガポール国立大学の日本研究学科であるが、どちらも入学するには成績優秀者でなければならない。

〈1〉 中学・高校生のための日本語教育

英語以外の外国語能力を持つ人材育成を目指して、教育省は1978年に外国語センターを設立した。これは優秀な中学・高校生に日本語、フランス語、ドイツ語の三つの外国語特別教育を提供し、言語を人材資源として投資開発しようとするものであった。日本語科の受講定員枠が最も多く、約300名の中学生が選抜されてスタートする。86年からは公用語の一つである上級タミル語科と上級マレー語科を増設し、教育省語学センターと改名されている。この語学センターで学ぶには厳格な入学審査があり、小学校卒業試験の英語と各民族代表言語の二言語成績が上位1割以内であることのほかに、細かな入学資格条件をクリアしなければならない。

日本語科の入学資格には、学習効率を上げるため、漢字学習負担を考慮して、小学校で華語を履修した者であること、という条件も加わる。日本語は語学センター開所以来、例年、定員を大幅に上回る人気の言語である[10]。

受講生たちは、本業の学校教科で上位成績を目指しながら、放課後に語学センターで週に2回、各2時間、年間120時間の日本語集中授業を受ける。日本語科の学習到達目標は高く、授業進度も速いため、学校行事などで欠席が続くと、ついていけなくなる者も出てくる。たびたび行われるテストの結果が振るわなかった者は、学業を優先して、早々に日本語を切り捨てるなど、1年終了するごとに、約半数の受講生が日本語学習をあきらめていく。

日本語科には、中学生を対象とした日本語 GCE「O」レベル試験合格を目指すコースと、さらに高校1年生対象の日本語 GCE「AO（Adavanced Ordinary）」レベル試験に挑戦するコースの二つが設けられている。

日本語 GCE「A（Adavanced）」レベル試験を目指す者は、政府が1992年から一部の優秀校のみに実施している、外国語の「選択言語プログラム」指定高校に入学しなければならない。その日本語特別コースが開設されているのは、超名門校ラッフルズ・ジュニアカレッジで、日本語学習奨学金や日本研修旅行の特典[11]を受けながら勉強することができる。学習者は通常の授業のほかに日本語と日本事情を学び、日本の大学に直接入学することが期待されている。

〈2〉 大学生の日本語教育

シンガポール国立大学（National University of Singapore：以下 NUS

と記す）人文社会学部日本研究学科は、大学で外国語が学べる唯一の学科である。1981年の開設時に54名の選抜学生でスタートして以来、入学定員・教員の増員が図られ、99年8月現在では、日本研究学科在籍の543名と、他学部・他学科からの約500名に日本語および日本研究の履修登録が許可されている。日本研究学科の1年生は日本語が必修科目であり、多くの学生は日本語を初級レベルから学ぶが、既習者は能力に合わせて中上級レベルの日本語授業に参加できるようになっている。

2年生からは専門研究に入り、日本語が選択科目となる。このため、かつては学年を追うごとに日本語履修者数が半減していった。日本語は学習内容が進むにしたがって自己学習の比重も大きくなる上に、専門研究が忙しくなることから、専門科目を優先させることが賢明であった。しかも、大学の成績評価は就職活動時に影響するため、学生にとっては、低い評価記録が残らないように、少しでも学習負担の少ない科目を履修しておくことが得策であった。ところが、近年ではそのリスクを背負ってでも、日本語を身につけようとして継続履修する学生が増えてきている。このような変化は、多くの学生の就職希望先である日系企業が、採用条件や履歴書に、日本語能力や日本語学習歴の詳細を求めるようになってきたことに起因している。

日本研究学科では、1987年からシンガポールに滞在する日本人家庭や日本の諸団体の協力を得て、ホームステイなどのイマージョン・プログラムや、日本の大学生との交流会を定期的に行い、生きた日本語に触れる機会を作ってきている。しかし、雇用側の日系企業の大半が望んでいるのは「使える日本語」能力を備え、日本的なビジネスセンスが理解できる人材である。

これらのニーズを受けて、日本研究学科では91年に「クライアント」[12]のための日本語教育の試みを始める。そして、93年には日本語教育のカリキュラムを改編し、日本のビジネス文化理解と日本語コミュニケーション能力の育成が強化され、新たに「翻訳」「通訳」「ビジネス日本語」科目も設置される。94年には、2年生から参加する日系企業でのインターンシップ・プログラムが開始され、98年からは、日本でのビジネス・インターンシップ・プログラムも行われている。

NUSでは、成績優秀な学部卒業生にはさらに1年間のオナーズ（honours：名誉学士）コース在籍が認められる。日本研究学科のオナーズ修了

生のほとんどが政府機関や大手外資系企業に就職しており、日本語ができ、日本に精通した人材の供給源となっている。

　日本への留学は、シンガポール政府や日本政府の国費留学、日本企業、地方自治体などの支援による留学制度もあるが、その数が限られているため、学生にとっての日本留学は「憧れ」であっても現実的ではない。国内であれば3年間で学士号を取得できる上に、大学院も英語圏の国に進学すれば、言語負担が軽いのは言うまでもない。したがって、日本に私費留学する者はきわめて少ない。

　また、将来の日本語教員育成を目的として設置した「外国語としての日本語教育」科目が2年で消滅してしまったように、男女を問わず、ビジネスにチャレンジして上昇していく志向が強いシンガポール人の中で、日本語教師を志す者はまれである。大多数の学生にとっての日本語は、近い将来の仕事の選択肢を広げる道具であり、シンガポール国内の日本に関連のある企業や職業に就き、ビジネスで成功するための武器なのである。

　シンガポールでは、英語教育に必ずしもネイティブ・スピーカーの教師を求めていないように、日本語教育においても同様である。日本研究学科では、国内のシンガポール人日本語教師はもとより、諸条件を満たす日本人日本語教師の専任リクルートが難しいことから、1991年以降、中国、台湾、韓国などからノンネイティブ・スピーカーの日本語教師を積極的に採用している。80年代まではおおむね日本人による日本語教育であったが、90年代に入るとそれが逆転し、日本語を母語としないシンガポール人以外の日本語専任教員で8割以上を占めた時期もある。

　近年、待望のNUS出身の日本語教員が生まれ、その活躍が期待されている一方、海外からの日本語教員採用応募者が急増しており、NUSが望む博士号取得者の求職も少なくない。日本語教員の国際化が進むことは、新たな日本語教育の創造と発展につながることではあるが、シンガポール永住権取得者も含めたシンガポール人教員は少数派であり、非常勤講師[13]は言うに及ばず、日本語教員の流動性は依然として高い。このため、長期的な日本語教育のビジョンが見えないという問題を抱えている。それは、NUSの学生ニーズに合わせた教科書作成の試みがあっても、進展をみないなど、日本語教育が教師個人の教育理念や教育能力にゆだねられ、その研究蓄積が共有されない傾向にある。

　このほか、1991年に開学したもう一つの国立大学、ナンヤン工科大学

（Nanyang Technological University：南洋工科大学）でも、日本語教育が行われている。95年に選択外国語科目が開設されて以来、日本語履修希望者数は群を抜いて多く、履修者の数を制限しなければならない状態が続いている。後発の日本語教育機関の悩みは、人材不足であり、長期的に働けて指導能力の高い日本語教師を確保することが最大の課題になっている。

4 シンガポールで日本語を学ぶ

　国際交流基金の1998年調査仮集計値では、シンガポールの日本語学習者数は8,414人（17位）で、海外総数から見ると大きい数字ではないが、人口割合で換算した日本語学習率では上位にあがってくる。シンガポールでは、学校教育で日本語を学べる者が限られているため[14]、学校教育機関以外で日本語を学ぶ人々が全体の約75％を占めている。

　学習者は幼児から高齢者まで年齢層も幅広く、学習目的も、社内研修をはじめとするビジネス目的から、日本の漫画・アニメやゲームソフトを楽しみたい、日本に観光旅行するので、日本が好きだから、日本に興味があるから、戦時中に覚えた日本語をブラッシュアップしたいから、等々、多様化は限りなく広がっている。しかし、学習者の大半は社会人であり、実利としての学習動機が高い。

　シンガポールでは、日本語能力試験の受験割合が東南アジアの中で最も高く、日本語学習者の二人に一人は受験を目指して勉強していると言われている。これは、シンガポールの日系企業や日本と取り引きのある企業が、日本語能力試験を雇用評価の目安としているだけでなく、試験に合格することが資格となる教育制度のもとでは、世界共通の日本語能力試験の認定証は、社会的信頼度も高いためである。

　しかし、日本語能力試験の受験傾向は1986年の試験開始以来、依然として初級レベルに偏ったままで、上級レベルの受験者は極端に少ないのが現状である（図2参照）。98年の日本語能力試験受験者（1級受験者が132人、2級が273人、3級が648人、4級が1,068人、計2,121人）の級別割合では、海外の受験者平均がおおむね同比率であるのに比べて、シンガポールは初級の4級と3級で約8割を占めている（図3参照）。政府が提供する語学教育機関では少数精鋭の学習者に高レベルの日本語習得を強化できても、

図2　シンガポールの日本語能力試験受験者数推移

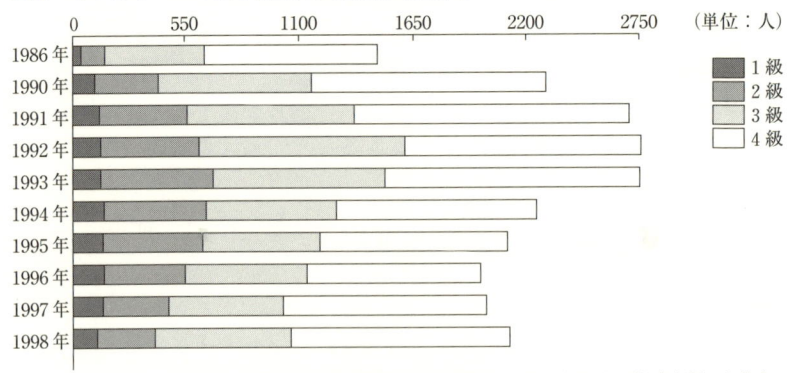

（単位：人）

日本交際教育協会、国際交流基金『日本語能力試験　結果の概要』各年版より作成

図3　1998年の日本語能力試験受験者の級別平均割合　（単位：％）

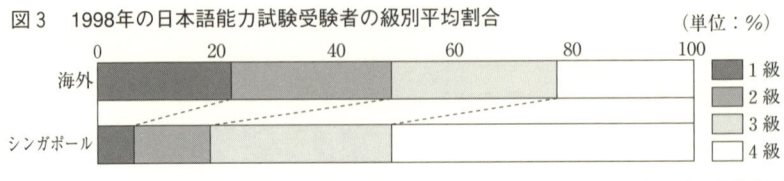

日本交際教育協会、国際交流基金『日本語能力試験　結果の概要1998』より作成

シンガポールで働きながらある程度の日本語能力をつけるには、4年から5年はかかるであろうと想定されている。

　海外の日本語教育機関の多くがそうであるように、シンガポールでも、教育機関ごとに学習内容を小さく設定した学習段階のラベルをつけている。日本国内の教育目安とする初級の学習範囲は、シンガポールでは広範囲すぎるため、学習者の学習達成感や学習継続意欲を弱めてしまう。そこで、日本国内の日本語初級後半レベルを「中級」と呼び、中級は「上級」と呼ぶ傾向が強い。

（1）　シンガポールの民間日本語教育機関

　シンガポールには、政府認可の民間語学教育機関が72校あり、多くの機関が社会人を対象にしているため、授業は夜間や週末をメインに行われている。日本語を専門とする日本語学校や日本語コースを常設している機関は約20あり、それぞれが特色ある日本語教育方針を打ち出し、狭い市場での経営戦略としている。それらの日本語教育のマーケティング戦略が、結

果的に、シンガポール人への日本語学習ニーズを創造し、質の高い日本語教育を提供しているのは興味深い。

　日本語コースには、4技能を伸ばす総合日本語学習やビジネス日本語会話だけでなく、日本語能力試験受験対策のための日本語能力試験コースや、日本語観光ガイドコース、日本語で学ぶ日本料理コース、日本人との国際結婚の増加に対応した年少者のための日本語コースなど、学習対象者を絞った目的別日本語学習が定着している。英語、華語、マレー語の授業媒介語が選択できたり、公用語別の翻訳教材を持つ日本語学校もあり、独自の教材を開発している学校も少なくない。いずれもシンガポール人が効率的に日本語が学べるように工夫されている。しかし、中級レベル以上ではプライベートレッスンを受ける学習者が多く存在すると言われているように、中・上級レベル向けの日本語教材や日本語コースとなると数えるほどで、その授業料も割高になっていく。

　日本語学校の中でも、シンガポールの草分けの日本語教育機関で、最大の学習者数を誇る学校に、シンガポール日本文化協会日本語学院がある。母体のシンガポール日本文化協会は、1963年に日本文化に関心を寄せていたシンガポール人有志が、日本を知ろうとする研究会から始まっている。そこでの小さな日本語勉強会が口コミで広まり、66年には日本語講座を旗揚げする。72年からは国際交流基金の日本語教育専門家の派遣を受け、日本語普及講座が開講される。そして、83年には政府の語学学校認可を受け、日本語学院開校へと発展した。受講料も比較的廉価なことから、毎年受講申し込み時には長蛇の列ができるほどである。

　同校では、初級から上級まで約50クラスが開講され、常時、1,000名以上の受講者が在籍している。毎年、若干名ではあるが、日本に留学生をコンスタントに送り出している。同校は、日本語教育を通じて日本文化を広め、日本を理解することを設立趣旨としているため、受講者は日本語の授業以外に、日本舞踊や日本太鼓など日本文化に関するクラブ活動に参加することが奨励されている。それは、1963年から年に一度、劇場やホテルを使って大々的に「日本文化祭」を開催し、その成果を発表している。74年には、シンガポールにおける日本文化紹介活動に、国際交流基金から国際交流奨励賞が贈られている。これらの活動には日本政府、日系企業、日本人ボランティア、日本の文化人のサポートが続けられており、年々、そのバックアップは欠かせない力となっている。

（2） 非営利団体の日本語教育機関

　政府の運営するコミュニティーセンターにも日本語講座がある。シンガポールでは居住地域ごとにコミュニティーセンター、またはコミュニティークラブが107設けられており、日本の市役所支所と公民館を合わせたような機能を持ち、市民のための娯楽・運動施設や生涯学習機会を低料金で提供している。コミュニティーセンターの半数は、タミル語を除く各公用語講座が常設されている。外国語講座も1クラス20名程度の定員を満たせば、随時開講されるシステムをとっている。日本語講座は3割のコミュニティーセンターで定期的に開講されているほど、外国語講座の中では開講率が最も高い言語である。

　平均的な日本語講座は、週に1回、2時間、全10週の授業が夜間に行われ、住居に隣接していることから、受講者のほとんどが家族や級友、隣人などの生活延長型で、知的好奇心や教養を学習目的としている人々で占められている。受講料も民間日本語学校平均の約3分の1であるためか、少しでも学習負担がかかると簡単にやめてしまう。そして、思い出したように再び受講するリピート学習者が多いのも特徴である。このため、日本語初級レベル以上のクラスが開講されにくい循環を生んでいる。

　このような気軽に参加できる講座ではあっても、コミュニティーセンターを統括する政府人民協会（People's Association）は、語学指導調査員を不定期に送り、抜き打ちで授業観察をして、講師作成の教材や教授法の指導や評価を行っている。

　このほかにも、シンガポール全国労働者評議会（National Trades Union Congress：NTUC）パスーパンジャン訓練センターではタクシードライバー会員の要望に応えて、1985年から外国語として唯一、日本語講座が開講されている。シンガポールでは、タクシードライバーが日本語を話せるからといって、収入増につながるわけではない。タクシードライバーの日本研修旅行などで、日本のタクシードライバーの運転マナーや、乗客への礼儀正しさ、サービス精神に触れ、シンガポールでも接客サービスの向上を目指そうとして学んでいるのである。

　同訓練センターの日本語講座には、初級から中級まで、5レベルのコースがあり、常時約80名が学んでいる。学習進度も比較的ゆったりしている上に、受講者の仕事柄、日本語を使うチャンスが少なからずあることから、学習動機が維持されやすく、継続受講者が多いのが特徴である。授業では、

タクシードライバーと日本人乗客との実用的な会話を中心にしたオリジナル教材が用いられ、一般的な文法積み上げ式の総合教科書とは一線を画している。94年には、日本語受講生やOB180名でNTUC日本クラブが結成され、日本の情報交換会や、「日本語で歌うカラオケクラブ」活動が頻繁に行われており、メンバーは全員親日派を自称している。

5│シンガポールの日本語学習者を応援する人々

シンガポールに在留する邦人数は、1998年10月現在の在シンガポール日本大使館登録では、永住者926人を含めて25,521人であるが、さらに多くの長期滞在者がいると推定されている。アジア屈指の在外邦人数であり、世界最大規模の日本人学校（小学・中学部の全生徒数2,648人）と、全日制の日本人高校がある。

シンガポール日本人会では、これまでに日系企業で働くシンガポール人のための日本語講座のほか、日本語弁論大会や日本語作文コンテストの開催を続けてきている。また、文化部や婦人部を中心とする、茶道や華道、日舞などの紹介・指導活動、施設の慰問、チャリティー・バザー開催などのボランティア活動が定番であった。近年では、障害者施設や高齢者施設での定期的な介護訪問など、さらに地域に役立とうとする市民レベルのボランティア活動が活発化している。

日本人会に1991年に立ち上げられた地域社会交流部は、できるだけ多くのシンガポール人と長続きのする交流方法として、92年から日本語を学んでいるシンガポール人と「日本語を話す会」を続けている。シンガポールでは日本語学習者が増えていても、日本語を話す機会がないために学習動機が薄れる、あるいは習得した日本語を維持することが難しいといった声があった。そこで、日本語を「教える」といった上下関係に立つのではなく、日本語を仲立ちとして、新しい形の交流ができるのではないかという発案から「日本語を話す会」が始まる。小人数を設定していた参加者募集には、社会人を中心に高校生から退職者まで、幅広い職種・年齢層の申し込みが殺到し、以来、現在も参加希望者のウエイティングリストを消化しなければならない状態が続いている。

「日本語を話す会」は、隔週の土曜日の午後に、日本人会の集会施設を

無料開放して、日本人のボランティア10〜20人と、日本語を学んでいるシンガポール人参加者約100人が、小グループに分かれて、日本語で気軽に「おしゃべり」をするといった活動である。

　シンガポール人参加者にとって、日本人と膝を交えて話すことは、実践的な日本語学習の場であると同時に、日本人の知り合いが増えることで、日本語学習の励みになると好評を得ている。また、さまざまな職種の日本人に接することで、ステレオタイプの日本人観が消え、日本人を見る目が変わったという感想も聞こえる。これは日本人参加者にとっても同様であり、相互理解の場となっている。

　シンガポール人も、そこに暮らす日本人も、互いに友好を築きたいという思いは同じである。今まで、多くの日本人がシンガポール人と交流したいと思っていても、ことばの壁がそれをさえぎっていた。しかし、この会に参加することで、日本語でそれが可能であり、日本語を学ぶシンガポール人以上に、日本人にとって得るものが大きい。シンガポール人が日本や日本人をどう見ているのか、シンガポール社会の動き、シンガポールの習慣、生活案内など、シンガポールの生きた情報を日本語で直接入手できることは貴重である。

　むろん、シンガポール人参加者の中には、日本企業や日本人への疑問や不満を日本人参加者にぶつけてくる者もいる。日本人にとって、シンガポール人の胸の内を聞くことは痛みもともなうが、日本国内の価値観を基準にしていた自分の言動に気づくなど、異文化を考える機会を作っている。そして、今まで意識しなかった、伝え合うための「やさしい日本語」表現を体験しながら身につけていく。

　この会でシンガポール人と知り合い、親睦を深めている日本人も多く、その交流が深まるにつれて、相互の言語学習意識が高まっていくケースが増えている。ちなみに、1995年の阪神・淡路大震災への義援金を、シンガポールで真っ先に募ったのは、この会のシンガポール人参加者たちであった。

　親の行動はそのまま子供たちにも映し出される。親の赴任にともなってシンガポールに来た子供たちは、いつ日本に帰っても受験体制についていけるように、塾通いはもとより、日本以上に勉強にあけくれる。90年代前半までは、日本人学校や高校で、地域の学校と交流活動をしようと教師がお膳立てしても、積極的に参加するのは2割程度にすぎず、子供たちにとって、シンガポールは眼中にないとまで言われていた。それが、少しずつ

変化を見せ、子供たち自身で地域との交流活動を始めるなど、シンガポール社会の中に飛び込んでいく姿勢が育ちはじめている。

このように、シンガポールで暮らす日本人が、市民との交流を広げるようになったのは、シンガポールに進出した日本の企業がその先導役を務めたことにある。80年代になると、シンガポールの日本企業は、利益第一主義を改め、地域に貢献する企業になることを次々と宣言する。大手日系企業では、企業単位でシンガポールの教育・文化振興を支援する動きを見せていたが、地域に貢献したくても、規模の小さい一企業では取り組みにくいと考えているところも少なくなかった。そこで、シンガポール日本商工会議所は、海外の日本商工会議所の先頭を切って、90年にシンガポール日本商工会議所基金を設立し、シンガポールの学術、教育、芸術、スポーツなどの文化交流に寄与する活動を始める。

当地の日本商工会議所では、日本に留学したことがあるシンガポール人の同窓会組織、シンガポール日本留学生協会との懇親会を85年から定期的に開き、元日本留学生とのネットワークを築いている。60年代から70年代に日本留学したシンガポール人は私費留学も多く、苦労して留学したにもかかわらず、帰国してみると、日本の大学卒業資格が認めてもらえなかったばかりか、日系企業もそれを評価せず「日本に留学したことは愚かだった」とまで言わせたほどであった。その元留学生の半数が日本と関係のある仕事に就いており、若い世代には自分たちのような苦い経験をさせないようにと、留学や帰国後のケアを望んでいる。日本商工会議所はこれらの声に真摯に耳を傾け、それに応えようとしているのである。

日本商工会議所基金の日本語教育への拠出は、90年にシンガポール国立大学日本語研究学科に10万シンガポールドル（約700万円相当）分の日本語学習用コンピュータ器材10台と、教育省語学センター日本語科へ5万ドルの日本語図書と視聴覚教材を贈り、92年にはシンガポールポリテクニックへ15畳の和室を贈呈している。

93年には同基金の拠出先を「公的機関における日本語教育の支援」と明確化し、96年からは「日本留学のための奨学金制度」が始まる。この奨学金制度は、シンガポール日本留学生協会からの意見を吸い上げたもので、日本に私費留学するシンガポール人に、年間約300万円を無償援助しようというものである。留学中の一時帰国などきめ細かな配慮が盛り込まれており、シンガポール政府の留学制度のように帰国後に3年間の政府機関勤

務、といった条件はない。しかし、若干名の留学生支援とはいえ、本社が不景気である日系企業にとっての寄付負担は大きい。それでも、その助力を絶やすことなく日本へ留学生を送り出そうとしているのは、日本語を話し、日本を理解するシンガポール人を育てることが、ひいては日本や日本企業にとって重要なことであると考えているからである。

6 おわりに

　シンガポールのリー・クアンユー上級相は、首相時代から日本に対して、アジアのリーダーであれと辛口の提言をしてきた。日本の若い世代に、過去の戦争の歴史を学ばせるべきであるとも直言してきた。日本に学ぶことを率先してきたリー氏が、自身の日本軍占領下の体験を語るようになったのは、1989年になってからのことである。

　その後も、リー氏は、日本語のプロモーション活動に力を入れるべきである、と変わらぬ主張を繰り返してきている。リー氏ほど日本語普及の必要性を日本に直接発言してきている政治家はいない。リー氏は、英語、華語、マレー語の三言語を習得した経験から、ことばと文化のつながりを熟知しており、日本人が世界の人々から理解されにくいのは、日本語という壁があり、日本語の持つ文化が誤解を招いているとしている。

　リー氏が上級相となった91年の訪日では「アジアの高学歴のエリートたちは英語を話すが、もし彼らが日本語を話せば、日本文化に対する理解が深まるであろう。日本の見解に対する抵抗感も少なくなるであろう。日本は、外国人が日本語を学び、日本文化を評価するようにしむける必要がある。ドイツはゲーテ・インスティテュートの組織や対外援助、投資を通じて、その言語や文化を積極的に広めた歴史が日本よりも長い。日本はまだまだその努力を続けなけらばならない」と熱弁をふるっている[15]。94年の訪日でも「日本はどんどん日本語を広める活動をするべきである」と力強く提言している[16]。

　99年には「日本の若い官僚たちの英語能力は、以前に比べて格段に進歩している。外国の政治指導者たちと自由に話しあえる能力になれば、日本が国際的なポジションを獲得できるであろう」と語っている[17]。英語が事実上、世界共通語の地位を築いている以上、日本は、日本人の英語能力の

向上に真剣に取り組むべきであり、同時に、海外における日本語のプロモーション活動が必要である、というリー氏の主張は今も変わっていない。

今日、シンガポールの日本語教育は、「シンガポールでは日本の景気の影響を受けずに、日本語学習者の数が年々と増加の勢いを見せている」と現場の日本語教師が自信を持って表現する[18]までになった。

そこに至るまでには、これまでの日本政府の外交努力や日本語教育支援が大きな功を奏している。しかし、何よりも、シンガポールに進出した日本の企業が、そして、シンガポールの日本人たちが、シンガポールで少しでも何らかの役に立ちたいと地道な努力を続け、日本語を学ぶ人々を応援し、人と人との交流を通して相互に学びあおうとする姿がある。それは、日本語の発展に欠かせない重要な要素である。

シンガポールでは、アジアの情報ハブを目指し[19]、早くから国をあげてコンピュータ開発とその汎用を進め、社会全体の高度情報化体制が整っている。高度情報化のインフラに遅れをとった日本は、急ピッチでそれを追っている状態である。このため、シンガポール人の学習形態が変化しても、それに対応する日本語学習用のソフト教材不足は甚だしく、新たな問題に直面している。

現在、シンガポールには、国際交流基金から日本語教育専門家2名が教育省外国語センターに派遣されている程度で、近隣諸国にある国際交流基金の日本文化センターのような、日本語教育の情報を提供する機関はない。日本語の学習教材の開発や日本語教師の育成、日本語教育のネットワーク作りなど、日本語教育を取り巻く諸問題も解決されてはいない。

それらの問題を少しでも改善できるようにするには、さらに日本や日本企業、日本人の協力が必要であり、その努力をし続けなければ、日本語教育の発展はない。自明のことではあるが、日本語のプロモーション活動に終わりはない。日本語を学ぶ人々を大切にし、それらの人々に何らかの恩恵が得られる環境を提供することが、日本にとって平和的な外交手段であり、顔の見える友好関係を築く近道である。日本語を話す「人づくり」が日本や日本人に多大な恩恵をもたらすことを、シンガポールで暮らす日本人が気づき、実践していることは大きな前進である。

日本語教育発展への土壌ができつつあるシンガポールは、将来の日本語教育に明るい展望を見せている。

（岡本佐智子）

注

1）各民族の代表言語と英語のバイリンガル教育といっても、華人の多くは福建語や広東語など、中国語の方言話者であるため、華語は母語ではなく第2言語である。このため、華人は事実上、三言語を習得することになる。また、政府は2000年から、シンガポール独特の英語「シングリッシュ」を「標準英語」に改めるよう、「よい英語を話す」運動を計画している。

2）1942年2月から45年8月まで、日本がシンガポールを占領し、軍政を布いていた時期には、「華人大検証」や「大虐殺」など、不幸な歴史がある。リー・クアンユー氏は67年の日本軍占領時期死難人民記念碑（血債の塔）建立式典で「この記念碑は、日本からの今後の接近に対して警戒するものではない」としながらも、75年まで、慰霊祭には日本人の正式参加が許されていなかった。日本政府側は94年に村山富市首相が献花するまで、謝罪や慰霊のことばもなかった。しかし、リー氏は、日本軍占領下時代の行為を「許そう、しかし忘れまい（forgive but never forget）」と、繰り返し演説している。

3）フロリアン・クルマス著、諏訪功・菊地雅子・大谷弘道訳（1993）『ことばの経済学』pp. 272～274参照。

4）1966年9月21日に第二次世界大戦の賠償として、シンガポールに無償供与2,500万海峡ドル（29.4億円）、および借款2,500万海峡ドルが政府間協定で結ばれた。シンガポールとの協定文書には、今後の補償は提起しないといった文言が折り込まれている。このような協定文部分は、同日に協定調印したマレーシアやフィリピンにはない。

5）田村慶子（1993）『頭脳国家シンガポール』pp. 127～129参照。

6）スイスに本部を置く国際経営開発研究所と国際経済フォーラムの共同発表による「世界競争力レポート」では、シンガポールは1994年以降、政府、国民、金融の部門でトップの座を維持し、99年の「世界競争力ランキング」でも、アメリカの6年連続総合第1位に続いて、シンガポールも第2位を守っている。ちなみに、99年発表の日本の順位は、前年の18位から16位に上昇した。

7）日本シンガポール協会（1999）「シンガポールの国家戦略」『シンガポール』2号 pp. 19～21参照。

8）シンガポールでは1999年現在、大学は国立大学2校のみであるが、2000年には私立のシンガポール経営大学が開学する。

9）1988年では、中卒以下が81.1％、高卒13.4％、大卒5％であったが、95年

以降は大卒が2桁台に伸びている。これは、二言語習得に問題があっても、英語能力が高い場合は、オーストラリアやアメリカ、イギリスなどの英語圏の大学に私費留学したり、通信教育で学士号を取得するケースが増えているためである。

　1997年の中卒後の進学率は68%に上昇し、38%がポリテクニックに進んでいる。教育省は、近い将来、平均的なシンガポール人の最終学歴はポリテクニック卒業になるであろうと予測し、ポリテクニックの入学定員を徐々に増加させている。

10) 1995年には約1,500名の応募者のうち、640名が入学しており、98年度は新校舎移転にともない、応募者1,139名のうち、約700名が入学を許可されている。

11) 日本語の言語選択プログラムの奨学生になるには、GCE"O"レベル試験の総合成績が上位高得点で合格した者でなければならない。毎年平均20数名が受講を許可され、そのうちの約10名には、年間一人当たり1,000シンガポールドル（約7万円弱）の奨学金支給がある。また、受講生には日本の経団連の援助で、ホームステイを含む約1週間の日本旅行もある。2年生の半数は、日本語能力試験1級の認定証保持者である。

12) クライアントとは、日本語を学ぶ学生であり、学生を雇用する企業を指す。NUSでは授業の媒介語は英語であったが、日本語履修者の大部分が英語よりも華語に堪能であるため、1991年から、授業の媒介語を中国語で行う実験を行っている。

13) 非常勤講師の多くは日本企業駐在員夫人であるが、近年は、国内外での日本語教育経験者や日本語教育関係の修士号を持つ優秀な人材が増えている。

14) シンガポールに四つあるポリテクニックでも、外国語の選択科目、または自由選択科目に日本語があり、履修者は増加の一途をたどっている。一般の中学校でも、課外授業として、学校独自の基金で日本語教育を提供している学校が増えている。しかし、共通の悩みは教師不足であり、クラス数を増やしたくても増やせないのが現状である。

15) 1991年5月20日、朝日新聞社主催のシンポジウムでの発言。

16) 1994年11月23日、朝日新聞社主催のシンポジウム『21世紀のアジア』での発言。

17) 1999年1月24日「私の履歴書」『日本経済新聞』参照。

18) 欧陽憶耘（1999）「二言語併用者の生活と学習活動における言語使用についての調査」『世界の日本語教育　日本語教育事情報告編』第5号 p.123

参照。

19) シンガポールでは、2000年までに国内全土に光ファイバーを張りめぐらせ、すべての家庭、企業、学校、政府機関をネットワーク化して、世界最先端の情報化社会「インテリジェント・アイランド」の構築が進められている。統計局調査によると、1997年の個人のパソコン所有率は40.8%である。

【参考文献】

Wong, P. and Goh, C. 著、田中恭子訳 (1988)『シンガポールの政治哲学 (下巻)』勁草書房

岡本佐智子 (1995)『海外における日本語教育の成功要因に関する社会言語学的研究』青山学院大学大学院国際政治経済学研究科修士論文

竹下秀邦 (1995)『シンガポール ―リー・クアンユウの時代―』アジア経済研究所

田中恭子 (1984)『シンガポールの奇跡』中公新書

田村慶子 (1993)『頭脳国家シンガポール』講談社現代新書

日本国際教育協会・国際交流基金『日本語能力試験 結果の概要』1986-1998 各年版

日本シンガポール協会 (1999)『シンガポール』2号、4号

フロリアン・クルマス著、諏訪勲・菊地雅子・大谷弘道訳 (1993)『ことばの経済学』大修館書店

Han, F., Fernandes, W. and Tan, S. (1998) *LEE KUAN YEW: The Man and His Ideas.* Times Editions. Singapore

Josey, A. (1968) *LEE KUAN YEW: The Crucial Years.* Times Books International. Singapore

Lim, H. (1995) *Japan's Role in Asia: Issues and Prospects.* Times Academic Press. Singapore

Ministry of Education (1998) *Directory of Schools & Educational Institutions 1998.* Singapore

Ministry of Education (1998) *Education Statistics Digest 1998.* Singapore

Ministry of Information and The Arts (1997) *Sinagpore 1998.* Singapore

Ministry of Information and The Arts (1999) *Singapore Facts and Pictures 1999.* Singapore

National University of Singapore, Department of Japanese Studies (eds.) (1990-1999) *Handbook.*

Ooi, G. and Rajam, R. (eds.) (1999) *SINGAPORE the Year in Review 1998*. The Institute of Policy Studies, Times Academic Press. Singapore

Seah, C. (1995) *Nihon-go ga wakarimasuka*. National University of Singapore

Singapore Department of Statistics (1998) *Yearbook of Statistics Singapore 1999*. Singapore

聯合早報・SONY (1995) *Lee Kuan Yew*. [CD-ROM]. Singapore

第8章
オーストラリアの言語政策と日本語教育の課題

1 はじめに ── 日本語教育の発展の背景

　オーストラリアは、100を超える英語以外の言語と、約150種類にのぼるアボリジニ言語（先住民の言語）が話されている[1]多言語社会である。また、全人口の約14%が英語を母語としない国々の出身者であり、イギリスなどの英語を母語とする国の出身者と合わせると、全体の約23%が海外で生まれた人々[2]という移民国家である。
　この社会における言語と文化の多様性は、初等、中等（日本の中学と高校）レベルの外国語教育にも大きく反映している。1996年の統計によれば、全国の公立の初等・中等教育機関で教えられていた英語以外の言語（Languages Other Than English、以下 LOTE と記す）の数は、全部で97種類にのぼる。その内訳は、55種類のアボリジニ言語、12のアジア言語、そしてその他の約30種類の言語である。
　学習言語の種類や数、学習者の規模などは、州の民族構成などにより異なるが、このバラエティーには目を見張るものがある。これは、学校教育において、LOTE 教育が連邦、州政府共同の支援のもとに、国家レベル

で強力に推進されている結果である。その積極的な政府の姿勢の背景には、オーストラリア社会の意識変化を反映して打ち出された政府の社会、経済、教育における以下の三つの方針が存在する。

① 多民族国家として、移民と先住民の言語の維持と発展を支援し、異文化の共存と文化の発展を促進する。また、移民のもつ言語を外交と貿易の観点から、国家の資産と見なし、それを活用することによって経済発展を図る。これはかつての同化政策から多文化国家政策への転換である。

② 自国をアジア太平洋圏の一員として位置づけ、隣国との交流を深め、対アジア関係の進展を図る。また、オーストラリア経済の将来はアジア市場にかかっているという認識から、日本をはじめとする経済的に重要なアジアの国々の言語と文化の教育を国家目標とする。これは、それまでの英国中心主義から、アジア太平洋圏主義への外交および経済政策の大きな方向転換である。

③ 1960年前後から進められた中等教育レベルでの教育制度改革[3]により、外国語が主要科目から選択科目になった結果、学習者数が急激に減り、特に中等高学年の学習者数の減少が顕著となる。そのため、教育関係者は子供の視野を広げ、思考の柔軟性を養う重要な意義をもつLOTE学習の衰退を危惧していただけでなく、政府関係者も外国語に堪能な人材が非常に少ないという状況を国の外交力の弱点として問題視していたことから、共にLOTE教育の普及と発展を図る。

表1　12年生（中等教育最終学年）の現代外国語履修者の割合　　　（単位：％）

	1967年	1975	1988	1990	1992	1993	1995	1997
フランス語	27.3	8.1	2.2	2.99	2.26	2.28	2.5	2.3
ドイツ語	5.5	3.3	1.2	1.74	1.36	1.37	1.54	1.58
日本語	0.01	0.29	0.7	1.50	1.98	2.31	2.91	3.06
インドネシア語	0.3	1.2	0.5	0.73	0.57	0.65	0.84	1.16
イタリア語	0.9	1.1	1.1	1.43	1.14	1.14	1.29	1.24
LOTE学習者の割合	35.8	14.7	8.0	11.82	12.09	12.09	14.45	14.33

注：上記以外の言語は省略　　　　　　DERB1977, NBEET1996, DEETYA1998より

以上の三つの方針の反映が、表1の学習者数の変化に表れている。すなわち、①歴史的に第1外国語として学ばれていたフランス語の学習者が減少し、②アジア地域の隣国であるインドネシアの言語の学習者が増加し、③多数派移民グループであるイタリア人の言語の学習者が増加し、④主要貿易相手国である日本の言語学習者数が大幅に増加したことである。

オーストラリアの輸出産業における日本の位置は非常に重要である。加えて、日本からの観光客が1970年代後半から急速に増加したため、観光産業における日本語話者の需要が増え、実用的な外国語、就職につながる外国語として日本語への関心が高まった。このように、オーストラリアの日本語教育の発展には、経済的、政治的利益の拡大という国家政策と、実益につながるという一般の人々の期待が大きく起因している。

現行の国家言語政策も、国の経済と外交の発展を重視しており、日本語教育の発展に深い関わりを持つ内容である。オーストラリア政府協議会(Council of Australian Governments)は1994年に「アジアの言語とオーストラリア経済の将来(Asian Languages and Australia's Economic Future)」と題する報告書を発表し、学校教育でアジアの言語と文化を学習することの重要性を説き、アジア言語の中でも日本語、中国語、韓国語、インドネシア語の4言語を優先言語に指定した。

この報告書の提言を受け入れた連邦と各州政府は共同で予算を組み、全国の初・中等教育機関において優先アジア4言語とその文化・社会の教育を推進することを目的とした「学校教育においてアジアの言語とその国々についての学習を推進する国家プロジェクト」(National Asian Languages and Studies in Australian Schools、以下NALSASプロジェクトと記す)を制定し、国家言語計画を策定した。以下にその具体的な目標項目を挙げる。なお、現行の計画は2006年までに達成することを目標にしている。

- 初等3年生から中等10年生(日本の高校1年生にあたる)までは全員がLOTE学習をし、その学生のうちの60%がアジア優先言語のいずれかを学ぶ。
- 12年生(日本の高校3年生)の25%がLOTEを学び、そのうちの15%が、いずれかのアジア優先言語を学ぶ。
- 初等3年生から中等10年生までの各教育課程にアジアに関する内容を組み込む。

表2　1997年ビクトリア州の公立校における上位4言語の学年別履修者数（単位：人）

	7年生	8年生	9年生	10年生	11年生	12年生
インドネシア語	11,002	8,585	4,281	1,679	259	174
フランス語	9,216	7,795	4,776	2,452	499	289
イタリア語	8,203	7,210	5,280	2,695	344	152
日本語	8,436	6,610	3,771	1,701	403	237

Education, Victoria, 1998より

　この言語計画目標に基づき、各州・地域政府は、各々年次計画を立ててその達成に努力している。この計画の中でも特に12年生のLOTE学習者数に対して掲げた目標は、表1の学習者率からもわかるように壮大な計画と言える。

　表2はビクトリア州の学年別履修者数を示しているが、ここに見られる傾向は全国に共通しており、中等レベルのLOTE学習者は低学年に集中し、高学年まで継続する学生が非常に少ないのが現状である。しかし、高度な語学力の育成を期待する以上、中等教育におけるLOTE教育の成果は12年生の履修者数によって測られることになるので、12年生の履修数の増加はLOTE教育の最大目標とも言えるのである。その点から見ても、表1が示すように、日本語履修者の割合が1993年以来、第1位の座を確保していることは、日本語教育関係者にとって励みになる現象である。しかし、日本語教育推進のもとに生じている問題がいろいろあるのも事実である。

　以下の項では、オーストラリアの教育制度に触れ、日本語教育の現状を教育レベル別に概観し、課題を考察し、終わりに今後の展望を述べたい。

2 教育制度

　オーストラリアはニューサウスウェールズ州、ビクトリア州、クイーンズランド州、南オーストラリア州、西オーストラリア州、タスマニア州の六つの州と、ノーザンテリトリーと首都特別地域であるキャンベラの二つ

の地域（以下、州と総称し、各々の名称をNSW、VIC、QLD、SA、WA、TAS、NT、ACTと略す）から成る連邦制の国である。各州の自主独立性は強く、教育行政の権限が各州にあるため、学校体系や試験制度などが州によって異なる。

　教育機関は初等・中等・高等の3段階に分かれ、初等教育（Primary）は基本的に予備課程（Pre-Primary）から6年生までの7年間で、中等教育（Secondary）は日本の中学と高校を合わせたもので、7年生から12年生までの6年間である。義務教育は10年生までで、6歳から15歳までとなっている。中等教育は、10年生までの前期課程と11、12年生の後期課程に分かれ、10年生修了時に前期中等教育修了証書が授与され、後期課程に進学する者、就職する者、TAFE（Technical and Further Education）という日本の専門学校にあたる州立の教育機関に進学する者に分かれる。

　後期課程では、12年生時に各州で実施される大学入学資格試験に向けて学習を進める。この試験の名称は各州でみな異なるが、本稿では一括して大学入学資格試験と呼ぶ。この試験は州の試験と学内の評価の組み合わせによる（ACTとQLD州では学内試験のみ）もので、日本のような各大学による入試のないオーストラリアでは、この試験結果は志望校や志望学部への入学を左右する大学入学資格となる。また、公務員や企業の中級職への就職資格になるので、大変重要な意味をもつ。受験科目は、必修科目と選択試験科目から成る。必修科目は英語、数学、科学、社会科系科目で、選択試験科目は、LOTE、音楽、保健体育、美術、商業、家庭科、写真などの中から数科目を選んで決める。

　学生や父母にとっての教科の重要性は、その科目が必修試験科目であるかどうかで大きく左右されるが、日本語を含むLOTEは音楽や保健体育などと並ぶ選択科目である。ここに日本における英語教育とオーストラリアにおけるLOTE教育には、学校教育における地位に根本的な違いがあるということがわかる。

　初・中等教育機関は基本的に、公立校（Government School）、カトリック系私立校、独立学校（Independent School）と呼ばれる私立校に分けられる。独立学校には、英国国教会などのプロテスタント系や、それ以外の宗教系私立校と宗教に関係のない私立校が含まれる。この独立学校にはLOTE教育に熱心な学校が多く、日本語教育を初等、中等と一貫して提供している機関も少なくない。全国における3種類の学校の割合は1996年

を例にとると、公立校が全体の73.6％を占め、カトリック校が17.6％、独立学校が8.8％となっている。

　教育課程に関しては、国が指定した全国共通カリキュラムや指定教科書はなく、公立校はそれぞれの州の教育委員会の管轄になっているが、各機関の自主性が大きく認められており、提供科目、学習内容、授業計画と形態、教科書、時間数などの決定は、各学校にまかせられている。そのため、選択科目の設定については、その地域と父兄の要望や学校長の方針、担当教師の有無、学生のニーズなどによって決まる。

　高等教育は基本的に大学と前述のTAFEに分かれ、大学は現在37の国立大学と二つの私立大学がある。国立大学は連邦政府の予算で運営されているが、教育内容に政府の干渉はほとんどなく、各大学は自主性とその特色を強調する傾向にある。TAFEは州立だが、連邦政府も経費を出している。現在、国立大学は、1996年からの連邦政府の教育への大幅な予算削減により厳しい財政状況にある。

　学部レベルの修業年限は、学士号取得が通常3年であるが、学部や専攻によっては4年から6年の場合もある。優秀な成績で学士号を取得した学生で希望する者は、さらに1年かけてオナーズ（Honours）という優等学士を取得する。修士号取得には優等学位取得後、最低1年間の修士課程を修了するのが一般的である。博士号取得には修士号取得後、最低3年を要するのが普通であるが、専攻によって多少の違いがある。

　教員免許の取得について記しておくと、初等・中等機関の日本語教師の資格をとるには大学で3年～4年間日本語を専攻し、さらに教育学部で1年の教職課程を修了することが必要である。教職課程ではLOTE教授法も学ぶが、これは外国語一般の教授法で、特定の言語を対象にした学習ではないのが通常である。

3　日本語教育の現状

（1）　高等教育レベル：大学を中心に
〈1〉　大学

　大学での日本語学習者数は「津波現象」とも呼ばれ注目された1980年代後半には、1年生の日本語登録者数の急激な増加により、フランス語の学

表3　大学の日本語登録者数　（－は統計がとられていないため不明）　　　（単位：人）

	1983年	1986	1988	1989	1992	1994	1996
1年生登録者数	550	894	2,695	3,340	－	－	－
登録者総数	1,073	1,625	4,157	5,519	8,635	9,573	10,233

Australia-Japan Research Centre1989, Australia-Japan Research Centre1997より

習者数を抜いて、大学で学ばれている外国語のトップとなった。その後、学生数は90年代前半まで緩やかな増加を示し、96年以降は落ち着いている。現在は国内全39大学のうち34の大学が日本語コースを設けており、学習者数が分散していることもあって、大学によっては多少の学習者数の減少が見られる（表3参照）。

　先に述べた1980年代後半からの学生数の増加は、学習者の多様化をもたらし、それに対応するために各大学は日本語コースの多様化を図る必要に迫られた。以下、「多様化」の代表的な要因となった学習者の入学時の語学レベル、学習の動機と目的、専攻分野、そして出身地の四つの点の状況と対応について述べていきたい。

　まず、学生の日本語能力について見ると、中等機関での日本語学習者の大幅な増加によって、学生の入学時の語学能力の幅は驚くほど広がっている。その状況を全国の大学の中でも最大級の日本語学習者数をもつモナシュ大学（メルボルン）を例にとって述べてみたい。

　モナシュ大学の日本研究科には、日本語入門コースのレベルAから最上級のレベルFまである。各々1年の履修課程で、入学時に日本語学習歴のない1年生はレベルAから始める。大学入学以前に日本語学習経験のある学生に関しては、中等教育の11、12年生時に大学入学資格試験科目として日本語を学習した学生は、1年生であってもレベルBから始めるが、中でも高校在学中に日本への留学経験がある者や、大学入学資格試験で高得点を取った者は、レベルC、またはそれ以上のレベルから始めることもある。また、12年生の時に日本語を学ばなかったが、それ以前に短期間学習したという者は、普通、レベルAから始める。

　これら高校を卒業してすぐ大学へ入学する学生以外に、TAFEなどの他の機関から編入する者、ワーキングホリデーで日本に滞在していた者、現役の初・中等教育機関の教師を含む「成人学生（mature-age student）」

と呼ばれる23歳以上の学生など、年齢も日本語学習経験も日本語能力も実にさまざまな学生を、各々その語学力に合ったコースに振り分けるのも容易ではない。

　全コースの中でも学生数が多く、1年生と2年生が混在するレベルBの構成を見ると、1996年にはレベルAを修了した2年生の数が1年生を上回っていたが、1997年にはほぼ同数、そして1998年には1年生の数が2年生を上回るという結果になり、中等レベル高学年の日本語履修者が増加していることを物語っている。今後この傾向が続くことと、既習者の語学レベルが上がることが十分予想されるので、特に入門と初級コースの内容が現在検討されている。

　このように、学習者の入学時の語学力の幅が広くなったことから、特に学習者数の多い機関では学習内容や評価基準の見直し、新しいコースの設置、コース編成を既習者とゼロから学ぶ学生とに完全に分けるなど、カリキュラム構成において、さまざまな対応がなされている。

　次に、学習の動機と目的であるが、従来の日本語や日本文化への興味に加え、日本関連企業や政府関係、または観光産業への就職を目標に履修する学生が非常に多くなった。また、将来日本へ行ってみたい、日本で働きたいといった日本への好奇心から履修する学生も少なくない。いずれの学生にとっても実用的な日本語を身につけることが最優先で、日本人とのコミュニケーションのための会話力と現代日本社会の知識の習得を目指している。そのため、かつては文法や読解重視の傾向にあった多くの大学の学習内容もコミュニケーション重視へと変化した。また、日本語使用目的をビジネスや観光、翻訳、専門書の講読などの分野別に焦点をあて、学生のニーズに合わせたコースを開講する大学やTAFEが増えている。

　専門分野に焦点をあてたコースの例に、クイーンズランド大学（ブリスベン）の大学院レベルの通訳・翻訳者養成プログラムや、セントラル・クイーンズランド大学（ロックハンプトン）の"Language and Culture Initial Teacher Education Program"という小学校教師の養成コースがあり、どちらも日本での研修が組み込まれている。後者は、授業の50〜80％を日本語で行うイマージョン形態を取り入れている。

　これらのほかにも、州教育省との提携で、初・中等教育の教師養成コースを設けている大学もある。加えて、通信教育コースやマルチメディアを学習に取り入れたプログラムなど、さまざまなコースが設置されている。

以上のようなコース開発に加え、日本の大学との交換留学制度の設置と発展にも多くの大学が力を注いでいる。それは日本での学習経験が高度な語学力の習得に大きな意味を持つからである。モナシュ大学では現在、日本の10大学と学生の交換提携があり、毎年、学生の交換が活発に行われている。

　大学の日本語コースは、一般にArts学部と呼ばれる人文・社会科学系学部に設置されている。日本語を履修している学生を専攻分野別に見ると、日本語を主専攻にし、Arts学部内の他の分野を副専攻にしている者、また経済、商学、法学、理工系学部などの他学部に所属し、日本語を副専攻にしている者のほかに、日本語と他の分野の両方を主専攻にするため両学部に同時に所属するという二重専攻という形で学んでいる学生もいる。

　現在は、後者のArts以外の学部に所属する学生や二重専攻で学んでいる学生が非常に多く、日本語をスキルとして捉え、できるだけ高い日本語力を身につけ、将来、経済や法律などの専門分野で日本語を使うことを意識している学生が多い。これは1970年代から80年代に問題視されていた、日本語が主に日本語・日本研究専攻の学生だけに学ばれている当時の状況から、他の専門分野と合わせて履修できるようにすべきであるという課題が改善されたことを示している。当時、日本語と他の専門分野を兼ね備えた学生の育成のため、二重専攻の学位の設置も提唱されていたのである。

　次に、学習者の出身地について見ると、オーストラリアの大学では世界各地からの留学生が年々増加しており、中でもアジアからの学生の割合が群を抜いて高い。1996年の統計によると、全国の大学生総数の6.5％が東南アジア、または東アジアからの留学生で、留学生全体の77％を占めている。日本語学習者の中に占める留学生の数は、各機関の地理的条件や日本語コースの規模によって違うが、都市にある大学の大規模な日本語コースでは、アジアからの留学生が占める割合が非常に高い。

　アジアからの留学生に加えて、アジアから移民した学生も数多く学習しているモナシュ大学では、初級日本語コース学習者の半数前後をアジア系の学生が占めている。その出身地を見ると、香港、シンガポール、マレーシア、中国、台湾、韓国、インドネシア、タイ、ベトナム、バングラディッシュなどであり、特に現在は中国、台湾、香港、韓国、マレーシアからの学生が目立つ。そのため、学生の母語も多様で、各コースに占める漢字圏出身者の割合も高くなっている。

漢字の知識があるなしに加え、母国での授業形態にも違いがあり、積極的に話をしたがる学生が比較的多いオーストラリアの学生に比べ、留学生やアジア系の学生の中には、人前で話すのが苦手な学生も多い。そのため、授業で行うロールプレイなどのアクティビティーの選択や評価項目の設定にも、十分な配慮と柔軟な姿勢が必要である。このような状況の対応策の一つとして、アジア系の学習者の多いマッコーリ大学（シドニー郊外）では、漢字圏と非漢字圏出身者を分けてコースを設置している。

　以上のように、大学では学習者の多様化に対応したコース作りに力を注いできたが、現在、前述した1996年からの連邦政府の大学への大幅な予算削減により、新たな課題を抱えることになった。というのは、大学が予算の削減に対応するため、教職員の削減に踏み切ったため、特に規模の大きいArts学部への影響は大きく、学部内の大幅な教員削減が強いられている。同時に、各コースの運営内容の見直しが行われ、履修者の少ないコースが閉鎖されるということも、あちらこちらで起こっている。

　財政難により教員数が縮小され、コースの経済性と効率が重視されるようになったことは、他の科目に比べ学習時間数の多い日本語を含む外国語コースにとって大きな打撃となったことは言うまでもない。一般に、外国語以外のArts学部の科目の授業形態は、講義と少人数のチュートリアルと呼ばれるクラスの組み合わせで、授業時間数は週3時間程度である。外国語コースは従来週5、6時間の授業時間が一般的で、少人数クラスが重視される。講義形態の授業は最小限というケースが多く、学生数が多い場合、コース全体の授業時間数は膨大になる。そのため、語学は多くの教員を必要とし、非経済的であるという批判が上がっている。

　一方、1990年代後半から高等教育機関で非常に重要視され、頻繁に使われるキャッチフレーズに、"Flexible Delivery"というのがある。これは、時間割に合わせて登校し授業を受けるという従来の受講形態ではなく、基本的に学生にとって都合のよい時間に、キャンパス外でも受講できるという形態である。テクノロジーの利用によって、コースの概要、講義内容、課題、教材その他の情報にインターネットを通じてアクセスし、学習者と担当教師、または学習者同士の連絡は電子メールやネット上の掲示板を通じて行うことで、大学での授業や学生指導時間を最小化するというのが一例である。

　このほか、テレティーチングやマルチメディアの利用も含まれる。これ

は能率と経済性の促進だけでなく、遠隔地や海外居住者、仕事を持つ人々の受講を可能にし、より多くの学習者を獲得する方策でもある。大学はこの"Flexible Delivery"の活用を強力に推進し、この形態を利用したコースの開発を各分野に奨励している。コースの経済性の向上を求められている語学コースも当然のことながら、"Flexible Delivery"の利用と開発を迫られ、その効果的利用法の考案、開発をしている大学が多々ある。

一例を挙げれば、筆者の勤務するモナシュ大学では、日本語とスペイン語のWebを利用したプログラムの開発を行っている。開発費は大学からの研究費による。筆者は大学のランゲージ・センターと共同で、初級レベルの日本語プログラムの開発を担当している。このプログラムの目的は、初級レベルの文法、語彙、表記などを学ぶためのインターアクティブな練習問題と、読解力と文化・社会の知識の学習に重点をおいたタスクの作成にある。タスク作成のねらいは、学習者が実際に日本のサイトにリンクし必要な情報を得ることによって、初級段階から海外にいながら現代の日本事情に触れ、楽しみながら学習できることにある。

大学の日本語教育は学習者の多様化に応える努力をしてきたが、今度は経済性の向上とテクノロジーを活用した効率の高いコースの開発を求められている。学習者の専門分野や個人の状況がさまざまであるため、授業の時間割の調整がどんどん難しくなっている昨今、テクノロジー利用の必要性も確かにあると思われる。語学力の到達レベルを下げずに、テクノロジーの利点を生かして、いかに効率のよいコースが提供できるかというのが現在の大きな課題であり、このことは、語学学習に応用できるテクノロジーの情報と知識を、教員が持つ必要性も意味しており、教師間だけでなく、特に大学間での情報交換が重要と思われる。

〈2〉 TAFE（技術・継続教育機関）

全国各地にさまざまな分野のコースやプログラムを設けているTAFEでは、修了証書取得のための総合400～600時間の日本語コースのほかに、観光、ビジネス、サービス産業で使う日本語に焦点を合わせたコースを提供しているところが多い。TAFEでの日本語学習者数は1990～95年の間に70%増加したと言われているが、95年には総合時間50時間か、それ以上の日本語プログラムに全国で約8,800人が登録し、その約半数がNSW州の学習者であった。NSW州では、80年代中頃のオーストラリアへの日本

人観光客の大幅な増加に刺激され、観光・サービス産業課程のプログラムに日本語を組み入れたり、観光ガイド、販売員、通訳養成などに日本語と文化・社会の知識を組み合わせたさまざまなコースを提供した。

現在の日本語学習者総数の把握は困難である。しかし、NSW州のTAFE関係者の話では、州全体における学習者数は多少減少気味であるが、シドニーでは2000年のオリンピックに向けて学習者数は多少増加傾向にあるという。しかし、全国的な傾向であるTAFEや語学学校での日本語学習者の減少は、大学が夜間や夏期講座などを開講し始めたことにより、学習者が広く分散されてきたことと、仕事で使えるだけの日本語の習得が短期間ではなかなか難しいという認識が広まってきたことが背景にあると考えられる。

TAFEでもコース開発や教師養成プログラム、そして"Flexible Delivery"を使った教材開発などが広く行われている。TAFEの教員については、一般に非常勤の場合が多く、都市では教師獲得にあまり問題はないが、遠隔地では、日本語の場合、特に資格のある教師の確保が難しく、加えて教材の入手も困難であることが、深刻な問題としてよく挙げられる。また、働きながら学んでいる学習者が多いため、学習継続には雇用主の理解とサポートが不可欠であるが、語学習得にかかる時間と労力や語学訓練の重要さに対する企業側の認識が十分とは言えない。従業員に高度の語学力を求める以上、今後、雇う側の語学学習に対する十分な理解とサポートの向上が期待される。

(2) 初等・中等教育レベル

初等・中等レベルの現状を、以下の5点にまとめて述べてみたい。

〈1〉 学習者数

現在、日本語はオーストラリア全国を通じて、初等・中等両レベルのLOTE教育における主要な言語としての位置を確保している。さらに注目すべきことは、1969年には全国の中等機関におけるLOTE学習者全体の0.4％にも満たない学習者数しか持たなかったが、94年には学習者数において中等レベルで第1位（以下、順にフランス語、ドイツ語、イタリア語、インドネシア語）、初等レベルではイタリア語に次いで第2位のLOTEになるという発展ぶりを遂げたことである。また、現在の学校教育におけ

る日本語学習熱の高さは、1996年の各州各地域における初・中等校別LOTE学習者数のランキングの結果からもうかがえる（表4参照）。

初等レベルについては、1990年代に入ってからの学習者の増加が特にめざましく、日本語教育全体に大きな影響を与えており、新たな問題も生まれている。

表4　1996年の各州公立校における初等、中等別LOTE学習者数ランキング

(P：初等、S：中等)

	NSW	VIC	QLD	SA	WA	TAS	NT	ACT
日本語	P1, S1	P3, S5	P1, S1	P1, S2	P3, S1	P3, S2	P3, S2	P1, S1
フランス語	P3, S2	P5, S1	P3, S3	P5, S3	P1, S2	P2, S3	P0, S6	P2, S2
インドネシア語	P2, S5	P2, S3	P6, S4	P4, S5	P4, S4	P1, S1	P1, S1	P3, S3
ドイツ語	P5, S3	P4, S4	P2, S2	P2, S1	P5, S5	P6, S4	P2, S3	P7, S4
イタリア語	P4, S4	P1, S2	P4, S6	P3, S4	P2, S3	P4, S5	P7, S7	P5, S7

MCEETYA1997より

表5　初等教育レベルにおけるLOTE学習者数
　　　クイーンズランド州、タスマニア州、ビクトリア州の3州の合計学習者数
　　　注：他の州は資料が不完全なため、以上の3つの州に限った　（単位：人）

	1991年	1994年	1996／1997年
日本語	25,110	59,563	108,848
中国語	8,343	14,066	19,970
インドネシア語	5,824	30,903	73,142
韓国語	0	228	416
イタリア語	42,498	47,618	150,520
ドイツ語	12,660	37,291	44,094
フランス語	13,065	26,412	28,107

Advancing Australia's Languages : Overview Report1998より

〈2〉 問題点

まず、何よりも問題となっているのは、教師の絶対的な不足である。全国の初等低学年から LOTE 学習の必修化が達成目標である現在、この問題は以前にも増して深刻である。このような状況を観察すると、学習者数拡大の目標のほかに、教育に不可欠である十分な日本語力を備えた教師の数の確保も具体的な目標にすべきではないかと思われる。

一般に、一つの機関で、初等レベルでは1言語、中等レベルでは2言語の LOTE 科目が提供されていて、どの言語を教えるかは各学校の校長の方針、生徒や父母からの要望、教師の有無、加えて特定の移民グループが多いなど学校が位置する地域の事情などによって各学校が決める。

日本語の導入を決めた際、日本語教育の資格を持った教師を確保できれば理想的である。しかし、学習者数が少ない場合や、すでに他の語学が教えられる教師がいる場合は、学校内の人事や経済的な理由から、日本語を専門としない教師が担当する場合がよくある。特に中等教育レベルでは、幅広い選択科目を提供していることや、従来の主要外国語であったフランス語やドイツ語を教える資格をもった教師がすでにいることから、新たに日本語の教師を雇わず、現場の他言語の教師を日本語教師に速成する傾向がある。問題なのは、そのような教師が日本語力の速成を期待され、日本語コースの修了を待たず、コースを履修しながら現場で教え始めるというケースが、少なくないということである。

それらの教師の失敗談はいくらでもある。例えば、日本の食べ物を紹介する「すし編」の授業で、教師がすし飯を作るのに炊いたご飯に、酢ではなく醤油を入れようとしたことがあった。筆者が当校に出向いていたので、そっと止めることができた。授業の後でその教師に醤油ではなく、酢をまぜるのだがと言ったところ、その教師は本にそう書いてあったと思うし、どちらにしてもおすしは醤油をつけて食べるらしいから、先に混ぜても、あまり問題はないのではないかと言っていたのが思い出される。多忙な中で日本語を学習し、また日本滞在の経験もないのに、日本の文化や習慣についても自信を持って教えなければならないということは、教師にとって相当な負担となることは言うまでもない。

〈3〉 学習内容

全国に共通した日本語教育のカリキュラム・ガイドラインとして1994年

に完成した「National Curriculum Guidelines for Japanese」というのがある。これは88年に作成された国家レベルのLOTE教育の指針、到達目標、評価基準などを示したAustralian Language Levels Guidelines（通称ALLガイドライン）に沿って作成された日本語教育のための全国共通の指針である。

その内容は、初等から中等までを3段階に分け、「お祝い」とか「わたしと友だち」というようなトピック別の構成になっており、それぞれのトピックに合った教室活動例や教材例が提示されている。しかし、これにはどの学習項目をいつ、どのように教えるかなどの具体的な教授内容や教材が提示されていない。このため、授業計画にすぐ役立つというものではなく、実際は現場の教師がシラバスを作成し、教材を決めることになる。

教授法は一般にアクティビティーを基本にしたコミュニカティブ・アプローチを採用している。中等レベルでは、生徒に身近で現実的な場面を設定し、場面に合ったアクティビティーをすることによって、コミュニケーション能力を養うという形の授業が理想とされている。授業では言語の学習とともに、日本の文化社会について学ぶことも重視されており、言語と社会習慣のバランスのとれた学習内容が望まれているので、授業準備にかなりの労力と時間がかかるようである。ただ、11、12年生では大学入学資格試験準備という明確な目標があるため、かなり文法や作文に重点が置かれた学習内容に移行する。

近年、中等レベルでは、数多くの教科書や副教材が出版され、かなり整ってきているが、初等レベル用の教材は非常に乏しいのが現状である。初等レベルの学習内容は学校の事情により一括しにくいが、低学年では、日本の文化や習慣の紹介、歌やゲームや工作を通して日本語の語彙や表現を学ぶといった授業形態がよく見られる。また、全般に体験を通して楽しく学ぶといった傾向が見られ、短時間のアクティビティーが使用されるので、現場の教師から、数多くの、すぐそのまま授業で使えるタイプの教材が切望されている。

また、LOTE教育といっても言語学習主体ではなく、日本文化などの学習を目的としたコースを提供している学校も少なくない。言語主体か文化主体か、どちらのタイプのコースにしても、文化や社会の学習教材が多く必要であり、中でも現代日本に関する情報と教材の必要性を強く感じる。文化社会の学習では、現在も以前と変わらず「食べ物、祭り、生け花、着

物、武道」の項目が繰り返し導入されている傾向があり、ステレオタイプ的な知識が強調されすぎることが懸念されるからである。これらの項目は、情報が入手しやすく、また、言語教育との組み合わせもしやすいため、取り上げられやすいようである。この問題は、遠隔地にある機関ではさらに深刻であり、実際、日本人は普段まだ着物を着ていると信じている学生も珍しくない。

このような問題に対応するため、オーストラリア全国の学校教育で日本についてどのように教えられているかを調査した「Studies of Japan in Australian Schools」と題する興味深い資料が1997年に出された。その報告の中で、文化社会の学習項目の偏りと学習内容の重複が指摘され、学年別、項目別の枠組みを作成するなど、一貫した学習計画の必要性が説かれている。

〈4〉 学習形態

教師が直接教える通常の授業形態のほかに、日本語を教える教師がいないため、PALS（Primary Access to Languages via Satellite）というサテライト教材のみに頼っている初等機関もある。この教材は自主教材として使用できるように作られているが、日本語の教師不在で、番組を視聴するだけの学習では、小学生の学習への興味を持続されるのか難しいというのが現場の声である。ビクトリア州の1997年の報告では、日本語を提供している公立校の約16%がPALSのみで授業を行っているとある。中等レベルにもサテライト教材のSALS（Secondary Access to Languages via Satellite）があるが、これは補助教材として開発されたものである。

このほか、通信教育講座を利用して学んでいる生徒もいる。通信を通してのみの言語学習は難しい面が多々あるが、オーストラリアのように広大な国土を持つ国では、通信教育の果たす役割と、その質の高い教材への期待は常に大きいのである。

〈5〉 問題点と今後の展望

以上のように、各機関により学習内容、学習形態、学習開始学年、学習期間と実にさまざまで、その結果、学生の到達レベルや既習内容は学年と並行しないのが実状である。そのため、現在特に対応が急がれているのが初等から中等への移行である。現段階では、公立中等機関において初等レ

ベルの学習者の受け入れ対策が整っておらず、一つのクラスに既習者と初心者が混ざっていたり、既習者のクラスでも、その既習程度がまちまちであることが多く、いろいろな問題が生じている。

　まず、既習項目の繰り返しなどで興味を失った生徒の学習態度が悪くなり、授業の妨げになることが挙げられる。また、初等レベルから学習を始めた生徒の親が、学習年数が長い割に子どもの到達レベルが低いことを不満に思い、日本語から他の言語に変えさせることも起こる。学習時間数を合計すれば、きわめて少ないことがわかるにもかかわらず、学習成果への非現実的な期待を持っている親も多く、その場合は日本語はやはり「難しすぎる言語」というレッテルが張られることにもなる。

　実際、日本語は学習時間数に見合わない難しすぎる言語で、初等教育と中等教育低学年では導入すべきではないと論じている教育者もいる。また、もとから興味がなく、授業にもついていけないが、必修だから仕方なく10年生までただ続けるというタイプの生徒も授業の進行に支障をきたしている。

　学習者の語学レベルにばらつきのあるクラスを、どううまく扱うかは語学教師の腕にかかっているが、それには経験と語学能力が不可欠なのは言うまでもない。また、中等の11、12年生になると、生徒の人数は大幅に減るが、試験準備に焦点が置かれ、学習内容もコミュニケーション・スキルに加え、文法や作文の比重が大きくなるので、教師の日本語もかなり高度なレベルが要求される。

　初等・中等レベルの日本語教育の現状を概観して痛感することは、教師の果たす役割が日本語教育の発展にいかに重大かということである。今後の日本語教育において、十分な語学力と教授法の知識を備えた教師がどれだけ確保できるかが最大の課題であろう。

　1996年に提出された「Language Teachers: The Pivot of Policy」と題する答申書では、なぜ学校教育で満足のいく語学力の育成ができないのかを調査し、結果を考察している。それによると、最大の原因は、十分な資質を備えた教師の不足であり、それは教師の責任というよりは、これまでの目標履修者数達成ばかりに焦点をあててきた政策に問題があると批判している。そして、十分な言語運用能力を備えた教師なくして外国語習得目標達成はありえないと強く主張している。この批判は、日本語だけでなく、アジア言語教育全体の現状と問題点を指摘している。

教師不足の解決法の一つとして、現役教師へのサポートや教師再養成プログラムの充実とともに、多くの新卒教師の登場にも期待したいのだが、大学の日本語履修者の多くは教職ではなく、実業界やその他の分野での就職を希望している。しかし、日本からの留学生でオーストラリアの大学の教職課程に在籍し、日本語教師を目指している日本人学生もだんだん増えているようであり、彼らが現地の教師と協力して活躍してくれることも今後大いに期待できる。

　また、日本の公的機関やその他の団体から、オーストラリアの日本語教師を補佐するために派遣される日本人のティーチング・アシスタントを受け入れている学校も増えている。アシスタントの英語力や経験の不足、現地の教育事情の認識不足から生じる問題はあるものの、日本人と直接コミュニケーションをとる機会が、教師にとっても学生にとっても多くなりつつあるのは喜ばしいことである。ティーチング・アシスタントがオーストラリアの教育事情を把握し、何が必要とされているかをよく認識した上で、現地の日本語教師と協力して授業を行えば、彼らの存在は大きなプラスとなるにちがいない。

　さらに、日本の学校と姉妹提携を結び、学生間の交流を図っている機関が増え、また日本の政府やその他の私設団体の支援により、日本に留学する生徒の数も増加している。留学はもちろんのこと、たとえ短期であっても日本での体験が生徒の興味と意欲を大きく高めているのは、訪日経験のある学生から強く感じることである。

4　おわりに

　今後の日本語教育の発展には、教師養成の充実と、各教育機関の縦の連携が最も重要と思われる。まず、学習内容を有意義で興味深いものにするには、十分な日本語能力と日本社会の知識を備えた教師が不可欠であること。次に、各学習段階における日本語の基盤を確固なものにし、無駄なく積み重ねて高い語学力を達成させるには、全教育機関が共通の目安として使用できる日本語レベルの基準の設定が必要である。そして、この基準の設定には、初等、中等、高等の教育機関の協力が重要だからである。さらに、教師養成を担う大学側が、初等、中等レベルの日本語教師のニーズに

合った養成プログラムや現役教師の研修プログラムを組むには、三者間のコミュニケーションなくしては実現できないからである。

以上のことが実現されれば、日本語学習者の増加が裾野の拡大にとどまらず、将来、社会に貢献するに足りる実用レベルの日本語力を持つ学生を多数育成することが可能になるだろう。

オーストラリアの日本語教育は大きな課題をいくつか抱えているが、政府の経済的支援を背景とする国家規模の関心事であり、教育、政府関係者が共に問題の改善に取り組んでいることから、今後の向上が期待される。

また、連邦政府が、前述したアジア4言語とそれらの国々についての学習の推進を目的としたNALSASプロジェクトの1998－99年度予算に4260万ドル（1ドル71円換算で約30億円）を割り当て、特に教師の養成に焦点を当てたこと、そして1999年から2002年にかけての3年間に新たに9000万ドル（約64億円）の予算をNALSASプロジェクトに割り当てると決定したことは、このプロジェクトが重要かつ長期的な国家計画であることを裏付けている。

西暦2000年半ばには、初等レベルから日本語を学んだ学生が大学に入学してくることになり、どのような学生を大学で迎えることになるのか楽しみである。

付記

初等・中等教育の現状についてのインタビューに快く応じてくださったAnne de Kretser氏（メルボルン日本語教育センター）、中田憲太郎氏（キングスパーク・セカンダリー・カレッジ）、早川高典氏（ニドリー・セカンダリー・カレッジ）に感謝を申し上げます。

（友田多香子）

注
1) Kipp, Clyne & Pauwels, 1995による。
2) オーストラリア統計局 Australian Social Trends 1998 によると全人口18,532,000人の14.2%が非英語国、全体の23.3%が海外出生者である。
3) 1960年前後から70年代にかけて進められた改革で、開始時期や内容は州により多少異なる。概要は、それまで一般教育と専門分野教育などの教育内容や、学習期間などによって多種に分かれていた中等教育機関を、それぞ

れ6年間の教育課程を提供する総合的な機関に統一することにより、どの機関においても生徒が目的に合った学習ができることを意図とした。この過程では各機関は数多くの選択科目を導入するためカリキュラムを変更し、その結果、主要科目であった外国語が選択科目となった。加えて、多数の選択科目の導入による学習者の分散が生じ、当時の主要外国語であったフランス語とラテン語の学習者が大幅に減少した。ニューサウスウェールズ州のウィンダム案（Wyndham Scheme）は、その代表的な制度改革として知られている。

【参考文献】

ジョセフ・ロ・ビアンコ（1995）「オーストラリアの言語・多文化政策の幅広いコンテクストの中の日本語」『世界の日本語教育・日本語教育事情報告編』第3号　国際交流基金日本語国際センター

芳賀浩（1995）「オーストラリアの中等教育レベルにおける日本語教育のカリキュラム・ガイドライン」『世界の日本語教育・日本語教育事情報告編』第3号　国際交流基金日本語国際センター

ヘレン・マリオット（1997）「海外における日本語教育の連携 ―オーストラリア―」『日本語学』16号　明治書院

Asian Studies Council（1988）*A National Strategy for the Study of Asia in Australia*. Australian Government Publishing Service, Canberra

Australian Council for Education Research（ACER）（1964）*Review of Education in Australia 1955 – 1962*. ACER, Hawthorn Vic.

Australia-Japan Research Centre（1989）*Japanese Studies in Australia*. Australia-Japan Research Centre, *Canberra*

Australia-Japan Research Centre（1997）*Directory of Japanese Studies in Australia and New Zealand*. The Japan Foundation, Tokyo

Brewster, J.（1997）TAFE. In Australia-Japan Research Centre, *Directory of Japanese Studies in Australia and New Zealand*. The Japan Foundation, Tokyo

Commonwealth Advisory Committee（1970）*The Teaching of Asian Languages and Cultures in Australia*. Commonwealth of Australia, Canberra

Department of Education Research Branch（1977）*The Teaching of Modern Languages in Australian Schools : 1975, Report No.3*. AGPS, Canberra

DEETYA（1998）Budget 98 Fact Sheet：'Schools, Vocational Education &

Training'. (www. deetya. gov. au/publications/budget/budget98/schoolfact. htm)

DETYA (1999) Budget 99 Fact Sheet : ' $ 90 Million for the Study of Asian Languages'. (www. deetya. gov. au/budget 99/factsheets. htm)

Education Victoria (1997) *Languages Other Than English in Government Schools, 1996*. Department of Education, Victoria, Melbourne

Education Victoria (1998) *Languages Other Than English in Government Schools, 1997*. Department of Education, Victoria, Melbourne

Evaluation Team, Faculty of Asian Studies Australian National University (1998) *Advancing Australia's Languages : Overview Report*. AGPS, Canberra

Fotiadis, K., Hage, H. and Trevaskis, D. (1997) *Studies of Japan in Australian Schools*. South Australian Government Printer, Adelaide

Ingleson, J. (1989) *Asia in Australian Higher Education : Report of the Inquiry into the Teaching of Asian Studies*. Asian Studies Council, Canberra

Kipp, S., Clyne, M. and Pauwels, A. (1995) *Immigration and Australia's Language Resources*. AGPS, Canberra

Kirkpatrick, A. (1995) Learning Asian Languages in Australia-Which Languages and When? *Babel 30 (1)*

Leal, R. B. (chair) (1991) *Widening our Horizons : Report of the Review of the Teaching of Modern Languages in Higher Education*. AGPS, Canberra

Marriot, H., Neustupny, J. V. and Spence Brown, R. (1994) *Unlocking Australia's Language Potential, (Vol.7-Japanese)*. National Languages and Literacy Institute of Australia, Deakin ACT

Marriot, H. and Spence-Brown, R. (1995) Developments in Japnaese Language Education in Australia. *Japanese Language Education around the Globe, vol.2*

Ministerial Council on Education, Employment, Training and Youth Affairs (MCEETYA) (1996) *National Report on Schooling in Australia 1995*. Curriculum Corporation, Melbourne

Ministerial Council on Education, Employment, Training and Youth Affairs (MCEETYA) (1997) *National Report on Schooling in Australia 1996*. Curriculum Corporation, Melbourne

Ministerial Council on Education, Employment, Training and Youth Affairs (MCEETYA) (in press) *National Report on Schooling in Australia 1997*.

Curriculum Corporation, Melbourne

National Board of Employment, Education and Training (NBEET) (1996) *Language Teachers-The Pivot of Policy*. AGPS, Canberra

Tomoda, T and May, B. (1999) *A Mixed Success : Japanese Language in Australian Schools since the 1980s*. New Zealand Journal of Asian Studies, 1 (1)

Wykes, O. and King, M. G. (1968) *Teaching of Foreign Languages in Australia*. Hawthorn, Australian Council for Educational Research, Vic.

第9章
日本企業のトランスナショナル化と日本語教育の必要性

1 はじめに

　日本企業はこれまで円高や貿易摩擦を背景に急速に国際化を進めてきた。生産現場やローカルな営業場面で成功を収めている企業も少なくない。しかし、生産から末端の販売に至るまでの企業活動を世界規模でコントロールする国際企業はまだまだ少なく、欧米の企業には大きく遅れをとっている。遅れている原因は大きくいって二つある。一つは日本企業の異文化理解の遅れであり、もう一つは世界への日本理解促進の遅れである。
　日本企業にとって重要なこれからの課題は、一つは日本企業の親会社がいかにして国際化しうるかという自らの問題と、もう一つはいかに相手に日本を理解してもらうかという二つの問題なのである。
　世界の各機能拠点のベンチャー精神とイノベーション精神を有効に活用し、採用した現地従業員全体がどのくらい意欲を持って働き、企業に貢献するか、そして地域住民がいかにその企業を喜んで受け入れてくれるかは、この二つのテーマにかかっている。そして、そのための重要な鍵がマネジメントや戦略部門に、各地から日本語能力のある有能な人材をいかなる形

で採用し、活用するかという国際人事戦略にかかっているのである。

　本稿では、企業が日本語に対してどのような意識を持ち、どのような対応をしようとしているのかを検証し、日本語教育と企業の発展の結びつきを考察する。本稿の考察は主として1996年10月に筆者が実施したアンケート調査に基づいており、データがやや古くなったきらいはあるが、日本企業がトランスナショナル化するために取るべき施策は、本質的に何ら変わるところはない。

2　日本企業にとっての日本語教育普及の必要性

（1）　21世紀型経営形態としてのトランスナショナル

　バートレット（1990）は『地球市場時代の経営戦略』の中で「ほとんどの企業は海外子会社を国内事業の戦略上の必要から、あるいは補足的な位置付けとしてスタートさせた。しかし、もっと統合された世界的な流れで戦略を捉えるようになると、経営者は国際経営に別の優位性を認識し、新たなアプローチでその経営にあたるようになった。それらがマルチナショナル精神であり、グローバル精神といわれるものである。しかし今これらはトランスナショナル精神に代わらなければならない」[1]と述べている。

　それでは、ここでいうマルチナショナル精神、グローバル精神とはどういうものであろうか。製品や戦略あるいは業務そのものを、国ごとのニーズに合わせて変え、それを管理する形態の企業が「マルチナショナル企業」と呼ばれる。この種の企業の世界戦略は各国の海外子会社におけるニーズの集合であり、組織面で捉えれば権力分散型連合体と言える。現地主体で問題を解決する度合いが高く、マーケットの変化に迅速に対応でき、現地従業員の意欲も高いが、世界マーケット全体の統制のとれた経営がなされにくい欠点がある。

　それに対して「グローバル企業」は、世界を一つの市場と考えて製品を生み出し、高能率の少数の中央プラントで効率的な規模の製造を行う。グローバル企業では、各国の消費選好やマネジメントは違いよりも類似する部分のほうが大きいとの前提に立ち、全世界の情報を本社に集め、本社で意志決定する。全体として効率のよい戦略立案が可能であるが、意思決定や戦略立案に海外現地の意向が反映されず、海外子会社にとって不満が生

じやすく、ひいては意欲を喪失しがちになる。組織は中央集権的なものとなる。

　トランスナショナル企業とは、一口で言えば、このマルチナショナルとグローバルの欠点を除去し、プラス面が強調されるような組織と運営方法を備える企業ということになる。その実現を志す企業は、自社の体質に合わせて、適切な組織と運営方法を考え出していかねばならない。その要件は、まず世界の全子会社にその経営理念が常に浸透することである。

　もちろん、そのためには経営理念が世界的に受け入れられるものでなくてはならない。また、マーケットや生産・供給に関する情報が速やかに伝達され、全体が一つの有機体として意思決定がなされ、機能しなければならない。それには、まず、これを可能にする組織や体制を作ることから始まる。その上で各子会社が企業家精神を持ち、イノベーション精神を発揮し、主体性を持って行動できるように、人材の現地化が達成されていなければならないのである。これが、すなわちトランスナショナル企業であり、トランスナショナル精神である。

（2） 人材国際化の必要性と日本語

　この新たな組織と運営方法を構築する鍵となるのが、世界の主要マーケットから優れた人材を採用し、活用することである。国内のマーケットでは、これらの条件をおおむね満たして活動している企業は少なくない。ところが、日本国内ではうまくいくのに、それが世界になるとうまくいかないというのは、子会社の従業員のほとんどが、マーケットとの関係上あるいは経営効率の観点から、外国人になるということに起因している思われる。

　営業場面にしろ生産場面にしろ、マーケットとの関係や経営効率面から、子会社の従業員のほとんどは現地の人になる。現地社員の意欲や企業家精神発揚のしやすさ、マーケットニーズへの速やかな対応、現地の政府や取引先・地域社会との関係等を考えれば、当然、現地の人材をトップに起用するのが望ましい。しかし、全体の戦略や経営方針を決める日本の親会社の統括本部では、現地子会社における幹部の現地化はまだまだ容易に受容される状態ではないし、ましてや日本親会社への外国人採用はきわめて少ないのが現状である。

　企業は21世紀を生き残るためには、その全体としての統一性を維持する

と同時に、世界の各市場で子会社の現地化を図らなければならない。もちろん、世界の子会社を統括し、統一性を持った一つの有機体として活動するためには、国際的に受容される経営理念を持った経営システムを確立していかなければならず、日本の親会社自体がそれだけの国際化を達成しなければならない。

トランスナショナル企業を実現するためには、このように親会社の国際化を進めるとともに、現地の人間であって、しかも本社と常時綿密なコミュニケーションを図り、現地でとるべき戦略を企業全体の戦略や経営方針と調和できる能力を持った管理者を置くことが必要なのである。そして、そのような管理者が1人いればよいというのではない。そのような人材が次々に育っていくような体制を時間をかけて作っていかなければならないのである。これがいわゆる企業にとっての「真の人材国際化」なのである。

3 海外子会社の現地化の現状

筆者は1996年秋、日本企業の国際化における日本語の役割を調べるために、東証1部上場企業400社を対象にアンケート調査を実施した。その中から海外子会社の現地化の状況を見てみよう[2]。

(1) 社長の現地化

まず最初に、アンケート回答有効数86社、その海外子会社数1,231社、の最高経営責任者（以下、社長）について日本人と現地人の比率を見ると77%（952社）対23%（279社）となっている。海外子会社の社長は日本人が圧倒的に多い。92年末に吉原英樹（1996）が行った調査では、日本人社長と現地人社長の割合が78%対22%となっていることから見ると、この4年間で海外子会社における現地人社長の比率は22%から23%へと1%増加したにすぎない。調査対象や方法が異なるので一概に比較はできないが、子会社社長の現地化は進行していないのである。

それでは、日本企業（親会社）は海外子会社の社長の現地化について、どのように考えているのであろうか。筆者のアンケート調査の回答では、「日本人がよい」44%、「現地人がよい」14%、「その他」42%となっている。「その他」の中で一番多いのは、「社長として適任であるかどうかが重

要であり、日本人か現地人かは重要ではない」という回答である。さて、「社長として適任である」とは何を意味しているのであろうか。現地人幹部に望む要件ということでアンケートの回答を見ると、70％以上の企業が「実務能力」と共に「日本理解・企業理解・経営方針理解」をあげている[3]。

ところで、「日本理解・企業理解・経営方針理解」は、現地人社長の日本語能力とどういう関係にあるのであろうか。親会社では「日本理解のためには日本語がある程度以上必要」と考える企業が81％を占めている[4]。企業理解のために何が必要かとの問いに対して「日本文化理解」をあげた企業が51％で、ついで「人柄」45％、「実務能力」46％となっている[5]。同様に、経営方針理解のためには「日本企業理解が必要」と回答している企業が81％を占め、これらの間には高い相関があると考えている企業が多いことがわかる[6]。結局、子会社の社長として適任であるためには、ある程度以上の日本語能力が必要であると、ほとんどの日本親会社が判断しているということになる。

現地人社長の日本語でのコミュニケーション能力はどの程度なのかをアンケートの結果から見てみると、現地人社長の82〜93％は「日本語でのコミュニケーションはほとんどできない」のである[7]。さらに、日本文化の理解度[8]、日本企業理解度（労働観、企業観、企業文化、経営方式）[9]については、「よく理解し、それに合わせて行動している」のは、共に少ないのが実態である。要するに、日本語の能力があり、日本文化を理解している現地人社長は、現状ではきわめて少ないことが確認されるのである。

（2） 現地人幹部の問題点

日本企業で海外子会社幹部の現地化のテンポが遅い理由は、一つには現地人の幹部に何か問題があるためであると考えられる。アンケートによって現地人幹部の問題点を見てみる[10]。

第1位が「いつやめるか不安がある」（61％）というものである。このような不安は現地の人々への不信感につながり、不信感があるために子会社幹部の現地化を躊躇する、という悪循環に陥っているのである。2番目に多いのが「日本理解・日本企業理解・経営方針理解の不足」（46％）である。そして、この両者は無関係ではない。後者の理解が進めばそれにともなって、「いつやめるかわからない」という不安も減少していくと思われるのである。そのためには、まず、子会社経営幹部の日本語能力の育成

を考えるべきではなかろうか。日本語能力のある現地人幹部の増加によって、子会社の日本理解・日本企業理解・経営方針理解が進み、同時に、彼らの日本語を通じて、現地文化が親会社に伝達され、親会社の異文化理解が進むことで国際化対応ができてくる。日本企業の現状において、現地の判断を日本語を通じて親会社に伝えるという現地人幹部の「文化通訳」としての役割には、大きな意義があることを認識すべきである。

先に見たように、「海外子会社の現地人幹部の要件」で日本企業が多くあげているのが、実務能力（79%）、日本理解・日本企業理解・経営方針理解（72%）、人柄（59%）、親会社とのコミュニケーション能力（47%）と続く。多くの日本企業の親会社では、現地人幹部のコミュニケーション能力とは日本語能力を指すものであり、日本理解・日本企業理解・経営方針理解は、その日本語能力が基礎になって培われると回答している。要するに、親会社は現地人幹部に日本語能力を求めていると解釈することができるのである。

（3） 子会社幹部現地化の問題点と対応策

日本企業にとって、子会社幹部の現地化が難しい理由を考えてみよう。まず、日本企業は欧米企業と比べて、人的コントロールへの依存度が高いという文化的背景の違いが指摘される。どうしても気心の知れた日本人社員に現地経営を任せようとすることになる。2番目に考えられるのは、日本語がまだ英語やフランス語のように世界に広く普及していないという理由である。このことは現地の人で日本語ができる人材が少ないことを意味している。3番目にあげなければならないのは、日本の親会社の国際化の遅れである。日本の経営方式に固執し、国際的に理解され、受け入れられようとする体制ができていない。これは親会社の異文化理解が進んでいないからである。

このような中で海外子会社幹部の現地化を進めるには、「優秀な現地人人材」を採用することである。実務能力、人柄、日本理解等と共に、日本語能力のある現地の人で、国際化の遅れている日本式経営にもある程度の理解を示しながら、日本の親会社に対して日本語による異文化理解を促進してくれる人材を採用することである。

現在の日本企業は、現地の人材雇用に当たって、日本人と同一の条件で国籍の区別なく採用しているところは少ない。たとえあったとしても、そ

の数はきわめて少ないのである。このような姿勢では「優秀な人材」は集められない。すなわち、企業は国籍の区別なく、職責と業績評価の明確化を図り、好ましい給与体系の整備を急ぎ、優秀な人材の受け入れ態勢を整えなければならない。同時に、日本語能力のある現地の人を現地子会社で採用し、幹部社員に起用する。親会社においても外国人を採用するなり、現地の会社から出向させるなりして、異文化理解の促進を図る。これは時間がかかる課題であるが、少しでも早く着手して、長期的に継続していくことが肝要である。

4 親会社の国際化と日本語

　トランスナショナル化を推進するには、海外子会社幹部の現地化を進めると同時に、それを可能にする親会社の国際化が必要である。海外子会社の現地の人々や日本の親会社に入社した外国人が不満を抱くのは、待遇の問題を含め、現地の立場を理解してくれない、親会社のやり方が一方的で理解できないといった内容が大部分で、コミュニケーションの欠陥と親会社の経営方式に関するものだといってよい。
　そこで、親会社の国際化には、親会社自身が国際言語である英語の能力を高めるとともに、その経営方式を世界的に理解され受容されうるものに修正することが課題となるのである。

（１）　言語とコミュニケーション能力
　日本の親会社が国際化するためには、上で述べたように親会社の多くの人間、特に幹部の異文化理解能力を高めなければならない。そのための一つの方策は、国際語となっている英語によるコミュニケーション能力を育成することである。
　親会社は日本人社員の英語力向上に何をしているのであろうか。アンケートの結果では、回答企業の半分以上が留学・海外研修制度を持ち、英語の研修制度を備え、かつ社員の自己研修に補助金制度を有している。このように、多くの企業が親会社社員の英語力を向上させようとしている姿勢が伺われる。
　では、親会社の社員はどの程度英語によるコミュニケーションができる

のであろうか。吉原（1996）の調査によると、日本の親会社から海外子会社への情報伝達（FAX、電話）は日本語に依存する度合いがきわめて高い結果となっている[11]。

　また、日本人が英語でコミュニケーションをするようになれば、問題は解決するのであろうか。筆者のアンケートの結果では回答企業の73％が「発言や書類の理解が不十分になり、時間がかかる」、50％が「心理的ストレスがたまる」等、その他諸々のデメリットをあげている。つまり、英語だけに頼ったコミュニケーションは、現在の日本の親会社には負担が大きい。すなわち、親会社の国際化のためには、日本語の役割がかなり期待されていると言えるのである。

　それでは、日本語によるコミュニケーションを親会社はどのように考えているのか見てみよう。現地人社員（経営幹部、中間管理職者等）の日本語能力の必要性についてのアンケート結果では「日本語ができるほうがよいが、日本語の習得を奨励はしていない」が68％と圧倒的多数を占め、「日本語は必要」の12％を大きく引き離している。さらに、「日本語は必要ない」との回答が22％もあり、現地の人々の日本語能力をあまり重要視していないかのような状況が示されている[12]。

　現地人社長の日本語能力がほとんどない実態[13]からして、現状では現地人幹部にコミュニケーションを日本語で行うことを期待するのはとうてい無理だとのあきらめがあること、そして日本語ができる現地人幹部の「文化通訳」としての潜在能力、つまり、日本語を通じての親会社の国際化促進の可能性に気づいていないためではないかと推測される。それでも、日本語能力のある外国人を現地会社の幹部に起用し、日本の親会社の国際化が進むことによって日本語の重要性に関する親会社の認識が高まると思われる。

　次に、親会社における外国人の社員数を見てみると、外国人社員のいる会社が70％、全くいない会社が30％、1社あたりの外国人社員は12人と、従業員全体に占める比率はわずか0.2％にすぎない。「海外子会社の現地人幹部で親会社の役員になっているか」についてのアンケートでは、いる会社が13％、いない会社が87％となっている。このように、親会社の異文化理解度はまだまだ低いことが推測される。

　また、アンケートによると、海外子会社の現地社員の研修を日本で行っている会社は61％、研修していないのは28％である。その研修の内容・目

的を見ると、一番多いのが実務研修で、実施会社の90％に上り、次いで日本の親会社の実務担当者に会う（49％）、日本理解（39％）が続く。日本語（14％）に重点が置かれていない理由は、日本での研修は短期間であることから、日本語教育をテーマとすることは適切でないためと思われるからである[14]。多くの日本企業が研修の目的を実務研修に置いているのは、日本式経営の一つであるOJT研修[15]の発想から、これに関連づけて日本理解その他の目的を達しようとの考えからではないかと考えられる。

以上のように、日本企業もそれなりの国際化努力をしているのであるが、今まで見たように、その程度はまだ不十分という観がぬぐえない。

（2） 経営方式の国際化

海外子会社の現地化は、日本企業の親会社の国際化が進んでいれば、それほど困難な問題ではない。日本企業の現状は、企業理念や経営方式、意思決定の方式、業績評価の方法、外国人社員の待遇などの面で、欧米の企業と比べて大きく遅れをとっている。代表的な欧米の企業の多くは、企業理念・経営方式等の国際化がかなりの程度なされている。

したがって、現地子会社で有能な人材を採用することも、本国親会社に外国人を採用することも、そう困難なことではない。ところが、日本企業の場合は人の待遇ひとつにしても、本社として外国人を定期的に正社員として採用しているところはきわめて少ないし、正社員として採用することを嫌う企業が多い。勤務場所を限定したり、採用期間を限定したり、1年ごとに更新を要する嘱託採用にしたりしている。あるいは、子会社としての採用にし、本社がトラブルに巻き込まれるのを避けようとしている。

これが日本企業で有能な外国人を採用できない大きな理由である。つまり、親会社の企業理念や経営方式が遅れていると言われる所以なのである。

5 トランスナショナル化実現のための日本語学習者の採用

日本企業のトランスナショナル化のポイントは、海外子会社の幹部の現地人化と親会社の国際化であり、これらが両輪となって国際化を推進する。子会社幹部の現地化には日本語を学習した現地の人々を定期的に採用することが必要であり、親会社の国際化推進のためにも日本語を学んでいる外

国人を定期的に採用することが重要な役割を果たす。

ところが、親会社の国際化の遅れ、異文化理解・対応体制の遅れが、子会社幹部現地化の足を引っ張り、現地の日本語学習者の定期採用を妨げ、親会社への日本語学習者の定期採用も進まない。その結果、親会社の国際化の遅れは一向に改善されないという自己すくみの状況が、多くの日本の多国籍企業の現状なのである。

図1が示すように、トランスナショナル化のために必要なのは、海外子会社の社長・幹部の現地化と親会社の国際化である。前者の実現のためには、①現地の日本語学習者を現地子会社に採用することがポイントであり、後者のためには、②外国人の日本語学習者を親会社に採用すること、③親会社の日本人社員の英語力強化、④親会社で異文化理解者をトップへ起用すること、が鍵となる。これらは、海外での日本語教育普及を促進し、それはまたフィードバックされて日本企業のトランスナショナル化につなが

図1　日本企業のトランスナショナル化と日本語教育普及の関係

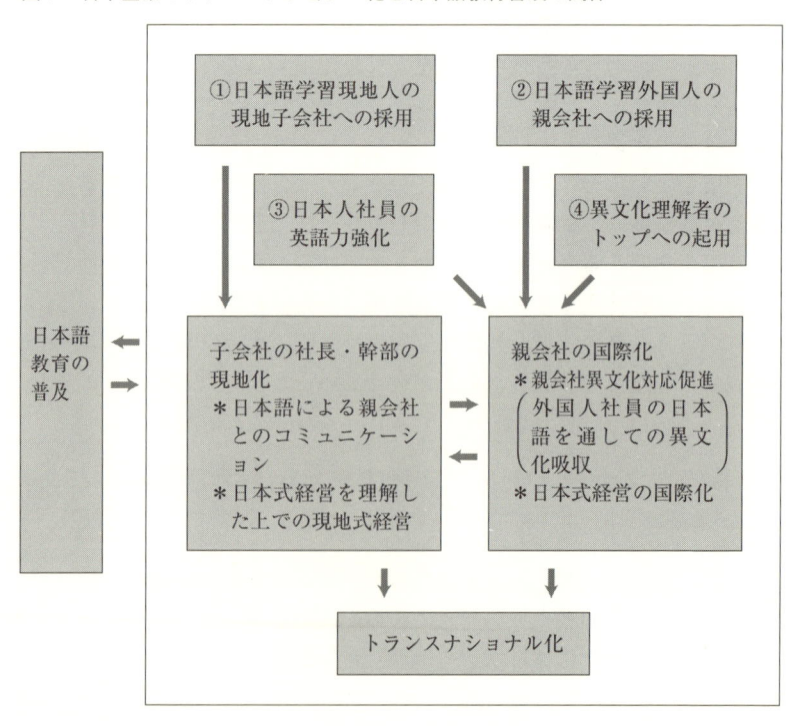

```
                    ┌──────────────────┐    ┌──────────────────┐
                    │①日本語学習現地人の│    │②日本語学習外国人の│
                    │　現地子会社への採用│    │　親会社への採用   │
                    └──────────────────┘    └──────────────────┘
                              │                        │
                    ┌──────────────────┐    ┌──────────────────┐
                    │③日本人社員の    │    │④異文化理解者の   │
                    │　英語力強化       │    │　トップへの起用   │
                    └──────────────────┘    └──────────────────┘
                              │                        │
                              ↓                        ↓
   ┌────────┐    ┌──────────────────┐    ┌──────────────────────┐
   │日本語  │←─ │子会社の社長・幹部│    │親会社の国際化         │
   │教育の  │    │の現地化          │    │＊親会社異文化対応促進 │
   │普及    │─→│＊日本語による親会│→  │（外国人社員の日本語を │
   │        │    │　社とのコミュニケ│←  │　通しての異文化吸収） │
   └────────┘    │　ーション        │    │＊日本式経営の国際化   │
                 │＊日本式経営を理解│    │                      │
                 │　した上での現地式│    │                      │
                 │　経営            │    │                      │
                 └──────────────────┘    └──────────────────────┘
                              │                        │
                              ↓                        ↓
                          ┌──────────────────┐
                          │トランスナショナル化│
                          └──────────────────┘
```

る。
　そこで、この自己すくみを打破するために、親会社の対応体制ができていなくても、とにかく現地の日本語学習者を現地子会社に採用し、外国人の日本語学習者を親会社に採用することから始めようというのが筆者の提案である。自己すくみが打破され、親会社の異文化理解が進み、異文化対応体制が整ってくると、企業は自らトランスナショナル化に向かって動き出す。これがトランスナショナル化への始動である。すなわち、海外子会社幹部の現地化と親会社の国際化の両輪が動き出す。そうすると、自然に日本語学習者の現地会社、親会社への定期採用にも拍車がかかってくる。
　それでは、日本企業がどのような条件を達成したら、このトランスナショナル化に移行できるのであろうか。日本企業の中でトランスナショナル化の道をすでに走っている企業、あるいは今その過渡期にある企業の四つの事例を見て、トランスナショナル実現への鍵が何であるかを検討しよう。

（1）　三菱商事の事例

　三菱商事は1996年現在、本社採用の社員が約9,500名、期限付き採用の嘱託が300名（外国人が多い）、海外での現地採用外国人が4,000名である。欧米における子会社では、すでに現地の人材がトップの座についているところが多い。しかし、アジアについては、まだほとんどの場合、日本人がトップを占めている。
　同社は経営理念や戦略の統一性を保ちながら、同時に地域性を重視し、子会社の主体性とその従業員のやる気を起こさせる体制をつくり、海外の有能な人材を積極採用・有効活用するため、欧・米・亜の各地域内で国境を越え自由に異動が発令できる「広域雇用制度」を96年4月に発足させた。これらの人材はインターナショナル・スタッフと呼ばれ、毎年、各地域で4名ぐらいの採用を予定している[16]。
　ここで留意したいのは、日本語が採用条件になっていることである。以前でも例外的には外国人をトップや統括本部に採用してはいるが、当該制度はこれら人材の毎年採用と、日本人社員と区別をしない幹部候補生としての待遇を決めたものである。インタビューに応じてくれた同社国際人事開発室長のモハン・パテル氏はカナダ国籍のインド人で、日本語は非常に堪能である。同社は、現実に日本語能力のある外国人をトランスナショナル化のために最も重要な本社の国際人事開発室長にすでに起用しているの

である。同氏は、広域雇用制度の発足に当たって、採用条件に日本語を必須とした理由について、現在の日本企業においては日本語によるコミュニケーションが重要であることと、広域にわたって活躍する外国人が日本企業マインドを理解するために日本語が必要であることを強調している。

同社の場合、海外子会社の数が多く、設立後の歴史も長い。グループとしての海外売上比率は66％に達している[17]。また、現地採用の子会社社長や幹部も、親会社への外国人採用者も多く、本社役員の中にも外国人がいる。彼らは程度の差はあるものの、ある程度の日本語能力を持ち、日本企業文化にもなじんでいる。これが親会社の国際化を進め、さらに海外子会社幹部の現地化を促進するのである。そして、企業のトランスナショナル化を誘導する引き金になっていると考えられる。

同社はトップ主導で日本語能力のある外国人を定期採用しようとしており、トランスナショナル化への実現を目指して進みつつある企業であると言ってよかろう。

（2）ソニー

国際化の代表企業としてよく取り上げられるソニーは、子会社を含めたグループ企業全体約12万人の社員のうち、7万人（約60％）が外国人である。活動エリアを欧・米・亜に分け、各地域に地域統括会社を置き、傘下の各国子会社を統括している。海外子会社は、現地採用のマネジャーによる運営が大原則で、欧州統括会社のソニー・ヨーロッパの社長をはじめ、欧米の子会社は、ほとんど主要ポストに現地採用の人材が就いている。また、同社ではグループ会社間で国や地域を越えて人材が異動するなど、現地会社間の主体性で、人材の異動を含めて、戦略立案を行っている[18]。

1996年6月にインタビューした経営戦略部の萩原貴子氏によれば、同社は子会社の運営はローカル・スタッフに任せるのが基本方針で、有能な現地の人材を世界中の子会社で定期採用している。ただし、特に日本語能力を採用条件に入れることはしていない。その理由は、現地人従業員に日本語能力があるのは望ましいことであっても、いま、ビジネスの国際語は英語であり、世界各国に多くの子会社を抱える親会社が英語でコミュニケーションできないようでは話にならない、親会社の社員が英語で対応できるようレベルアップし、英語でコミュニケーションをすべきである、というものである。

ソニーは日本の企業の中で、最も早くから海外市場に主力をおいて発展してきた会社である。子会社幹部の現地化も早くから進み、同時に親会社の国際化はさまざまな面で欧米先進多国籍企業並みに進んでいる。異文化対応の体制も整い、親会社社員の英語力も高い。親会社にいる外国人の数は、今回のアンケートで100〜200人との回答であった。数が特定されていないのは、「ソニーは国籍による人事管理をしない方針であり、出身国別の数を把握していないため」との注が付されていた。国際化を意識的に進めている様子が伺われる。親会社の国際化も抜群に進んでいるのである。
　同社の場合、トランスナショナル化への移行はかなり以前に済んでおり、今や自動的にトランスナショナル化の道を走っている。現在に至っては、日本語を条件として現地の人々を採用しなくても、親会社の異文化理解は進み、子会社の社長・幹部の現地化もすでに高度に達成されている。経営方式も「日本式経営の国際化」を通り越し、「日本」を意識しない世界の経営方式を目標にしている。こうした環境で、現地従業員の中には自然に日本語を学ぶ者も増え、日本に対する無理解や拒否の態度は見られなくなってきている。
　もちろん、国際語としての英語と日本語の立場は同じではない。英語に重きが置かれるのは当然である。しかし、自分の教養として、また趣味として、日本語や日本について勉強している従業員は、世界各国の子会社に相当数いる。同社はきわめて早い時期からマーケットの目標を海外に置き、英語力のある、国際感覚の優れた人材を育て、また採用してきた。同時に、日本語能力があり、日本理解のある外国人を採用し、活用してきた。ソニーもそのトランスナショナル化にあたっては日本語能力のある外国人を求め、数が限られていたにしろ、彼らの力を大いに利用したのである。

（3）　武田薬品
　武田薬品は従業員11,000名、その他に海外子会社23社を有する。開業以来の歴史が200余年という老舗の会社である。輸出は1978年6％、88年11％、97年14％となっている[19]。海外子会社は従業員数3,300名、日本人出向社員は約60名である[20]。医薬品業は一般に輸出比率は大きくないが、同社は着実に海外比率を拡大しており、今後、一層海外マーケットに注力していこうとしている。
　本社主導型・グローバル型の同社は近年経営方針に海外志向をうたい、

海外比率も着実に増大してはいるが、リスクを負ってでも海外投資しようというトップの主導姿勢は、少なくとも今まではあまり見られなかった[21]。海外活動実績の比率もまだ低いし、また人材の面から見ても親会社各部門の国際化の程度は概して低く、海外子会社幹部の現地化も現状では進んでいるとは言えない。すなわち、トランスナショナル化へ転向するには、これら着火点となるべき各要素の国際化をもっと充実させていく必要がある。

　今までは国内事業が安定して、高い収益性をあげており、海外展開の必要性が小さかった。そのために海外事業の比重がそれほど大きくなっていなかった。このことが原因で、親会社の各部門やスタッフ部門の国際化認識はまだ不十分であり、歴史的体質から抜けきれず、迅速な国際化対応ができないでいる。

　しかし、このような状況の中でも、同社の国際化は徐々にではあるが、着実に進んできた。特に、3～4年前からトップが海外重視政策を打ち出してからは、遅ればせながら海外活動に力を入れ始めている。海外子会社での日本語能力のある人材も徐々に増えつつあり、これにともなって親会社の国際化対応体制も少しずつできてきている。特に、人数が少なく経験の浅い新設海外事務所の現地従業員は、ある程度日本語によるコミュニケーションができ、日本企業のやり方や考え方を理解し、また日本人の現地幹部や日本の親会社に現地の習慣や文化を伝えることのできる人材であることが必須であると考えられるのである[22]。

（4）　マツダ

　マツダは1996年7月、米国で学生の定期採用を始める方針を明らかにした。日本語が話せることが採用条件で、国籍は問わない。これまでに、日本在住の外国人を中途採用したことはあるが、海外を対象に定期採用をすることを決めたのは初めてである。今回の定期採用決定は、国際競争が激化している自動車業界にあって、国際感覚の優れた人材を獲得するのがねらいである[23]。

　マツダは96年フォード社と合併し、社長を含めて役員の中にフォード出身の6人の常勤重役が入った。フォードは欧米企業の中でも最もトランスナショナル化の進んだ企業である。そのフォードがマツダの国際化のために、日本語能力を条件に入れて、米国で学生の定期採用をすることを公表したのである。

マツダの場合、トランスナショナル化への誘因は明らかである。親会社の国際化、特に経営トップの国際化が引き金になったのであり、そのキーポイントに日本語能力のある外国人の定期採用をおいている。彼らの双方向文化通訳としての貢献を得て、同社は急速にトランスナショナル化を果たすものと考えられる。トップマネジメント主導の典型的な例と言えよう。

　このように、多くの日本企業は、程度の差はあれ、人材の国際化を進め始めている。以上の四つの企業の事例から、トランスナショナル化を押し進める要因は企業の体質によって異なることが推定されるが、いずれの企業の場合も初動の時期に、日本語能力のある外国人の採用を試みている。早い時期に移行体制を確立したソニーの例に見るように、海外子会社幹部の現地化をある程度達成してトランスナショナル化の道を歩き始めた企業は、もはや日本語能力のある外国人の採用をことさら意識しなくても、現地従業員の間では日本に対する異文化を意識することなく、いわゆる自然体で日本語および日本理解が進んでいるのである。
　日本企業のトランスナショナル化はこのようにして、現地社会で日本語学習が自然に普及していき、それがフィードバックされて日本企業への好意的な受け入れ態度となって返ってくる、という形で進展しているのである。すなわち企業はトランスナショナル化するにあたっては、日本語能力のある外国人の採用を必要とすると言うことができよう。

6　おわりに

　日本企業のトランスナショナル化にあたって一番基本的な問題は、親会社の国際化の遅れである。日本企業は企業理念や経営方式、意思決定の方式、業績評価の方法、外国人社員の待遇等の取り組みで、欧米の企業と比べて大きく遅れをとっている。このために、現地子会社で有能な人材を採用することも、本国親会社に外国人を採用することも大変な困難をともなうことになる。
　このような親会社の国際化の遅れの状況の中にあって、日本企業はどのようにして自らの国際化を進め、同時に海外子会社の現地化を進めていったらよいのであろうか。これにはまず、日本語のできる外国人を、国籍を

問わず、日本人社員と同じように採用し、待遇する制度をつくることである。日本企業の国際化の遅れを理解しながら、かつ日本の経営方式をある程度認容し、現地会社従業員や現地社会とのギャップをうまく調整してくれる、そして彼らの日本語能力を利用して親会社の異文化理解を促進し、その国際化を促してくれる、そのような人材を探し、採用することである。最初は嘱託採用や人材会社からの採用でもかまわない。とにかく有能な現地の人や外国人の採用に努め、実績を築いていくことである。彼らが社内で活躍するとともに、親会社の国際化も徐々に進み、国籍にこだわらない人事制度ができてくるであろう。

　海外で現地の人々を採用する場合、日本で日本人を採用する場合とは事情が異なる。「有能な人材の要件」は現地文化をうまく日本の親会社に伝え、親会社の国際化を促してくれる人材であるとともに、日本を理解し、日本の企業文化を現地の人々に伝えることのできる人材であるということになる。そういう人材でなくては、現状の日本企業にあって、常時、本社と綿密なコミュニケーションを図り、現地でのとるべき戦略を企業全体の戦略や経営方針とマッチさせ、かつ親会社の戦略や経営方針に国際化への影響を与えていくことは不可能であり、ひいては親会社の国際化も進まないのである。そして、現状の日本企業では、親会社に自分の主張を通すにはある程度の日本語が必要であり、また日本を理解し、日本の企業文化を理解するためには日本語能力は不可欠なのである。

　トランスナショナル化を目指す日本企業にとっては、まず現地の人で日本語ができる有能な人材を採用し、企業の幹部に起用することが必要である。そして、有能な人材を引きつけるためには、親会社の経営方式の国際化を急ぎ、国籍にこだわらない社員待遇制度を確立しなければならない。同時に、現地地域社会の中に日本語を学び、日本文化を理解する人間を増やしていかねばならない。

　これは日本語教育の海外普及によって達成されるであろう。日本語教育の普及は日本理解者の層を厚くし、日本企業にとって有能な現地の人材採用を可能にする。彼らは、国際化が未熟な日本企業の親会社に対して、彼らが学んだ日本語を通して、現地の文化を伝えてくれるであろう。このようにして、日本企業の異文化理解も進み、真にトランスナショナル化が進んでいくと考えられるのである。

（丹羽辰男）

注

1) C.A.バートレット（1990）『地球市場時代の経営戦略』（吉原英樹訳）日本経済新聞社
2) アンケート調査は東証１部上場企業1,256社（1996年春季会社四季報）のうち、海外子会社を持つ企業約800社から400社を任意に選出した。アンケート回収数は121社で、そのうち有効回答数は87社であった。
3) アンケート「海外子会社の現地人幹部に望まれる要件」（複数回答）

　　　　親会社とのコミュニケーション能力　　37社　約47%
　　　　日本理解・企業理解・経営方針理解　　56社　　72%
　　　　実務能力　　　　　　　　　　　　　　62社　　79%
　　　　人柄（信頼できるなど）　　　　　　　46社　　59%
　　　　愛社心　　　　　　　　　　　　　　　15社　　19%
　　　　その他　　　　　　　　　　　　　　　 4社　　 5%

4) アンケート「日本文化理解のために日本語の知識は必要か」日本の親会社の考え

　　　　ぜひ必要　　　　　　　　　　　　　　 4社　約 5%
　　　　ある程度必要　　　　　　　　　　　　59社　　76%
　　　　必要がない　　　　　　　　　　　　　16社　　19%

5) アンケート「日本企業理解のためには何が必要か」日本の親会社の考え（複数回答）

　　　　日本文化理解　　　　　　　　　　　　38社　約51%
　　　　日本語理解　　　　　　　　　　　　　18社　　24%
　　　　人柄　　　　　　　　　　　　　　　　33社　　45%
　　　　実務能力　　　　　　　　　　　　　　34社　　46%
　　　　その他　　　　　　　　　　　　　　　 6社　　 8%

6) アンケート「企業理念、経営方針理解のために必要な現地人幹部の要件」（複数回答）

　　　　実務能力　　　　　　　　　　　　　　62社　約79%
　　　　日本企業理解　　　　　　　　　　　　63社　　81%
　　　　日本文化理解　　　　　　　　　　　　22社　　28%
　　　　日本語理解　　　　　　　　　　　　　19社　　24%
　　　　人柄　　　　　　　　　　　　　　　　39社　　50%
　　　　その他　　　　　　　　　　　　　　　 4社　　 5%

7) アンケート「現地人社長の日本語でのコミュニケーション能力」
　　　　可能〜何とかできる　　　　　　　　　　19人　約 7%
　　　　日本語だけでは少し無理　　　　　　　　32人　　11%
　　　　できない　　　　　　　　　　　　　　229人　　82%
8) アンケート「現地人社長の日本文化理解度（日本人の考え方、価値観）」
　　　　よく理解し、それに合わせて行動している　　44人　約16%
　　　　理解はしているが、それに合わせた行動はしない140人　50%
　　　　あまり理解していない　　　　　　　　　　85人　　31%
　　　　理解していない　　　　　　　　　　　　　 8人　　 3%
9) アンケート「現地人社長の日本企業理解度」
　　　　よく理解し、それに合わせて行動している　　57人　約27%
　　　　理解はしているが、それに合わせて行動はしない122人　59%
　　　　あまり理解していない　　　　　　　　　　27人　　13%
　　　　理解していない　　　　　　　　　　　　　 1人　　 1%
10) アンケート「現地人幹部の問題点」（複数回答）
　　　　愛社心が不足　　　　　　　　　　　　　　 8社　約14%
　　　　個人プレーが多い　　　　　　　　　　　　16社　　27%
　　　　日本の親会社の方針や戦略に従わない　　　 9社　　15%
　　　　日本理解・企業理解・経営方針理解が不足　27社　　46%
　　　　仕事の能力が不十分　　　　　　　　　　　 9社　　15%
　　　　日本人出向社員との関係がよくない　　　　 7社　　12%
　　　　日本の親会社とのコミュニケーションがよくない12社　20%
　　　　モラルが低い　　　　　　　　　　　　　　 1社　　 1%
　　　　いつ辞めるか不安がある　　　　　　　　　36社　　61%
　　　　人柄に問題がある　　　　　　　　　　　　 1社　　 1%
　　　　その他　　　　　　　　　　　　　　　　　 2社　　 3%
11) 吉原英樹（1996）『未熟な国際経営』白桃書房
12) アンケート「現地人社員に日本語能力は必要か」（複数回答）
　　　　日本語は必要でない　　　　　　　　　　　17社　約22%
　　　　日本語は必要である　　　　　　　　　　　 9社　　12%
　　　　日本語ができるほうがよいが、日本語の習得を奨励していない
　　　　　　　　　　　　　　　　　　　　　　　　53社　　68%
　　　　日本語の習得を奨励している　　　　　　　 8社　　10%
　　　　日本語の研修コースを用意している　　　　 1社　　 1%

その他	5社	6%

13) 注7)参照
14) アンケート「日本語での現地人社員研修の内容」(複数回答)

日本語	17社	約14%
日本的経営(本社の経営方式)	16社	32%
経営理念	10社	20%
日本の親会社の経営幹部を知る	11社	22%
日本の親会社の実務担当者と会う	24社	49%
日本理解	19社	39%
実務研修	44社	90%
その他	3社	6%

15) 社員教育を実務のなかで行う教育方法(オン・ザ・ジョブ・トレーニング:On-the-job training)
16) 日本経済新聞 1996年6月6日
17) 『会社四季報(1996年春季)』東洋経済新報社
18) 日本経済新聞 1996年3月1日
19) 『会社四季報(1978年秋季－1997年夏季)』東洋経済新報社
20) 『海外進出企業総覧'95.会社別編』東洋経済社
21) 日本経済新聞 1997年7月24-26日
22) 筆者は武田薬品に勤務している。
23) 朝日新聞 1996年7月4日

【参考文献】

池田雅之(1989)『複眼の日本文化』成文堂
石井昌司(1992)『日本企業の海外事業展開』中央経済社
石田英夫他(1990)『企業グローバル化の人材戦略』日刊工業新聞社
井堀邦雄(1979)『国際事業の人材育成要覧』企業研究会
今西伸二(1990)『海外経営戦略』マネジメント社
上野田鶴子編(1991)『講座日本語と日本語教育第16巻:日本語教育の現状と課題』明治書院
大前研一編著(1992)『マッキンゼー・ボーダレス時代の経営戦略』プレジデント社
岡本佐智子(1995)「海外における日本語教育の成功要因に関する社会言語学的研究」青山学院大学大学院国際政治経済学研究科修士論文

国際交流基金日本語国際センター編（1994）『世界の日本語教育　日本語教育事情報告編』第1号、第2号
国際交流基金日本語国際センター編（1995）『海外の日本語教育の現状 1993年』大蔵省印刷局
堺屋太一（1995）『大変な時代』講談社
Ｃ．Ａ．バートレット著、吉原英樹訳（1990）『地球市場時代の経営戦略』　日本経済新聞社
重久剛編（1992）『比較文化論―異文化コミュニケーションへの糸口―』建帛社
武田薬品（1995）『武田薬品社員教育資料1995年版』
DISCO社（1995）『日経転職ガイド国際版』
DISCO社（1996）『日経国際キャリアフォーラムヨーロッパ―学生からのメッセージ―』
東洋経済新報社（1996）『海外進出企業総覧'95　会社別編』
東洋経済新報社（1996）『海外進出企業総覧'95　国別編』
東洋経済新報社『会社四季報』（1978年秋季－1996年春季）
日経連雇用教育部（1990）『外国人社員の採用と処遇』日経連広報部
日本経済研究センター（1992）『日本企業の国際化　―製造業からの視座―』日本経済研究センター
日本貿易振興会編（1995）『1995　ジェトロ白書・投資編　世界と日本の海外直接投資』
花立幸雄（1995）「日本の言語政策を考える―日本語教育施策の現状―」『日本語学』
文化庁文化部国語課（1983）『外国人に対する日本語教育の振興に関する報告集』大蔵省印刷局　1983年版
文化庁文化部国語課（1994）『外国人ビジネス関係者のための日本語教育Ｑ＆Ａ』大蔵省印刷局
文化庁文化部国語課（1995）『異文化理解のための日本語教育Ｑ＆Ａ』大蔵省印刷局
本名信行（1990）『アジアの英語』くろしお出版
本名信行（1993）『文化を越えた伝え合い』開成出版
本名信行、竹下祐子（1994）『アジアの中の日本語教育：現状と課題（タイ王国での調査から）』青山学院大学総合研究所国際政治経済研究センター
本名信行教授指導ゼミ研究報告書（1995）『アジアにおける日本語普及の経済

効果について』青山学院大学国際政治経済学部
マークス寿子（1993）『大人の国イギリスとこどもの国日本』草思社
水口弘一（1994）『新展開さぐる日本企業』東洋経済新報社
吉原英樹（1996）『未熟な国際経営』白桃書房
吉原英樹（1979）『多国籍経営論』白桃書房
吉原英樹、林吉郎、安室憲一（1988）『日本企業のグローバル経営』東洋経済
　　新報社

編者・執筆者紹介

本名信行（ほんな のぶゆき）　第1、5章担当
　所属：青山学院大学国際政治経済学部教授
　専門：社会言語学、言語政策研究、国際コミュニケーション研究
　主要業績：『異文化理解とコミュニケーションⅠ・Ⅱ』（共編著、三修社）、『アジアをつなぐ英語』（アルク新書）

岡本佐智子（おかもと さちこ）　第1、3、7章担当
　所属：北海道文教大学外国語学部日本語学科助教授
　専門：日本語教育、社会言語学
　主要業績：「外来語の習得ストラテジー―中国で学ぶ中国人研究者に見る外来語の中間言語―」『東京外国語大学留学生日本語教育センター論集』23号、「上級文章表現授業への試み―リーディング：1冊の長編小説を主教材として―」『日本語と日本語教育』第26号（慶應義塾大学日本語・日本文化教育センター）

阿久津智（あくつ さとる）　第6章1、2節担当
　所属：拓殖大学外国語学部助教授
　専門：日本語学
　主要業績：『INTERMEDIATE KANJI BOOK 漢字1000 Plus』VOL.1（共著、凡人社）

北垣日出子（きたがき ひでこ）　第4章担当
　所属：日本橋女学館短期大学助教授
　専門：秘書学、国際コミュニケーション学
　主要業績：『バイリンガル・セクレタリー』（共著、建帛社）

櫛田佳子（くしだ けいこ）　第5章担当
　所属：タイ商工会議所大学人文学部日本語学科専任講師
　専門：日本語教育
　主要業績：「異文化間コミュニケーションの視点を導入した作文指導」（国際交流基金バンコック日本語センター紀要　第1号）

小林孝郎（こばやし たかお）　第6章3、4節担当
　所属：拓殖大学留学生別科専任講師（日本マレーシア高等教育大学連合プログラム日本語科主任講師）
　専門：日本語教育
　主要業績：「伝播装置としての『言語の価値』―マレーシア語の近代語彙成立過程に見る英語の影響―」『語学研究』92（拓殖大学言語文化研究所）

関陽子（せき ようこ）　第2章担当
　所属：才能放送日本語講師／漢陽大学大学院
　専門：語学
　主要業績：『日本語学研究の展開』（共著、博而精出版社）

竹下裕子（たけした ゆうこ）　第5章担当
　所属：東洋英和女学院大学社会科学部社会科学科助教授
　専門：社会言語学
　主要業績："Japanese and Thai Intercultural Communication Through Discrepancies in Images," *Intercultural Communication Principles and Practice : A Special Issue of Intercultural Communication Studies*（International Association for Intercultural Communication Studies）

張群舟（チョウ グンシュウ）　第3章担当
　所属：東北師範大学中国赴日本国留学生予備学校助教授
　専門：日本語学（中日言語比較、日本語教育教授法）
　主要業績：「談視聴説課中的日語強化教学」『日語学習与研究』（雑誌社）中国北京

友田多香子（ともだ たかこ）　第8章担当
　所属：モナシュ大学アジア言語・研究学科レクチャラー
　専門：日本語教育、日本語コース・教材開発、社会言語学
　主要業績：*Interactive Japanese : Book 1*（共著、講談社インターナショナル）

丹羽辰男（にわ たつお）　第9章担当
　所属：武田薬品工業(株)アグロカンパニーロンドン事務所所長
　専門：国際ビジネス、国際コミュニケーション